国家自然科学基金资助项目，项目批准号：51078278；51108321

· 同济建筑规划大家 ·

黄作燊纪念文集
COMMEMORATIVE ACCOUNTS OF HUANG ZUOSHEN

同济大学建筑与城市规划学院　编

中国建筑工业出版社

图书在版编目（CIP）数据

黄作燊纪念文集 / 同济大学建筑与城市规划学院编. —北京：中国建筑工业出版社，2012.4
（同济建筑规划大家）
ISBN 978-7-112-14238-5

Ⅰ.①黄…　Ⅱ.①同…　Ⅲ.①黄作燊（1915～1975）–纪念文集　Ⅳ.①K825.16–53

中国版本图书馆CIP数据核字（2012）第072082号

责任编辑：施佳明　徐　纺
责任设计：李志立
责任校对：党　蕾　陈晶晶

同济建筑规划大家
黄作燊纪念文集
同济大学建筑与城市规划学院　编
*
中国建筑工业出版社出版、发行（北京西郊百万庄）
各地新华书店、建筑书店经销
北 京 嘉 泰 利 德 公 司 制 版
北京云浩印刷有限责任公司印刷
*
开本：787×1092毫米　1/16　印张：15½　字数：326千字
2012年5月第一版　2012年5月第一次印刷
定价：**56.00**元
ISBN 978-7-112-14238-5
（22310）

建筑教育家黄作燊（1915.8.20 ～ 1975.6.15）

同济大学建筑与城市规划学院编

编委会名单

主　　任：吴长福
编　　委：王伯伟　卢济威　伍　江　李德华　陈秉钊　吴志强　张建龙
　　　　　郑时龄　赵秀恒　罗小未　周　俭　莫天伟　陶松龄　钱　锋
　　　　　常　青　黄一如　章　明　黄太平　黄渤济　黄　植　彭震伟
　　　　　董鉴泓　戴复东

执行编委：卢永毅　钱　锋（女）

序

吴长福

　　黄作燊先生（1915～1975）是中国现代建筑的早期推动者和实践者，中国现代建筑教育的开创者，同济大学教授、建筑与城市规划学院的学科奠基人之一，建筑系成立时首位负责人（主持工作副系主任）。黄先生一生追求现代建筑和现代建筑教育理想，致力于中国传统文化融入现代建筑的探索实践，于逆境中而矢志不渝，教书育人，诲人不倦，兢兢业业地为建筑学科发展与人才培养付出了毕生心血，为构筑中国现代建筑的发展道路做出了重要的、历史性的贡献。

　　他是第一个在中国建筑院系中全面倡导现代建筑思想的教育家，学校一直是他转播现代建筑思想、实践现代建筑教育理念的主渠道。1942年他创建了圣约翰大学建筑系，作为同济大学建筑系成立的源头之一，圣约翰大学建筑系在他亲手主持下所进行的一系列办学探索和成果积淀，为日后的同济现代建筑之路提供了宝贵的思想基础、经验参照和十分难得的师资准备。

　　他直接受教于国际现代建筑大师，深悉建筑本质及其发展规律，他拥有全面的建筑观，注重建筑的技术、艺术和社会属性，强调系统的建筑创作过程以及对各种问题、条件、需求和价值的整体把握。他从未停止过对自然与文化的深层思考，为推进国内建筑、规划、园林、室内、家具等各领域的现代转型，以及在更广阔的国际背景下推动中国文化与当代建筑的融合，做出了极大的努力。

　　他积极置身于现代建筑的创作实践之中，在为数不多的作品中，依然清晰可见他独到的设计驾驭功力以及对所崇尚的现代建筑设计方法的创造性运用。无论是单元式的多层住宅，还是低层独立住宅，早在20世纪40年代他就以作品讲述了建筑于城市、于结构、于功能、于形式所应有的时代精神。他的作品及其所呈现出的创作思想是中国现代建筑发展史上的珍贵篇章。

他善于思辨，著述精辟。建国前夕，他在两次英语学术讲演中，对中国传统建筑及建筑教育所进行的阐述，至今看来依然犀利之极，令人敬畏。他是同济建筑学科发展的中坚，从创建起长期担任建筑系副系主任等领导工作，他勤勉克己、默默耕耘，组织并团结众多不同学术背景的教授、学者，求同存异、协作共事，在宽松的学术氛围中共同缔造了"兼收并蓄、博采众长"的同济特色。

他精通多门艺术，熟识绘画、音乐、戏剧等各类作品，并达到融会贯通的境界。他曾向学生娓娓道述有关京剧艺术与现代建筑的某种一致性，以及中国传统园林与现代空间思想的相通之处。他胸怀宽广、谦逊温和而充满活力。他对学生满怀深情，他的循循善诱给学生以无限启迪，他的宽容和体贴令学生心存感动。学生们爱戴他、欣赏他、敬佩他，他以实际行动为我们树立了一个优秀教师的榜样。

黄先生离开我们已有三十余年，但他的思想品格与专业智慧，始终与学院的发展紧密相伴。每当我们取得一点进步，都会想起黄先生等前辈无可替代的历史功绩。而当我们遇到一些挫折，也会从黄先生等前辈身上获得振作奋起的勇气。随着《黄作燊纪念文集》的出版，黄先生的思想作为学院宝贵的精神财富必将得到进一步传承，而他一生所牵挂与追求的事业，也终将在代代师生的薪火相传中不断推向前进！

2012 年 4 月

（吴长福：同济大学建筑与城市规划学院教授、院长）

目 录

思想篇

一个建筑师的培养

黄作燊 著　束林、卢永毅 译

　　在开始谈论"一个建筑师的培养"之前[1]，我想先就什么是建筑学，即，通常意义上建筑是被如何理解的略谈几句。因为，不理解什么是建筑学，培养建筑师也就无从谈起。

　　建筑学的定义是非常含糊的。历史上每个时代、每段时期都有其自己的解释。选择某个定义，仅仅意味着这个定义相对而言更迎合选择人的想法。我在此引用托马斯·杰克逊爵士[2]在其建筑论著中的定义："建筑学不在于美化房屋，相反，它应在于如何优美地建造"，这显然就是一种别样的解释。

　　如果建筑师的工作仅仅是对房屋进行美化，对他们的培养就无异于对任何其他艺术家的培养。一个艺术家如若承担装饰一房屋的任务，那这幢房屋不会是他自己所建，而是由其他建造者来完成的。这就意味着，此时的建造技术可能与建造艺术相脱离，这样的工作显然是不够充分的。

　　如前所述，若建筑学被定义为"优美地建造"，那么其人才培养就是一件相对简单明了的事了，因为在这种情况下，建筑师所关注的，应是建筑美学和建造技术如何结合。这似乎听起来要宽泛多了，但其实，这仍是一种孤立的看法，对此我们将在后面展开。

　　因此可以看到，我们上一代人经历的，是建筑正退化成冗繁装饰的时期。建筑学多愁善感而日渐式微，因为建造的艺术已与竭力隐匿结构的真与美毫无二致。一座建筑中真正的比例、气势和均衡几乎完全被淹没在毫无意义的装饰物的堆砌之中，而建

1　本文为作者于 1947 或 1948 年在当时英国驻上海文化委员会的一次演讲。黄植提供原文。

2　Sir Thomas Graham Jackson, 1st Baronet（1835～1924），英国建筑师，其同时代英国建筑界最有影响的人物之一。大量作品建于牛津。与诺曼·肖（Norman Shaw）共同编著出版 Architecture, A Profession or an Art，威廉·怀特回应出版了著作 The Architect and his artists, an essay to assist the public in considering the question is architecture a profession or an art，两个出版物对于推动英国通过《建筑师（注册）法》【Architects (Registration) Acts, 1931～1938】起了直接作用。参见 http://en.wikipedia.org/wiki/Thomas_Graham_Jackson。

筑师也会为了满足客户一时的兴致就随意更改建筑的形式，如，今天是伪英式，明天则是伪西班牙式，而后天又是伪中式，随机应变，不一而足。建筑逐渐变得颓废衰微，既无法和新材料、新方法齐头并进，又无法对各种新的社会影响力作出回应，甚至，它也歪曲了传统建筑的建造意义和建造理性。

从根本上说，建筑取决于它的业主，因为我们不可能有这样一种建筑，它在不知其主人要派什么用场时就造起来了。换句话说，这是件有求有应的事，建筑师和业主、或和建筑的使用者之间是一种互惠互利的关系。在过去的年代里，建筑师经常只为一小群业主服务，且往往是享有特权的阶层，这在今天已难以想象。在民主时代，业主就是全体人民，无一例外。所以，当今意义最深刻的变化在于建筑师与社会关系的重新定位。现在的建筑师不再视自己为只和少数特权阶级关联的艺术家，而是一个改革者，其工作就是为整个社会建立起赖以生活的基底。

于是，我们面对了建筑学的又一种定义：建筑学不但应综合多种需求，如，使用和功能的需求，结构的需求，工具和材料的需求，还应当从人类和社会的源头获得启示。建筑师和社会的关联性是多方面的，包含技术的、美学的、社会的和政治的。因此我们看到，"为艺术而艺术"已成陈词滥调而不再适用。艺术的内容不仅仅来源于艺术家自身，同时也是现存社会的写照，这就为建筑师们提供了远远超越个人的机遇和启迪，而正是因为置身于社会服务，一个建筑师才能将自己的所有禀赋充分呈现。

上述这些理性思考为我们明确了培养建筑师的主要任务。我们应把建筑师培养成一个艺术家，一个建造者，以及一个应对各种社会影响力的规划师。我们还要将建筑师训练得能为整个社区进行规划，包括景观和公园规划，工厂的恰当选址，住宅和娱乐设施的设计，等等，这一切在紧凑而有效的当今社会无不具有内在的联系。

建筑师应能预先赋予建筑满足既定目标所必要的视觉形式，同时，他要能成功协调人力、材料、机械设备等方方面面的问题；还要考虑因场地、气候以及投资带来的各种限制条件。建筑师的工作就是针对这些复杂问题找出解决方案，简洁、直接、有效地满足社会需求。所有这些工作都是建筑师必须做的，同时，他还要有能力坚守现存的人类价值观念。

现在来举个例子，假设我们要设计一家医院。首先是要选址恰当，使医院建在其服务的人们可达的距离范围，场址还要远离噪声和烟尘，周围应环境宜人；其次，医院建筑本身需要满足各种不同医疗部门的要求，如手术室、X光放射室、儿童就诊室、产房、门诊病房、隔离病房、厨房、焚化炉房，等等，并且每个房间的设计都必须符合特定功能，而所有房间都应整合在一个简洁、有效的平面布局中；同时，医院必须为医生、护士、实习生以及最重要的是为病人们提供一些特殊的设施，医院本身必须舒适，还必须遵守公共卫生部门的经济和行政管理政策。这些只有在社会主义思想者的规划中才能出现。

今天在这里，我们是不可能以仅有的一小时时间讲述新建筑的技术途径，也不可能轻易说明要引导这种途径会有怎样的行政管理或政治形式。不过既然在我们这个时代、各种生活要素、政治影响和技术途径对建筑学而言都是不可或缺的方面，那么我们务必在规划设计和真正建造之前，就要对以上三方面有清楚的认识。

现在我们来讨论城市规划中的艺术与科学。这是建筑学无法脱离的主题，因为目前建筑和城市规划是国家在政治、社会和文化重建中的根本因素，建筑已经成为这一奋斗进程的组成部分，帮助建构形式，指引方向。如果我们的社会出现了根本性的转变，建筑必将相应改变，在建筑学教育中的变化也将随之而来。

建筑学教育应当保有开放的思想，又要贴近现实。它还应当强调建筑学和城市规划不是什么相互独立的学科，它们是因为彼此影响、相互作用而一直在文明成就中扮演角色。学生们务必要始终对这种内在关联有所意识。

论及科学和技术，在过去的数十年中，人类已经在材料、结构和建筑力学等方面获得了大量的技术性知识。学生们必须明白，建筑依赖于材料和建造本身的性质与特征，一幢房子，无论是用木材、砖块、石材，还是用混凝土或钢材建造，都可以具备有机统一的品质特征。建造中使用的所有材料都应一视同仁；材料使用得恰如其分，是指它适合一定的建造目的，而绝非是这一材料本身的独特性质如何突显。任何对某种材料的偏见或抵触显然都是毫无道理的。学生们应当全面学习各种建筑材料的相关知识和适用途径。

这些必要的经验不可能都从学校获得。重点在于要激发学生对建筑技术的兴趣，并要教他们懂得这样的技术有着各种潜力。学生们可以通过接触实际建造工程来获取并巩固技术上的知识。建筑学的学生应当熟悉并尊重技术上的相关问题，因为它们是表达设计构思的必要工具。

和以往的教育模式完全不同，今天的建筑教学是试图从问题的本质入手寻找解决途径，而不是毫无依据地、或以先入为主的观念和固定模式来处理问题。设计的技能必须从分析问题开始，每个细节的具体要求都不能忽略，而每项功能的处理都是系统性的，它既是局部，又是整体方案中的一部分，这样才是完整的统一体。

在对问题进行彻底分析之后，下一步需要考虑的就是如何进行空间组织。空间是现代建筑的核心。这一点又是与以往形成反差，因为过去的教学并不考虑空间概念，建筑的外观才是更重要的，造成的结果往往是空间和形式的关联性被彻底忽视。今天，我们要让建筑学学生学会由内而外进行系统化的规划和设计，让建筑的功能布局和美学处理齐头并进，以达成统一的整体。

在由内而外的规划设计过程中，学生们就会考虑每个房间的目的和要求，并以科学的方式回应每一种需要，例如：空间容量、新鲜空气、通风条件、照明状况（包括自然的和人工的）、声音和声学效果。同时，各个房间的安排必须形成恰当的关联性。由此，建筑构思设计是以围成容积的形式（in terms of volume）——平面和表面围合而成的空间——展开的，而不再基于体块和体积。这一空间概念不只限于建筑领域，而是能从房子一直拓展到花园、景观以及作为城镇一部分的街道，最终意味着能拓展至整个地区乃至国家所有其他领域的规划工作。

目前，学建筑学有以下几种途径：

第一种是在大学里的建筑学院。这类院校旨在提供平均水平的通识教育，学生通过入学考试就能获得学习机会。换言之，任何对建筑有一定兴趣的学生，无需进一步证明自己的相关能力就能被接收。由此带来的结果是，学生济济一堂，但有天分的却无法得到必要的个别关照，而不适合学建筑的人也无法被轻易地拒之门外。大部分这类院校仍然过分停留在传统的学院式建筑教学中，远离现实并且视野狭隘，实验性和研究性的工作自然也不会得到重视。

第二种是技术型建筑院校。这类院校只限于单纯的技术科目，旨在培养建筑工程技术人员。这类院校的教育非常实际且很有价值，但还不够全面，因为学生们仅被培养成建造者而不是建筑设计师。

第三种学习建筑的途径是在建筑师事务所做学徒，并同时进入技术夜校学习。这种教育模式不适宜推广，因为其成功与否只能取决于这位事务所建筑师的工作成效，以及他认为的学徒实习期间应有的业务发展。

通过与这些教育体系的比较可以得出，理想的建筑学校应该是这样的：选拔学生的标准是基于天分、兴趣、活力和个人特质；学校的教育涵盖艺术和技术的所有领域，因为二者都和建筑息息相关；实验性的训练会在最大限度内得到实践，而每一个人的特征倾向也能得到悉心关注；教师不仅仅是教学，还和学生关系密切一起工作；学生还将被培养得具有社会角色意识，以能参与完成大规模的规划与设计任务，因为每一个专业人员都须即刻进入为总体方案的协作状态展开工作，在实际中，我们将他们分为绘图员、机械与结构专业人员、建筑设计师、城市规划师以及研究人员。

然后，整个项目将从两个层面上推进，技术的和智识的（the technical and the intellectual）。技术层面的工作包括：绘图、数学计算、材料强度、声学、热学、通风设备、建造方法和卫生设施，等等；智识层面包括：政治、哲学、历史、社会学、心理学、文学和艺术，目的是提供一个了解当代文明与其过去之关联的背景。在研究领域，我们要训练专业人员创造新的科学方法，而所有来自他们调查研究的成果，对参与国家重建的相关人员，都将要做到能够随时获取。

在职业培养的一定阶段，我们要鼓励学生参与一些政府部门的工作，这样他们就有最有利的条件体验现代政府的行政管理工作，并且也可以了解某些政府应予解决的复杂问题。在我们的培养中，将理论与实践相结合是根本要务。我们的学生必须能够从他们的绘图板走入技术的现实，而不会觉得这两者之间有难以逾越的鸿沟。

但这样可能也有弊端，因为如果学生年纪轻轻就有过多实践经验，有时会抑制他们的创作自由。然而好一些的学生，或者足够成熟的学生，是不会受此束缚的，因为他可以发现，他在此遇到的种种限制，正意味着一场对自己独创性和想象力的全新挑战已经展开。

我们感兴趣的领域其实并非止于实际建造场地本身。我们还要将我们的设计实践和我们的现代工厂连结起来，因为工厂不停地提供新型材料，它们都是由最新技术知识转化的产品。我们要在可能范围内，尽量利用现代科学的最新发明和国家的经济条件。所以说，现代建筑是这个时代的反映，是作为我们现代科学发展进程中科技进步和经济成就的直接体现。

学生应抛开种种先入为主的观念，着手分析建筑的各项功能，探究如何寻找建造的最佳方式，如何利用新旧材料。学生可以吸收正在出现的新形式新感受，以此激励自己寻找与今日的生活和热望和谐共融的、理论和实践并重的、真正富有创造力的艺术。

正如宪法[3]所指出的那样，我们的教育和文化政策必须始终如一地坚持民族性、科学性和大众化，建筑师的培养也应与此规划呼应。当然，尊重民族特征并不意味着将自己局限于受传统风格的支配，我们要保护的应是隐藏在历史建筑背后的传统精髓和传统精神，而在科学方面，我们应利用一切新型结构技术，因为它们带来更多的舒适便利，如，使房间有更开敞的空间感和更好的采光等，同时，它们也能在建筑的美学、结构和功用性上获得最优结果。

至于考虑到普遍需要，那么，当今的人民大众都是我们的业主。建筑师再也不像过去那样只为少数享有特权的人服务了，我们为所有的人建造建筑，最大程度地运用我们建筑师的艺术创造力和理解力去满足他们的需求，表达他们的生活方式和思想观念。因为遭到毁坏的地区和城镇需要重建，再加正常的建筑和规划项目，导致各地都迫切需要建筑师、城市规划师和建造技术人员。我们这一代的职业培养本身就成为一个问题。未来的建筑、城市和乡镇将如何发展，极大地取决于今天我们如何培养自己的建筑师。

当前的重建计划包括：住宅、剧院、学校、医院、工厂、卫生院及其他公共建筑。这一切必须组织得井井有条，各种区域和地带要安排得便捷有序，每一处需求都能有效地获得满足，每一个独立单元都有助于整体的完备和功能的正常运转。

现代建筑师们懂得要以什么途径来完成自己的工作：对颜色、图案和各种肌理的恰当使用，虚与实的对比，等等，而且他们要在三维空间中使这些方法彼此整合。建筑师们还以这样的手段表达自己的理念：工业化材料可以取得金属和玻璃这样精致优美的形式；而利用有机材料可显现其自然特性，例如石材的强度感和厚重感，或是木材和砖的材质表现；此外还有建筑和周围景观的互动，比如白色表面的建筑就可以茂密树叶的背景映衬出来。

如果一旦建筑师被赋予了最有利的条件去工作且服务于现代社会，我们将很快就能使社会进步与和谐文明的宏图得以实现，在此同时，身为规划者、建造者和艺术家的建筑师们，作为人类自身一员，与世界一起，与进步同行，为明天的城镇能够更美好而真实地表达我们这个时代人类和文化的力量做出自己的贡献。

（所有注释均由译者注）

---

3 指民国时期的《中华民国宪法》。1946 年 12 月 25 日，国民大会通过，1947 年 1 月 1 日由中国南京国民党政府颁布，倡导建立"民有，民治，民享"的"民主共和国"。

THE TRAINING OF AN ARCHITECT

Henry Jorson Huang

Before I begin my talk on "The training of an architect" I would like to say a few words on what architecture is, as it is generally understood. It is by understanding what architecture is that we can begin to train for it.

The definition of architecture is very evasive. Each age, each period in time has her own definition. When one chooses a definition, it can only mean that this particular definition appeals to one more than the others. I would quote Sir Thomas Jackson's definition in his book on architecture. It says that "architecture does not consist in beautifying buildings; on the contrary it should consist in building beautifully", which is quite another thing altogether.

If the job of an architect is to beautify buildings he would only have to be trained like any other artist. An artist whose function would be to decorate a building not put up by himself, but by another builder. This means that the technique of building would be detached from the art of building. That is obviously not enough.

The definition of architecture as "building beautifully" as it was described, would be a relatively simple thing to train for. In that case the architect's interest should be the combination of building's aesthetic and the technique, which may sound more extensive; nevertheless it is still an isolated idea. as we shall see later on.

So we see during the course of the last generation architecture degenerated into mere decoration. It became weak as it was sentimental, in which the art of building became synonymous with the careful concealment of truth and beauty on structures. The real proportion, strength, and balance of a building may be completely hidden under a welter of meaningless ornaments. The architects in order to please the whims of the clients would change the ways of buildings; pseudo-English one day, pseudo-Spanish another day, and pseudo-Chinese, etc, as the case required. Consequently architecture became decadent, it could not keep up with new materials, new methods, nor could it keep up with new social forces. It distorted the significance and the reasons of the traditional ones.

Fundamentally, architecture depends on the client. You cannot have an architecture without first the object for whom the building would be erected; in other words there is demand and supply; a reciprocal relationship between the client- the user of the building- and the architect. In previous ages architects often cultivated a small group of clients only, usually of the privileged classes. It is inconceivable today, in the age of democracy the clients cannot be anything less than the whole people. So today, the most significant change has been the reorientation of architect's relationship with society. Instead of thinking of himself as an artist associating only with privileged classes; the architect of today thinks himself as a reformer whose job it is to provide the background for society to live in.

So we come to yet another definition of architecture. It should combine many purposes; purposes of use and function, structure, tools and material, also drawing inspiration from human and social sources. There are many sides of the architect's relationship with his society, namely, the technical, aesthetic, social and political. Hence we see that the *cliché* "art for art's sake" is no longer adequate. The contents of art do not strictly come from the artist himself. It is also a reflection of the existing society. That provides the opportunity and inspiration larger than the individual, and it is into the service of society that the architect can throw his whole personality.

All these reasons lead us to the main job of training the architect. We train our architects as an artist, a builder, a planner of social forces. Today we are training architects to plan for whole communities, landscapes, and parks, proper location of factories, housings, and recreational facilities, all inter-related in a compact and efficient society.

The architect can visualize in advance the form necessary to achieve a given objective. At the same time he can coordinate successfully the problems of labor, materials, mechanical equipments; and taking into considerations the limitations imposed by the site, climate, and available funds. The architect is to work out his solutions to these complex problems to serve a socially useful purpose, simply, directly, and efficiently. The architect has to do all this, and at the same time he is able to emphasize the existing human and cultural values.

Now to give an example, supposing we are to design a hospital. The first thing is to find a suitable site, within reach of the population for whom it is built. The location should be away from noise and smoke. And it should be in pleasant surroundings. The building itself should answer the requirements of the various branches of medicine: such as the operation rooms, X-ray rooms, children's rooms, maternity wards, out-patients wards, isolation wards, kitchen, incinerators, etc. Each room has to be designed to its definite function; all integrated into a simple and efficient plan. At the same time the hospital has to provide special facilities for doctors, nurses, interns, etc, and most important of all the patients themselves. The hospital itself has to conform, at the same time to the economic and administrative policies of the Public Health authorities. This can only happen under socialist planning.

It is not possible, in the space of an hour, to describe the technique of new architecture nor can we easily explain the administrative or political forms which are to bring it about. And since the elements of life, political influence and technique are all indispensable in the architecture of our time, we must have a clear understanding of all these three things before we can proceed with planning and the actual building.

Here now we come to the art and science of town-planning, a subject that architecture cannot be divorced from, because today architecture and town-planning are essential factors in the political, social, and cultural reconstruction of the country. Architecture becomes part of this effort, helping to shape and to direct it. When there is a fundamental change in society, there is a corresponding change in architecture, and hence also a change in architectural education.

Architecture education should keep an open mind and a close contact with reality. It should also emphasize the role of architecture and town-planning as arts of civilization in general, instead of treating them as independent subjects, because one influences another. Students must be conscious of this inter-relationship all the time.

In the matter of science and technique, the acquisition of a vast technical knowledge of materials, construction, statics, have all increased enormously during the past decades. The students must understand that architecture depends on the nature and the character of materials and construction. For the organic quality of a building it does not matter if either wood, brick, stone, concrete, or steel was used for construction. All materials used in constructions are considered equal, provided the material used in adequate for certain purposes, not in any way enhancing the very character of such a material being used. All prejudices for or against certain materials should be made clear as being unreasonable. Students should have a complete knowledge of all building materials and their proper uses.

The necessary experiences cannot be acquired all from the school. The important thing is to arouse interest in the techniques of building, and to teach the students to be aware of the possibilities of such techniques. Technical knowledge can be acquired and strengthened by experience through the students' contacts with actual constructions. The architectural students should know and respect technical matters as the necessary tools for the expressions of his ideas.

Instruction in architecture today tries to find the solution of a problem in the nature of a problem itself, contrary to the old form of architectural education which approached its problems from without, with preconceived ideas and proscriptions. . The technique of design must start from the analysis of the problem. Every detailed requirement has to be dealt with; every function must be carried out systematically both as a part and a part of the whole plan that is to be of one unity.

After a thorough analysis of the problem, the next thing that has to be considered is the organization of space. Space is the core of modern architecture. This, again, in contrast with the architecture of the past when the conception of space was not considered and that the external appearance of buildings was a greater importance, as a result the relationship between space and form was utterly neglected. The students of architecture are taught today to plan and to design systematically from the inside to the outside. Both aspects work together as one unity in regard to function and aesthetics of the building.

While planning from the inside the student considers the purposes and requirements of each room, using scientific solutions to answer every need, such as: the amount of space, air, ventilation, light, (both natural and artificial), sound and acoustics. And the various rooms have to be in arranged in sensible relationships. The conception of the building is so designed in terms of volume – of space enclosed of planes and surfaces–as opposed to mass and solidity. This conception of space is not confined to the building alone, it goes from the building to the garden, landscape, on to the street, the street then are a part of the town, till finally the implications rest with our regional and national planning.

The present means of studying architecture are as follows:
a. The university school of architecture. The object of this type of school is to impart a general education of more or less average quality. Admission is granted by means of an entrance examination. Any student who is interested to some degree

in architecture is admitted without further proof of his ability. The consequence is over – crowded classes, where the talented cannot receive the necessary individual attention, while the unsuitable ones cannot be easily rejected. In most of these schools, teaching is still too academical in the conventional sense. It is remote from reality and also of a very narrow outlook. And of course no attention is given to experimental and research work.

b. The technical building school. Here is a school that relies purely on technical subjects. The aim is the training of building technicians. The education provided by this kind of school is very practical, valuable but incomplete in the sense that the students are not trained as designers but builders only.

c. The third means of studying architecture is to be an apprentice to an architect's office, while attending technical night school at the same time. This form of education is not to be recommended, because its success depends on the efficiency of the architect concerned and of the interest he takes in the development of the apprentice in the course of his practice.

In comparison with these systems, the ideal school would be a school where students are admitted on talent basis, interests, energy and character. Here education combines all the artistic and technical fields which are in close relation to architecture. Here experimental exercises can be carried out to its fullest extent, and careful consideration given to individual inclination. The teachers not only teach but also work closely with the students. Students are trained socially for the role of vast-scaled designing and planning. Every specialist would then coordinate immediately in the general scheme. In practice we classify them as: draftsmen, mechanical and structural specialists, designers, town-planner and researchers.

The whole program will then proceed on two levels; namely the technical and the intellectual. The technical program includes: drawing, mathematics, strength of materials, acoustics, heating and ventilation, building methods, sanitation, and so on. The intellectual program includes: politics, philosophy, history, sociology, psychology, literature and art, in order to provide a background for the understanding of present civilization and its relation to that of the past. In the field of research we train our specialists in the devising of new scientific methods, and the results of all their investigations will be made available to all persons connected with the national reconstruction.

During a certain stage of their professional training we encourage our students to work in some governmental offices, where they get the best advantages in the experiences of modern government's administrations, as well as to know the intricate problems that it is apt to meet with.

To combine our training on the theoretical side with that of the practical is of primary importance. Our students must go from their drawing boards to their technical realities without feeling that there might be gap in between.

A disadvantage might be that too much practical experience at a tender age sometimes inhibits the students' creative freedom. The better student, or those who matured enough to take it, would not be handicap by this. For he may find the limitations encountered in this field a new challenge to his ingenuity and imagination.

Our field of interest does not stop at the actual building sites only. We furnish the link between our practices and the output of our modern factories, which is constantly supplying new materials as the products of the latest technical knowledge. We utilize within possibility the newest inventions of modern science and our national economics. So we can say that modern architecture is the reflection of our times, the expression of our technical advancement and our economic progress as a result of the modern science.

Without preconceived ideas, the student analyzes the functions of the building, studies as how to find the best way to build it, and to make use of both new and old materials. He accepts the new forms and effects that emerge, and uses them as an incentive to a truly creative art in harmony with the life and aspiration of today, the application of theory and practice.

As it has been pointed out in the People's Constitution that our educational and cultural policies have to be consistently nationalistic, scientific, and popular, the training of our architects is also in accordance to this plan. By means of respect for the national characteristics we do not limit ourselves to the domination of traditional styles. We preserve only the essence and the spirit that lie behind our historical building. Scientifically we utilize all newly evolved structural techniques for the sake of the increase amenities that would allow more spaciousness in rooms, better lighting, etc. And achieve with the maximum results in beauty, and the structure as well as the purpose of the building.

And in regard to the popular appeal, the clients at present are the masses. Architects no longer build only for the privileged few as in the past. We build for the entire people, meeting their needs, expressing their ways of living and their ideas with the utmost of the architects' artistic abilities and understanding. The reconstruction of devastated regions and towns as well as the normal building and planning programs has caused everywhere a great demand for architects, town-planners and building technicians. The professional training of our generations is a problem in itself. The future architectural, city and town development will depend largely upon how we are training our architects today.

The present reconstruction plan includes: houses, theatres, schools, hospitals, factories, public buildings, and health centers. And all these must be organized in such a way that various zones and areas are conveniently and orderly planned; each will find its own requirements efficiently achieved; and that each individual unit contributes to make the scheme complete and workable.

The modern architects know their means to their ends: the proper uses of colors, patterns, varieties of textures, the interplay of solids and voids, as they coordinate with one another in three dimensions. They also express their ideas by means of industrialized materials in fine and elegant forms of metals and glass, and the natures of organic materials, such as the strength and mass of stone, of timber and brick, the interplay of buildings and landscapes, such as white surfaces against the background of foliage.

If and when architects are given the fullest advantage to work and to serve in the modern society we shall soon be able to visualize the progress of modern society and civilization in a harmonious whole, the architects themselves as planners, builders, artists at the same time not losing any bit of being human themselves, existing normally in progress together with the rest of the world, doing their part in making the towns and cities of tomorrow fine and truthful expressions of the human and cultural forces of our time.

(感谢黄植、Kristin A. Bagne 校对英文稿)

论中国建筑

黄作燊 著　　段建强、卢永毅 译

尊敬的主席、女士们、先生们[1]：

在开始有关中国建筑这一主题的演讲之前，或许我应该先向大家说明这次演讲的所涉范围。作为执业建筑师，我仅以我之所见展开讨论，而非学者方式；像艾约瑟牧师[2] 那样的学者，他早在 1889 年便对我们的卓越历史成就作出了精辟论述[3]。

现代人似乎总是对他们所生活的时代有所意识，作为其中的一员，我发现要摆脱那种复杂情结是不易的。那么，今天我可否以略带主观的方式来讨论这个主题？希望你们能让我在这短短四十分钟的间隙里放任一下。我有我执，作为一个建筑师是在所难免的。在我演讲之后，若你自语道，"此公尚需多多学习矣！"，那我就等着对你说："是的没错！"

任何人若无幻灯片之类的图像辅助就想讨论建筑，势必相当困难。但我此次试图围绕建筑理论进行探讨，或许图像可以省却。何况，今晚在座的各位中，大部分人都对我演讲中所举的几个例子相当熟悉。

勒赛比教授[4]在他论述建筑一书的开篇就指出：两种艺术改变了地球之面貌——农业与建筑。我引述此话仅仅是为了强化那种我们已经熟知的观念，即，建筑是这些变化的实录，并且无疑也是关于一个民族的文化的最真实写照。在与同胞日常交流的大

1　本文是 1948 年某日黄作燊在英国驻上海文化委员会举办的文化活动上的演讲。英语演讲稿由黄植提供。
2　艾约瑟（Joseph Edkins，1823～1905）英国传教士，1848 年被伦敦布道会派任驻沪代理人，之后在中国工作生活 57 年，做中国宗教和语言研究，出版《中国的宗教》等数十种著作，1872 年与丁题良创办《中西闻见录》月刊，后在上海编译《欧洲史略》、《西学启蒙》等大量西方历史书籍。在上海去世。
3　推测文中指艾约瑟在 1889 出版的 *Description of Peking. Supplement to Dr. Williamson's Travels in North China and Manchuria*. Shanghai: 'Shanghai Mercury' Office, 1898.
4　William Richard Lethaby（1857～1931），英国建筑师，著名建筑历史学家。其思想在艺术与手工艺运动后期、对历史保护以及艺术教育都有很大影响，也被认为是推动早期现代建筑运动的重要人物。著作有 *Architecture, Mysticism, and Myth: Sacred Geometry*（1891）和 *Architecture: An Introduction to the History and Theory of the Art of Building*（1912）等。

多数时候，我们总是通过朋友的言行及其传达的思想，来确切地把握他的个性特征，但同时，我们也如此经常地犯着过于轻信言谈的错误。我敢说，朋友间相互了解的最好方式，莫过于掌握他们的所思所想，而且不但如此，还应努力探究其思想背后的渊源。我承认，这是极为困难的。人类思想的研究永无止境，但研究人类，还得靠人类自己。

对中国建筑问题的思考，我有时还疑惑不定，唯恐从像我这般偏颇的视角去讨论，就会使我们犯上述同样的错误。因此目前我更倾向于以伯灵顿公爵[5]和威廉·钱伯斯爵士[6]那样的眼光，视北平的宫殿就如看希腊的古迹，就像我判断朋友的性格是按照自己的观察方式一样。过去三十年来，有关中国建筑之起源，其来自印度、波斯与其他文化影响的研究，已有大量著述。比如，已有诸多对屋顶举折的研究推测，一些论点颇具说服力；在地理学或政治地理学等各领域，都在不遗余力地揭示中国建筑隐含的独特轨迹。建筑学的学生肯定都熟悉建筑史家弗莱彻的不朽之作《比较建筑史》[7]，该书其实也是在进行同样的建筑研究。

我在想，若要问诗人李白如何看待我们所谓的建筑作品，他会作何反应？这样的诗人，一位学识渊博又品味高贵之人，当然可以仅凭他的审美判断就做回答。难道你能想象，伟大的诗人还会费尽心机从诸如矩形的、垂直或水平的以及不同平面的相互穿插中去挖掘抽象之美么？即便真的对屋面举折的形式很有兴趣，诗人也将陷入困扰，因为他怎能知晓屋面为何一定要如此翘曲？你我都知道，诗人可能写了首诗，或许我们还读过，诗与他假定正在观望的建筑并无关联，而月亮，树木，小山和所有其他毫不相干的事物却在他脑中一同浮现。然而无论他写了些什么，我们都不能不相信，他的诗正是对此建筑的赞美，或者我称这为带引号的"建筑艺术"。

为什么我要加引号？在接下来的演讲中我会尽量解释。如果说，李白的诗包含了对所有事物的欣赏，那么，是否可以保险地说，历史上我们在建筑上的努力不正是指向这样一种目标的实现？因此，我们可以暂且放弃弗莱彻爵士提倡的那种透彻的比较建筑学研究而另辟蹊径，这样一来，我们或许就能略微尝试透过建筑的具体手法而得窥它是如何被用来呈现这个国家的活力和意愿。我们由此出发的任何一项努力有所成功，都能对我们的建筑学在当前的混乱中重启前进方向有所裨益。我深知这最后的想法有点"庞大"，其实还是个相当危险的想法。在这个国家里，有太多的人正在谈论太宏大的事情，而我，只关注像建筑这类无害的事情，我或许应该情有可原。

---

5 伯灵顿公爵 (Lord Burlington，1694～1753)，英格兰新帕拉蒂奥运动 (the neo-Palladian movement) 的建筑师，代表作品有彻斯维克别墅 (Chiswick House & Park)，又称奇西克邸及园林。

6 威廉·钱伯斯爵士 (Sir William Chambers，1723～1796)，苏格兰建筑师、造园家。在东印度公司工作期间曾多次往中国旅行，研究中国建筑和中国园林艺术。1755年创立事务所，后被任命为威尔士亲王的建筑顾问，在伦敦西南的丘园 (Kew Garden) 建造中国式塔、桥等建筑物。1757年出版的 *Designs of Chinese buildings, furniture, dresses, machines, and utensils* 是欧洲最早介绍中国建筑和园林的专著，对中国园林在英国以至欧洲的流行起重要作用。

7 弗莱彻爵士 (Sir Banister Fletcher，1866～1953)，英国建筑师，著名建筑历史学家，著作《比较建筑史》(*A History of Architecture on the Comparative Method*) 1896年初版，一时成为西方影响最广泛的建筑史书。该书以后不断再版并扩充内容，至1975年出第18版时更名为《弗莱彻建筑史》(*Banister Fletcher's A History of Architecture*)。1996年出第20版，延续至今；郑时龄主持翻译的第20版中文版于2011年由知识产权出版社出版。

在深入讨论之前，我试图就大家惯常对建筑的理解先说几句。建筑的定义是很难捕捉的，若我给出一个定义，它仅意味着，这一特定定义相对他人来说更迎合我的想法。我想引用托马斯·杰克逊爵士在其论述建筑的书中所给的定义。简言之，他认为，建筑并不在于美化房屋，相反，它在于如何优美地建造。这前后的确不是一回事儿……平淡的文章随着更伟大的思想建树而升华为诗，于是，其语言更为精美流畅，其情感表达更为动人，可以既优雅又显露出悲悯之情；一幢房屋升华为建筑艺术也正如此，它应是：其各部分的形式卓然优美，各种建造状况完美呈现，而其使用目的与最后成果之间，则是更加紧密地和谐相容。一言以蔽之：建筑是建造的诗学。

杰克逊爵士的定义区分了两个相互独立的事情：一是房屋本身，另一是建筑艺术，两者就好比我们普通的文章和诗歌的关系。一座房屋只要缺少将其提升为建筑的一些东西，它就仍然是房屋。因此，我们若说建筑艺术蕴藏于这座房屋之中，只有在这种情况下，一座房屋才是一件建筑艺术作品。

由我这一讨论可以这样追问下去：我们能不能从紫禁城里拿出其中一座大殿，用来验证刚才提及的理论呢？这实际上是办不到的。但我们的确有一个实在的例子，就是在南京所建的国民政府行政院[8]。从技术上讲，我们比过去的建造者有更多优势，我们也有关于中国建筑基本原则的广泛知识，我们应当建造出比过去更令人满意的作品。可是，你因此就能将一个建筑作品推到更高的艺术高度，以超越紫禁城所取得的成就吗？

那么，这整个事情里的问题究竟在哪呢？

要回答这个问题，我将向前追溯，回到西方建筑艺术最初引入中国之时，而那时，我们现在所处的这座伟大城市还只是一片滩涂[9]。随着城市的逐渐扩展，外国式样的建筑已遍布租界内的各个角落。而现在，谁还会去想，其实我们在朴实的本土砖木建筑一边早已达到的惊人成就，本该足以让我们赞叹不已呢？

我们过于急切地将这些西方建筑艺术当成了进步的标志，但很可能并未弄清其所以然。我们就想去学。我们甚至开始怀疑自己的传统建筑是否还值得关注，这种状况在建筑艺术的探索中已经发生。事实上，在整个文化生活中，我们自己的信念开始动摇，曾经有时，所有被贴上外国标签的东西都胜于本土的，这种现象实际上至今依然。我希望我不是要错误地宣扬外国的事物有何不好，但我着实为我们抛弃如此众多自己的文化遗产而深深遗憾。

我们也注意到了，在三十年代，曾有一阶段，建筑界出现了强烈的民族主义运动。这在北方一些建筑师的作品中有所显现，突出的有国立北平图书馆。中国营造学社对中国传统建筑展开的出色研究，是推动这一运动的又一重要力量，而行政院建筑无疑也是那一时期的产物。

8　原为南京国民政府铁道部大楼，抗战后改为国民政府行政院。建筑 1929 年 9 月奠基，1930 年 5 月落成，由范文照建筑师事务所赵深和范文照共同设计，是当时采用"民族故有式"风格的代表作品之一。
9　指近代上海英法租界地在形成和发展之前的基本状况。

现在对于这类建筑的棘手问题是：在我们以截然不同的方法和观点进行了代价昂贵的研究之后，一种新的用于建筑评价的标准又被发现了。然后，就出现了一种相当特别的心理状态：我们曾经、现在仍有可能对我们的进步急不可待，我们渴望尽快前进。可是，一种既能回应现代要求，又仍应忠实于我们文化传统的当代中国建筑，是无法轻易地以"中国外观"和"西洋室内"拼接而成的。我何曾不希望能有这样一种"美满的联姻"。

让我引用关于大上海计划中的建筑报道来举例说明那一类观念。城市规划委员会罗列了众多理由要求（行政中心的）市政新屋需采取所谓的"中国复兴式风格"。据他们称：市长办公的大楼作为城市中最重要的市政建设，以及国内外人士的关注焦点，必须使用一种代表了中华文化的建筑风格，若使用国外风格，将使中国落下笑柄。

不仅如此，他们还争辩道，只有体现了民族特征的风格，才能激发民族精神，而建筑设计中采用欧美风格（如最近为商业目的在上海兴建的建筑）只能危害国家之发展。此外，他们认为，但凡世上最伟大之建筑，均耗资不菲，而上海限于其财政困难，并不能指望其建筑规模也能达到同样之辉煌。我们只要去江湾，就能看到这一振振有词的讨论所致的结果[10]。当然，这并不是建筑学领域的一番论证，这一结果让人看到的是，建筑作为时代的见证，应验了我们还无力将自我融入正在变化的世界之中，我们身着"中式外衣"追赶时代，实则是一种虚妄。而且，难道我们仅在建筑中才面临这样的问题么？我怀疑，所有我们目前的其他困扰，皆有相同的起因。

那么，如何迎解这一问题呢？恕我冒昧，我将以最平实的方式与你们探讨如何看待中国建筑，我也希望在呈送我的看法之后，我们可就一些问题展开进一步的讨论。

让我回到我之前引用的建筑定义。在此定义中，我们知道，一座房屋通过建造诗学可以升华为建筑艺术。建筑艺术蕴藏于建筑物之中，这是一个西方概念。建筑艺术是人类心智力量之觉察和澄明，其中的手工艺也已戴上了荣耀的光环。但我却并不认为这已道出"中国建筑"之真谛，这里的建筑要再次加上引号。对我们的祖先来说，房屋具有非常单纯的目的，是一处纯粹而简单的庇护所。古人和现代人以同样的方式看待建筑，它们不过是服务于某种需要，别无其他。

毫无疑问，我们历史上的伟大建造者渐渐发展出了非常先进的建造技术，但他们仍然只是作为建设者，其大部分人默默无闻，不为人知。之后，这些建造者在社会中仍然只是三等公民，谁会在乎这些劳动人民？然而，在他们当中，我们却能发现真正的创造者。那么，这是否意味着诸如"建筑艺术"之类的事就从未有过？不，当然不是。我只是相信，我们还需看到，使房屋提升为建筑艺术的，还有建造者之外的另一个源头推动。我要说的是，正是我们的传统文人们在此起了作用。

这里我指的并不包括李诚这样的哲匠，他在公元1100年编纂了不朽之作《营造法

10　与上一段呼应，指20世纪30年代初在江湾建成的大上海计划行政中心，包括市政新屋、图书馆和博物馆等市政建筑，均采用"民族故有式"风格，建筑师为董大酉。

式》[11]。然而这是一部技术文献而非建筑学论著。事实上，诸如建筑学的论著之类的事物，比如莱昂·巴蒂斯塔·阿尔伯蒂的《建筑十书》[12]，在中国的传统文献中并不存在。所有经由我们传统文人提炼的建筑成果，都有一种不经意的特质。比如，尽管我们过去总受"切勿过分贪图物质享乐"这样的教导，但其实我们仍免不了会在一些建筑的建造中显现出来。无论我们怎样地觉得建筑无足轻重，只要我们真正开始建造，就仍会将我们追求生活的理想"强加于它"。所以我要说，我们的古人当真思考过建造艺术，只是并不自觉自己的所作所为，他们甚至都未费心想过要对所有这种心智上的探索找些说法。

因此，我们实际上有两种彼此独立的力量在创造"中国建筑"。一方面，我们有传统匠作以提供物质建造的需要，另一方面，我们又有文人在不自觉地将他们的智性注入建筑之中。匠人们为后人留下了他们的不朽之作，而文人们却将他们的建筑理念"错置于"月亮、树木和群山之中。

对我们的古人而言，建造房屋仅是一种手段，而文人们则试图通过建筑的途径表达时代的意志。孔子就是此种艺术之大师。如其在《周礼》中所述，孔子借用建筑以表达社会秩序。他依据使用者的不同等级来为建筑物的重要性制定等级：城市的规模按封建领主的等级确定；对公共建筑的处置亦有一定的规制；在皇城中，皇宫居中，"左祖右社，前朝后市"，由此，当朝政的君主直面忠诚与信念，且又顾及背后市场之利益，国家必定治理得井然有序[13]。这些都让我们不时地如此思考。

现在我们来看看紫禁城。我在演讲开始时就提到，你是不能将其中任何一座大殿独立于其他周围元素而论的，必须将所有建筑物看作一个组群，以此构成皇权浩大之诗篇。因此，紫禁城的布局展现的是帝国仪规。让我们再举两个更近的例子：在南京紫金山山坡上，一边坐落着国父孙中山先生的陵墓中山陵，另一边则是明太祖之墓明孝陵。它们都为同一目的而建：呈现一国君主之荣耀。现在来看中山陵，（在我眼中）它仅是一些无休止的台阶的堆积，结合了一些竖立在便捷之处的建筑小品，但所有这些都超出了人们观瞻所适宜的尺度。如若远眺中山陵，你也只是看到这郁郁葱葱的山坡上覆盖了一块巨大的白板，那是一种令人不快的对自然的侵入。除非要进行某种高强度的锻炼，否则我总会在登顶前就已不寒而栗。对我，或许还对其他人，无法从这座 20 世纪的陵墓建筑中看出任何美感，或哪怕是宏伟的效果。而我们来到不远处的明孝陵，尽管年久失修，陵墓却因顺山势而建，依然保持了强烈的威仪感。明陵虽然也

---

11 《营造法式》为宋代李诫（约 1065 年～1110 年，字明仲）所作。此书于宋元符三年（1100 年）编成，崇宁二年（1103 年）颁发施行。中国第一本详细论述建筑工程做法的官方著作，也是研究宋代建筑的重要建筑专书。

12 指阿尔伯蒂（Leon Battista Alberti，1404～1472）的著名论著《建筑十书》（De Re Aedificatoria，1452，Ten Books on Architecture）。1988 年 Joseph Rykwert、Robert Tavernor 及 Neil Leach 将其译成英语 On the art of building in ten books (Cambridge, Mass.: MIT Press)，2010 年王贵祥英语译版《建筑论——阿尔伯蒂建筑十书》由中国建筑工业出版社出版。

13 作者引自《周礼》之《考工记》。《考工记》原不属《周礼》，在汉代《周礼》原来的《冬官》篇遗失不存，把《考工记》补入作为《冬官》篇。此处作者本人所阅版本暂无从考。

19

为帝陵而建，但却没有那样地侵入自然。

你或许会说，明陵的高贵乃由其谦逊的设计来体现，而当你亲历其间，我想你大概又会觉得，所至的局部特征各异，不知有何关联。明陵的布局实际体现了祭祀皇帝仪式之要求，其中包含的是历代演进的礼制和仪式，没有这些，也就不存在孔子所维护的治国学说，即，一国之治乱，当视其礼仪之存废。我们几乎可以同样的说法解释当时的建筑。而现在在中山陵，我们还要登上千步台阶，去向我们的国父行"三拜九叩"之礼，我们真的不能再有这种事了。

在公元1100年李诚编纂的《营造法式》中，除了所有关于建造技术方面的信息外，我们仍可读到上至官式建筑、下至庶民建筑的各种不同做法。因此，在古代中国，建筑物乃社会生活之最真实的记录。

虽然有许多方面受制于建造规范，但当时仍有许多空间可为建筑艺术施展智慧。现在让我们来看看作为个人是如何尝试以建造来满足他的精神需要的。

明代文人程羽文在《清闲供》中是这样描述他理想中的房子的[14]：

> 门内有径，径欲曲。径转有屏，屏欲小。屏进有阶，阶欲平。阶畔有花，花欲鲜。花外有墙，墙欲低。墙内有松，松欲古。松底有石，石欲怪。石面有亭，亭欲朴。亭后有竹，竹欲疏。竹尽有室，室欲幽……

所以，只有一番曲径通幽，你才算到了自己的屋子。这可能与伯灵顿公爵曾经描述的方式全然不同，对古代文人而言，简言之，房屋就是幽僻之所。

这样，如果不细心的话，在穿越整个蜿蜒的竹林小径等类似地方后，你仍可能会与这座小屋擦肩而过。对程羽文来说，住屋本身在其概念中只是一个细节，而不是那种你能在其中享有中央采暖和冷热水供应的理想之家，也不是那种可有着建筑师逐个审视设计细部的房屋。对他来说，工匠只是来为他置屋，而如何为所有事情构思总体计划，以使其成为理想之屋，正是由主人自己完成的。

这是传统文人对他理想住屋的描述。让我们再看看文人们又是如何看待建成建筑并悠游其间的。我想简单引述名著《红楼梦》中的一些片断来说明。你们很多人可能都读过，小说描述了1680年间一个贵族大家庭的生活。有一章回描绘大观园中的建筑，但主人除了说已决定想要所房子、一些附屋和一个花园外，有关造园的事很少谈及。他们请来的吴老翁显然用不到一上午的时间，就应付了主人所有的意愿。而关于真正的建造却只字未提。

终有一日，园子竣工，诸事齐备。主人于是设宴安排宾客们游赏花园。而宾客来访，比起单纯的建造或匠作指导，将是更为高贵的园中活动。主人要求他们吟诗赋对，并给各种心怡的景致命名，包括园内的各种建筑物。他告诉客人们："偌大景致，若干亭榭，无字标题，也觉寥落无趣，任有花柳山水，也渐不能生色。[15]"因此，让我们跟随他们，并聆听他们对大观园的品评。

"只见正门五间，上面筒瓦泥鳅脊；那门栏窗（槅），皆是细雕新鲜花样，并无朱粉涂饰；一色水磨群墙，下面白石台矶，凿成西番草花样，左右一望，皆雪白粉墙，下面虎皮石，随势砌去，果然不落俗套……"[16]，穿过大门，客人们突然发现他们来到了一座植物葱郁的假山之前，恰好遮蔽了周边的景物。而在假山巨石掇叠的中间，有羊肠小径逶迤进入石洞。游园的宾朋在此驻足，诗性渐浓，有人予景致以"叠翠"、"锦嶂"之命名，但主人都不以为然，道：若是如此炫丽之物，当在我游赏之初相遇。因而，他最后选择了平实得多的名字，"曲径通幽处"。

过了石洞，游园主宾来到一处白石为栏的宽平地带，其前有清溪，后有奇石高耸入云，掩映于高树绿荫之间。两边是高耸的、像要飞起的屋翼角，再往前，桥上有亭。这亭使他们想到宋代诗人欧阳修著名的《醉翁亭记》来。但是显然，借用并不完美。因为记中并未提及水。

而鉴于众人眼前已出现了醉翁以及水的场景，又有人提出了源自同一文章中欧阳修用以描写滁州溪山琅玡溪源头之名"酿泉"的"泄于两峰之间"之"泻"字，而名之"泻玉"。远景能像名字"流动的玉"么？此名是要反对过于直白和俗趣，因与饮酒有关。因此，讨论结果是取另一："沁芳"，非常妥帖地表达了水及其动势。并由一副对联点明景致的雅境：

"绕堤柳借三蒿岸，隔岸花分一脉香。"

于是，游园雅在享受纷呈美景的同时，宾主得以分享不断涌现的与历代诗人对话和画家所揭示的自然之美。亭台楼阁布局得宜地散落于陂峭的水岸周边。而它们在那儿，正为了人们能深思自然并充分地享有四季更替所带来的乐趣。此处还有一处"芦雪庵"，盖在傍山临水的河滩之上，四面芦苇掩覆，推窗即可垂钓。其名为"芦雪庵"，也是因为某天大雪之后，当世界银装素裹之时，一个诗会曾于此处举行：是时，大家拥炉对饮，割膻而啖，以助诗兴。

（所有注释均为译者注）

---

15 引自曹雪芹《红楼梦》，俞平伯校启功注，北京：人民文学出版，2000年1版，169页。作者本人所阅版本暂无从考。
16 同上。

21

CHINESE ARCHITECTURE

Henry Jorson Huang

Mr.Chairman, Ladies and Gentlemen!

Perhaps before I begin my talk on the subject of Chinese architecture, I should tell you at this juncture, the range of my talk I propose to cover.As a practicing architect, I can only try to discuss the topic as I see it but not to treat it in a scholarly way as it was handled so masterly by the Rev.Joseph Edkins to this distinguished body as early as 1889.The moderns always seem to be somewhat conscious of the time they live in.I, for one, find it difficult to shake off that complex.Should I seem to be slightly subjective in the manner I deal with this subject, I hope that you would indulge with me for a short space of forty minutes.I have my prejudices;as an architect this is unavoidable.If after this talk, you should say to yourself 'he will have a lot to learn yet.' I would readily say yes.

Any attempts to discuss architecture without the aid of slides and such like are hard indeed.As I intend to deal mainly with theory of architecture, perhaps they may be dispensed with.Besides, most of you here tonight are familiar enough with the few examples, which I may bring about in the course of this talk.

Prof.Lethaby in his book on architecture pointed out in the first few sentences of the book that two arts have changed the surface of the world, viz.agriculture and architecture.I quote this only to strengthen the already familiar notion that architecture being the record of these changes is undoubtedly the truest reflection of the nation's culture.In our daily intercourse with the fellow countrymen, how often we derive a fair picture of the personality of our friends from the thoughts conveyed through the action and speech.But how often too we make our mistakes by judging

22

the persons from mannerism.The best way to understand our friends, I would venture to say, would be not only to grasp the thoughts in their minds but also try to see the backgrounds from which these thoughts spring.This, I admit, is exceedingly difficult. The study of man, therefore, never ends.But the best study of man is man.

Thinking over the problem of Chinese architecture, I sometimes wonder whether we are making the same mistakes of starting too much from my point of view.I rather incline to feel that so far we have Lord Burlington or Sir William Chamber looking at the Peiping palaces as if they were Greek antiquities.It is like judging the character of my friends in the ways I like them to be from what I observe.In the last thirty year much has been written on the origin of Chinese architecture, the influences it has received, from India, Persia or what have you.Great speculation has been casted upon the curve of the roof usually with convincing argument.Geography, politics and geology in fact no stone left unturned are explored in attempts to find out the hidden path of Chinese architecture.Students of architecture are certainly familiar with the monumental work of Sir Banister Fletcher 'The history of architecture on comparative methods.' It is in this same vein the study of architecture is pursued.

I wonder whether our poet Lee Pei were asked to look at what we call the works of architecture, how would he react? The poet, as a man of great learning with enormous taste for the beauty of the words, could certainly be relied upon for his aesthetic appreciation.Could you imagine that the great poet tried laboriously to find the abstract beauty of the rectangles, the verticals and horizontals, the interplay of the different planes? Or really interested in the curve of the roof, would he be so bothered because he could not find out the roof must be curved.You know as much as I do, he would probably write a poem, as you have already read, which had nothing to do with the building he was supposed to be looking at but the moon, the trees, the hills and all the other irrelevant things conjured up in his mind.But whatever he had to write, we could not deny that his poem was not an appreciation of the building or shall I say architecture in quotation mark.

Why I add quotation mark, I shall endeavor to explain as I go on.If Lee Pei's poem were any appreciation at all, would it not be safe to say that probably it is towards that end that our past architectural efforts have been directed? Is it therefore worthwhile to give up the thoroughness of the comparative study of architecture as advocated by Sir Banister Fletcher and explore a new avenue? By so doing, we might penetrate a little the architectural mannerism and see how architecture has been employed to project the life and aspiration of this country.Should we succeed any at all in what we set out to do, it might help us a bit in our architectural re-orientation in this present chaos.I am well aware of the 'bigness' of the last remark.

It is a rather dangerous thought.Too many people in this country are talking too big things.But I am only dealing with a harmless thing like architecture.Perhaps I might be forgiven.

Before I go any further, I would attempt to say a few words on what is architecture as it is generally understood.The definition of architecture is very evasive.When one chooses a definition, it can only mean that this particular definition appeals to me more than the others.I would quote Sir Thomas Jackson's definition in his book on architecture.Briefly it says that architecture does not consist in beautifying building, but on the contrary in building beautifully, which is quite another thing.As prose rises into poetry by the greater elevation of thought, the finer flow of language, the touch of sympathy, grace and pathos, so does building pass in architecture with the superior grace of the main forms of the fabric, perfect expression of the conditions of the construction and closer harmony between purpose and achievement: In a word-architecture is the poetry of construction.

In this definition we have two separate things, one is the building and the other is architecture as we have prose and poetry.A building will remain as a building as long as it lacks something to raise it into architecture.So we might say that architecture lies in the building.In such a case a building is a work of architecture.

Following upon what I have just been discussing.Could we take one of the palaces out of the Forbidden City and put it to the test of the theory just mentioned? Physically we could not do that.But we have an actual example in the Executive Yuan building in Nanking.Technically speaking, we have all the advantages over our past builders.We also have wide knowledge of the Chinese architectural elements. We should build a very much more satisfactorily than what were attempted in the past.But would you place this structure on a higher level in architecture than that achieved in the Forbidden City?

What is wrong with the whole thing?

To answer this, I will have to go back a little when the art of architecture was first introduced to china at the time when this great city in which we are now, was only a mud bed.When this city gradually expanded, buildings of foreign styles sprang up in every corner within the jurisdiction of the settlement.Who could wonder that we should stand aghast at the astonishing achievements by the side of the humble native structure of brick and timber? We took them quite rightly as signs of progress perhaps not knowing in what way.We wanted to learn.We began to wonder whether there was anything at all in our buildings really worthwhile.This happened in the art of building.In fact in our whole cultural life, the faith in ourselves began to be shaken. There was time when everything labeled foreign was better than the native.In fact, it is still true to the present day.I hope that I would not be mistaken for advocating that things foreign are not necessarily good but I do regret that we should discard so much of our own heritage.

In 1930's, I think that there was a period in which we noticed some very strong nationalistic movement in architecture.This was heralded by the work of some architects in the North, notably the Peiping National Library.The research into Chinese architecture so admirably carried out by the Society for the research into Chinese architecture in Peiping was also a great moving force in this new movement. The Executive Yuan building is definitely the product of that period.

Now the trouble with that structure lies in the fact that the new yardstick employed in the architectural valuation was discovered after expensive research into subject with methods and view point alien to that kind of the study.Then there was a kind of rather peculiar mentality.We were, and probably still are, rather impatient with our progress. We wanted to get ahead quick.A contemporary Chinese architecture capable of coping with the modern requirement and yet remaining still true to our cultural tradition cannot come about so easily by adopting a Chinese exterior and a western interior.I wish such happy marriage were possible.

Let me quote from the report on the building of the civic center of the Greater Shanghai, to illustrate that type of the mind.The City Planning Commission gave a number of reasons for the adoption of the so-called 'Chinese Renaissance Style' for the Mayor's building.According to them the Mayor's building, being the most important municipal building in the city and the centre of interest for visitors from home and abroad, should employ an architectural style representative of Chinese culture;the use of a foreign style would make a laughing stock of China.

Moreover, they went on to argue, only a style characteristic of the nation's character could inspire national spirit, while buildings designed in European or American idioms(such as recently put up for the commercial purposes at Shanghai) could only do damage to national development.Besides, they thought, the world's great structures cost millions to build;Shanghai limited by its financial difficulties, could not hope to build on a scale to rival with them in magnificence.We only have to go to Kiangwen to see the result of the convincing argument.This is certainly not a piece of reasoning in architecture.The result is architecture but stand out as witness of time testifying our inability of adopting ourselves to a changing world and the impossible desire of catching up the time with our mandarin coats.Is it only in architecture that 25 we face this problem? I wonder whether all of our present bothers also come from the same source.

Well then how would we approach the problem? I venture most humbly to submit to you the way I look at Chinese architecture.I hope that we may have a few questions after I have discharged my part.

Let's go back to the definition of architecture I quoted a little while ago.In this, we know that a building could be raised to architecture by the poetry in construction. Architecture is within that building.That is an occidental conception: Architecture is the conscious assertion of man's intellectual efforts.In it the handiwork of man is glorified.This, I do not think, is true of Chinese architecture, architecture in quotation mark again.To our ancestors, building had a very simple purpose;it was pure and simple a shelter.The ancients as well as the moderns look upon the building in the same manner.It is something which just serves a need and nothing else.

No doubt, the great builders in history gradually developed a highly advanced technique but they remained only as builders most of whom were buried in obscurity. Afterwards, the builder only ranked the third in the social scale.Who would care for those laboring people at all? In them, however, we find the true makers of the things. But does it mean that such a thing as architecture never existed? No, of course not. I believe that something goes into turning a building to architecture comes from another source than the builder.It is the scholars who supplied that little, shall I say, kick.

I do not include that great scholar Li Chien in 1100 AD who compiled that monumental work on the treatise of building construction.That is a technical book not a treatise on architecture.In fact, there is no such thing as treatise on architecture likes, say, the ten books on architecture by Leon Battista Alberti, in Chinese literature.All the architectural efforts rendered by the scholars were of unconscious nature.No matter how we were taught not to attend to our physical comfort too excessively, we could not help react to some buildings.No matter how indifferent we were to the building, but when we did start to build we could help 'impose on it' those ideals which we aspire in life.Therefore I would say that we did think about the art of building but not knowing what we did.We did not even bother to give a name to all this mental endeavor.

Therefore we now have two forces going to the making of Chinese architecture independently of each other.On one hand we have the master builders supplying the physical needs and on the other hand, the scholars unconsciously applied the intellectual efforts.The builders leave their monuments behind for the posterity while the scholars mislay their architectural ideas among the moon, the trees and the hills.

To the ancients, building was only a means.The scholars by means of the buildings tried to express the aspiration of the time.Confucius was the master of that art.He employed the buildings to express a social order as he laid down in his book of rites, Li Chi.He assigned to the buildings with the varying degrees of importance according to the occupants thereof.Sizes of the cities were determined according to the rank of the feudal lords.The disposition of the public buildings had a definite pattern.In the royal city, the palace occupied the central position, on the left was the Temple of the Ancestors representing the way of humanity and on the right was the Temple of the State representing the way of the earth and in the front was the court representing the faith and loyalty and at the back was the market.Now when a king would look straight into good faith and loyalty and turn his back to the profit in the market, the country would certainly be well administered.It makes us think in time like this.

Now let's take the Forbidden City.I mentioned in the beginning of the talk that you could not take away a palace and look at independently of the other elements.All the buildings there must be considered as a group for it is a poem of imperial grandeur. The layout represents that imperial system and the accompanying ceremony.Let's take two more examples mere close to hand, they are Dr.Sun Yat-sen Mausoleum and Emperor Ming Tai Tsu tomb in Nanking side by side on the slope of the Purple-Golden Mountain.They were both built for a same purpose to glorify the leaders of a nation.Now Dr.Sun's mausoleum is just masses of unending steps with a few midget structures erected at convenient places, all of them are out of the scale with the size of the approach.At a distance, you can only see a huge sheet of whiteness covering much of the greenness of the hill, a very unpleasant intruder in nature. Except to have some rigorous exercises, I often shudder at the prospect of reaching the top.I, for one, cannot see any beauty or even grandeur in this twentieth century attempt at tomb-building.A short distance away we come to the Ming tomb.Despite of its dilapidation, the tomb still commands a great feeling of dignity through its submission to nature.Although built as a tomb for an Emperor, the tomb did not intrude into the nature.

That dignity, you might say, comes through its humbleness.As you go through you would, I think, come across features that you would consider irrelevant.The layout represents the rites governing the service of offering to a deceased Emperor.There, the Ming tomb contains ceremony and rites evolved through the ages, without which it would not be the same thing Confucius maintained-that to see a country properly ruled, you should inquire whether the rites and ceremony were well observed in the country. The same could almost be said to architecture. Now, we just run up thousands of steps and bow three times before our national founder. We really cannot have this state of affairs.

In the Treatise on building construction by Li Chieh, 1100 AD, besides all the information given on the technique of building, we also read about the different expressions in the buildings which the officers and the ordinary people were entitled to. Thus, in ancient China, the buildings were the truest record of the social life.

Though much restricted by the code of building, there was still much room left for the intellect to play in the art of the building. Let's now see how a private individual might attempt to build to satisfy his mind.

The Ming scholar Li Li-wen writing on his ideal house recommends the following:

'inside the gate is a footpath and the footpath must be winding. At the turning of the footpath there is an outdoor screen and the screen must be small. Behind the screen there is a terrace and the terrace must be level. On the banks of the terrace there are flowers and the flowers must be fresh. Beyond the flowers is a wall and the wall must be low. By the side of the wall there is a pine and the pine tree must be old. At the foot of the pine tree there are rocks and the rocks must be quaint. On the rocks there is a pavilion and the pavilion must be simple. Behind the pavilion there are bamboos and the bamboos must be thin and sparse. At the end of the bamboos there is the house and the house must be secluded......'So it is only after long journey that we arrive at the house itself, and instead of describing it in a way which Lord Burlington might have done, Li Li-wen just dismissed in one word 'secluded'.

You would probably still miss it if not careful after having negotiated all the bamboo grove winding footpath and whatnot. To him, the house itself is only a detail in his conception. It is not the ideal house in which you would find central heating and running hot and cold water. Nor it is a house, the details of which call for your scrutiny as an architect would. To whom, the builder just comes to plant his house. It is Li Li-wen who will have to think out the general scheme of the things in order to make it an ideal house.

Now we just have a scholar who expounded his ideal house, let us see how the scholars would look at a finished building and enjoy themselves. I would like to quote in brief some passage from the famous novel 'Dreams of the Red Chambers'. Many of you have probably read it.The novel depicts the life of an aristocratic family about 1680.There is a chapter describing the building of the 'Garden of the Great Spectacle'.Very little is said about the making of the garden except the owner having decided that he wants a house, some outhouses and a garden, sends for an old man called Wu, who apparently in less than one morning's time can cope with all the wishes of his client.Nothing then is said about the actual building.

Finally one day all is completed and ready for inspection, whereupon the owner takes a party of his guests on a tour around the garden.There is going to be a worthier occupation than mere building or supervision of building.The owner of the house has asked them to compose poems and couplets and to give names to the various spots of interest, including the various buildings within the garden.He tells his guests that 'though there are many beautiful spots, many pavilion and houses on his estate, it can, without names and appropriate poems, hold no flowers, willows, hills and water of any character.So let us follow them and listen to their discussion on the quality of the garden.

The party first arrives at the gate lodge which is of five kiens in a row.The roof is covered with pan tiles;the windows and doors are all carved with patterns in the latest fashion.The lodge and the wall are whitewashed giving a feeling of dignity and refinement.Passing the gate, the guests suddenly find themselves in front of a green hill screening off the view around the foot of the hill and on one side.There are a number of boulders through which a narrow winding footpath winds like 'a sheep's gut' to the entrance of the tunnel.Here the party pauses to let literary associations rise. Some suggest names such as 'The piled Green' and 'The embroidered Rock' but they do not find favor.Nothing so florid should meet us right at the beginning of our perambulations.So the name chosen is more prosaic: The winding path to tranquility.

Through the tunnel, the party then comes to a terrace surrounded by a balustrade of white stone.In front is a pond of crystal-clear water and at the back rocks 'soaring sky high' with tall trees in great profusion.Through the branches appear the curved roofs of two pavilions like birds in flight.From the terrace the party crosses a bridge passing another pavilion in the middle of the bridge.The pavilion beyond the rocks reminds the party at once of the wing-like pavilion described in the famous essay 'An episode in the pavilion of a drunken old man, by the Sung poet Ou Yang Hsiu. However, the parallel is not perfect, for in the episode no water is mentioned.

But apropos the drunken old man and the presence of water in the scene before the eyes of the guests, one of them suggests another line by the same poet from his description of Hsien Tsu, the source of the river Sing in Sishan.The second proposal is 'flowing jade' which is what Ou Yang Hsiu calls the water of the spring used for the distilling of the famous Sishan spirit.Should the vista then be the flowing jade? The name is objected to as too obvious and in rather bad taste because associated with drinking.So the end of the discussion is yet another name;'Sing fragrance' passed as highly suitable because the word Sing can mean both the river and the flowing. A couplet is now composed on the spot to commemorate the beauty of Flowing Fragrance or the River Sing Fragrance.

'Along the banks, the willow trees borrow the green of the three bamboo poles.
Over the opposite shores, flowers share the fragrance from one pulsation.'

So the party journeys on enjoying the scenery communing with poets of the past and sharing with the painters the revealing beauty of nature.Here and there are rows of houses and scattered pavilions and a shelter projects over the steep bank of the river.They seem to be there in order that men might stay to contemplate nature or to enjoy to the full pleasure offered by the changing seasons.There is a 'snow shelter' by the shore covered on both sides by tall bamboo shoots and with one side facing the water.From its windows one can angle under cover.It is called the 'snow shelter' because the day after a heavy snow when the whole world seems transformed into white silver.A party is meant to go there to sit, sipping hot wine and nibbling a piece of meat roasted over an open fire.

(感谢黄植、Kristin A.Bagne 校对英文稿)

阅读篇

怀念黄作燊

罗小未　钱锋

黄作燊（1915～1975）是同济建筑系的前身之一——圣约翰大学建筑系的创始人，他是我国的第二代归国建筑师，曾直接师从现代建筑大师格罗皮乌斯。20世纪30年代中期，他从当时处于现代建筑运动中心之一的英国A.A.建筑学院（A.A.School of Architecture,London），追随格罗皮乌斯到美国哈佛大学，接受了全面的现代建筑教育。回国后，他将包豪斯式的现代建筑教育方法引入中国，在圣约翰大学建筑系开始了全新的现代建筑教育尝试，成为现代建筑思想和教育方法的重要传播者。

黄作燊先生不仅教学方法独特，其非凡的气质和特有的人格魅力使他对学生始终有一种神奇的吸引力。可惜的是，虽然他有着杰出的才华和满腔的热情，动荡的社会总是无法给他充分发挥的机会。尽管如此，他仍然积极乐观，尽其所能为他所热爱的建筑事业贡献了毕生精力。

热爱艺术，志在建筑

黄作燊先生祖籍广东番禺，1915年出生于天津。黄家上几代都是清贫的书香人家。他父亲黄颂颂曾在广东黄埔的"水师学堂"学习，后只身来到天津，经过自身的努力成为英商开办的亚细亚石油公司的经理。从此，家中经济状况逐渐变好，至黄作燊出生时，黄家已经比较富裕。

黄作燊是5个孩子中最小的一个，从小就十分聪明伶俐，深得父亲的喜爱。黄颂颂和朋友交往活动时常常将他带在身边，并经常带他到戏园去听戏。由于黄家原

图1　黄作燊十岁左右在天津

33

来的书香气息和社会地位，交往的多是一些颇有文化修养的社会名流，有着共同的对戏曲、书画、古董的嗜好，跟在父亲身边的黄作燊从小就受到中国传统艺术潜移默化的熏陶，由此培养了他对艺术的极大兴趣。

当时黄家住在天津租界中。那时，不少中国知识分子已深受西方思想的影响，认为欧美是先进文明的表现，要想国富民强，就必须学习欧美的先进科学技术。因此，黄作燊不仅自5岁起就一直在一家天主教开办的法国学堂学习，而且一到进入中学年龄，父亲就打算送他出国。当时的黄作燊只有14岁，因为他的哥哥，后来成为我国著名戏剧家的黄佐临已在英国留学，于是父亲决定送他去英国读书。可是，究竟学什么专业呢？

当父亲问到他时，他第一感觉是要学习艺术。自小受到艺术熏陶的他对于绘画与艺术十分感兴趣。而他父亲受实业救国思想的影响，认为一个人必须有一门实际本领、专门技能，才能对国家有用，并使自己的生活有保障。当父亲将想法告诉他时，他觉得也有道理。可是如何使自己的爱好和一门技能相协调呢？

这时黄作燊想起了早年的一件事。那时他们家在造一所新屋，出于好奇，他常常跑去看，怎知一看就是老半天，看到建筑工人用一些砖木居然能够堆砌出如此动人的形象，而且还能够让人在里面生活和活动，他觉得十分奇妙。"建筑岂不是两者兼顾的一门学问吗？"这个想法，使他心中顿时一片明朗。于是，他毅然下了决心，要去西方学习建筑。

志存高远，心系祖国

黄作燊先在剑桥的一所学校学习，然后到伦敦的A.A.建筑学院读了5年。A.A.建筑师协会（Architectural Association）原是一些意欲改进英国建筑的比较年轻的建筑师脱离了英国皇家建筑师学会（RIBA）而组织起来的。A.A.建筑学院是由这个协会主办的一所学校，在教学上当时被认为是比较前卫的。在这里，黄作燊对现代建筑及当时已开始略有名声的一些年轻的现代派建筑师，如B.Lubetkin，E.M.Fry，F.R.S.Yorke等感到了很大的兴趣。特别是格罗皮乌斯1934年因包豪斯被纳粹政府查封而到英国，更大大地吸引了他。

格罗皮乌斯强烈的理想主义和英雄主义气质极富人格魅力，他在演讲建筑时的精练和深思更使学生入迷，使他成为学生崇拜的偶像。格罗皮乌斯的"建筑的美在于简洁和适用"一言，给了黄作燊很大的启发。因此，1937年

34　图2　黄作燊在伦敦A.A.建筑学院的成绩单

图3　黄作燊在伦敦
A.A. 建筑学院时参加
板球比赛

　　格罗皮乌斯受美国哈佛研究生院聘请前往执教建筑学专业后，黄作燊亦随之而往哈佛，并以优异的成绩被研究生院录取，实现了他成为格罗皮乌斯门徒的梦想。

　　师从格罗皮乌斯的这段时间，奠定了黄作燊的建筑思想和学术基础。格罗皮乌斯教学思想中对于建筑材料和形式关系的探索，和建筑师要面向大众的主张成为黄作燊建筑思想最深层的根源。

　　与此同时，黄作燊也全方位地接触到了活跃于现代建筑运动中的其他主要人物，如勒·柯布西耶、密斯·凡·德·罗、阿尔瓦·阿尔托等，并承认他们对自己的深刻影响。对于柯布西耶在作品中所显示出的独特而强烈的造型能力，黄作燊十分欣赏。因此，他学生时期的设计作业就很像柯布西耶的作品，但在形体上稍微"软"一些；

图4　在瑞士打冰球　　　　　图5　游历意大利　　　　　　　　　35

他回国后的早期作品——中国银行宿舍，也明显地体现出柯布西耶在20世纪30年代时的作品特点。黄作燊对阿尔瓦·阿尔托也十分欣赏。阿尔瓦·阿尔托为1938年纽约世界博览会设计的芬兰馆让他感触很深，他认为这是建筑材料与形式密切结合的一个成功范例。另外，他和M.Breuer也是好朋友，并认为Breuer是一个天才。

虽然他很欣赏柯布西耶，但是，他受格罗皮乌斯的影响更深。这从他后来教学中特别注重建筑形式和建造与材料的关系中可以看出。20世纪30年代末他去欧洲旅行时，特别到法国巴黎访问了勒·柯布西耶。当时他只有24岁，两人用法语交谈得十分投机，柯布西耶带他参观了自己的事务所，并流露出想留他实习的意思。但他认为格罗皮乌斯的建筑创作思想"更加合理一些"；同时，格罗皮乌斯的人格魅力也深深地吸引着他，使他决心要成为一个像格罗皮乌斯那样的人。

图6　黄作燊与勒·柯布西耶在一起

黄作燊虽长期身处国外，但时刻都惦念着他的祖国。就在即将毕业的时候，他阅读了"A Red Star Over China"（《西行漫记》）一书，美国记者埃德加·斯诺（Edgar Snow）以富有激情的笔调对延安解放区所作的描绘，使时刻心系祖国的黄作燊热血沸腾，他看到了中国希望的曙光，于是坚定了回来报效祖国的决心。他推辞了好几家美国公司的聘请，不久就与正就读于波士顿艺术学院尚未毕业的未婚妻程玖双双归国。他想将他所学到的最新建筑理念引入祖国，使国人过上健康和舒适的生活，更想使祖国早日摆脱落后的面貌。他当时的心情可以从他在上世纪40年代中期写的一篇名为《中国建筑》[1]的英文讲稿中看出。讲稿在讲话的开始便引用了英国艺术家、思想家、建筑师W.R.Hethaby教授的一段名言："有两种技艺改变了地球，这就是农业与建筑"[2]。黄先生对这句话的重视不仅说明了他对此话的认同，并说明了他看到了建筑师肩负的重任。接着黄先生在盛赞了北京故宫在反映帝王体制，帝王威严的艺术成就和明代程

1　讲稿原名"Chinese Architecture"。从讲稿的开头是"女士们、先生们，"和黄先生把自己称为一位开业建筑师以及把北京称为北平等等看，该讲话是在黄先生回国后、新中国成立前对外国人士做的。
2　该话引自Lethaby的名著"Form in Civilization"（1922年初版，后数次再版）。原文中用"two arts"，我认为在这里把"arts"翻译为"技艺"较为妥当。

图 7　年轻的黄作燊夫妇

羽文在《清闲供》中对一座简朴的文人住宅的优雅描述后说，"无论是故宫或这座谦虚的住宅都是中国长期建筑文化的积淀，即把建造提升到像'诗'似的成果，这些成果包含有知识分子的贡献"。黄先生说，过去建筑师只为少数的特权阶级服务，在当今的民主社会中，建筑师应面向社会，为广大的公众服务，应以新的建筑理念、建筑技术来提高他们的生活[3]。须知，当时西方现代建筑派中确实有一批乌托邦式的理想主义者认为建筑师可以通过建筑来改革社会，格罗皮乌斯和勒·柯布西耶都曾是这个理念的积极宣传者。看来黄先生也是这样。因而他的毅然回国是带着严肃的使命感回来的。

孤岛火种，初显其芒

1941 年，黄作燊踌躇满志地回到中国。次年，他接受了上海圣约翰大学杨宽麟教授的邀请，在圣约翰大学内创立建筑系并开始了全新的尝试。

起初，建筑教员只有黄先生一个人，学生也只有 5 个，主要是从其他系中转来的，于是凡土木系有关的建筑学的课就到土木系上，而建筑学方面的课，从建筑理论、建筑设计以至素描写生全都由黄先生一个人承担。以后，黄先生陆续请了几位专职教师，分授不同的课程。例如请曾参与过包豪斯筹建工作，新中国成立后到东德建筑科学院担任院长的 Richard Paulik 教城市规划和室内设计；请后成为美国国家艺术学院终身院士的程及教绘画，请他在美国时的同学 A.J.Brandt 教构造，请匈牙利建筑师 Hajek 教西洋建筑史等等。另外他还请过很多老师来兼课或短期教学。如请园林专家程世抚教园林设计，请 Eric Cumine 和陆谦受来讲学和评图，还请过王大闳、郑观宣、陈占祥、Nelson 孙、Chester Moy 等来指导设计。黄先生认为对于学生来说能够接触到很多不同的老师是一件好事，这使他们知道在学术上可以有不同的见解和方法，从而建立自

3　关于这方面，黄先生在他另外一篇讲稿——"The Training of An Architect"（"一个建筑师的培养"）中有更为详细的说明。

图8　青年黄作燊

己的观点与做法。随着教师的齐备，学生的增多，建筑系的教学逐渐上了轨道。

在建筑系发展的同时，黄先生也以他别具一格的教学方式和独特的魅力深深地吸引了每个学生。

黄先生在教学中经常引用英国建筑评论家 Thomas Jackson 所说的"建筑学不在于美化房屋，正好相反，应在于美好地建造。[4]"黄先生说，如果建筑师的任务只是美化已建好的房屋，他可以按艺术家的要求来培养；但要美好地建造，那么他所受的教育应是建筑美学与建筑技术的综合。为此建筑学生必须认真了解他们的服务对象对建筑的要求，这是设计的源头，并以尊重和精通技术作为表达美好地建造的工具。

在教学方法上黄作燊先生主张启发式的教育。他认为引而不发可以更好地发掘与发挥学生的无限潜力。这形成了圣约翰大学建筑教育不同于其他学校的特点。

例如黄先生认为掌握尺度对建筑师来说是十分重要的，他在某期学生的第一节课中，让学生将纸条裁不同的标准长度、1 呎长、3 呎长等等，然后由学生在墙上每隔一英尺贴上一条，以此培养学生的尺度感。学生们觉得这样的课十分有趣，从来没有见过，因此留下了非常深刻的印象。

他出设计题目的方式也十分特别。当时有些学校的设计任务书对内容规定得很具体，如将房间的数量和面积都详细说明。而黄先生却不是这样的。圣约翰建筑系首届毕业生李德华回忆说："我们当时学生只有 5 个人，他给每个学生发一张打印好的 A4 纸，纸上用散文般的优美流畅的英文描述了关于这个设计题目的背景与要求。要学生在拿到这个题目后，自己去思考或作调查，提出这里面应有什么功能，需要安排什么内容。"

例如早期有一个题目——周末住宅（weekend house，就现在来讲，是真正意义上的别墅），黄先生把有关背景条件告诉学生，例如在别墅中生活是怎样的，它和平常住宅中的生活有何不同等。人们只在周末才去别墅居住，这个设计该如何解决不住人的五六天的问题，例如安全问题就尤为重要。对于这些问题，他都没有直接说出来，而是启发学生自己去发现和提出。

到后期，他有时甚至在题目布置后不加任何说明，完全放手让学生自己思考，自己提出设计要求和制定任务书。圣约翰建筑系毕业生王吉螽回忆说："我的第一个设计是一个农村河边的诊疗所。当时，他在黑板上写完题目就走了。我因为刚从土木系转过来，第一次上他的课，有些莫名其妙，到底怎么做呀？想问老师，可是，老师怎么走了呢？向其他同学打听后才知道，老师帽子仍在讲台上说明老师还在，他离开不过

4　见黄先生的"The Training of An Architect"。原句为"Architecture does not consist in beautifying buildings, on the contrary it should consist in building beautifully。"（Sir T.G.Jackson,《Reason in Architecture》, 1906）。

是想让学生自己独立思考这个题目应该如何做。这件事我至今记忆犹新。"

除了建筑设计课以外，受包豪斯教学思想影响的黄先生还为低年级学生开设了建筑初步课，在这一课程中他也同样用启发的方式让学生掌握关于材料和形式的关系。

圣约翰建筑系毕业生罗小未回忆说："我们班的第一个设计题目就两个字'pattern & texture'，黄先生要求我们在一张 A3 图纸上表现这两个字。我们一开始很不理解，问老师什么是 pattern，什么是 texture，作业到底要做些什么？黄先生说：'什么东西都有 pattern，衣服、围巾都有'；至于 texture，他说：'你摸摸你的衣服，它就有 texture'。这个设计我是和华亦增一块儿做的。我们各自在一张图纸上画了 8 个方块，上面 4 个是 pattern，下面 4 个是 texture。华亦增做的一个 texture 是将一种像人参那样的中药切成圆片片，并把这些断面上带有裂痕的圆片一个一个贴在上面；我做的一个 texture 是把粉和胶水和在一起，厚厚地涂在方块上，并把它们绕成卷涡形。我们交作业时，黄先生也不直接说好坏和对错，他看着看着，就指着作业对我们说：'你看，这里不是既有 pattern，也有 texture 吗？'这时，我们才恍然大悟，真正理解到 pattern 和 texture 真是无所不在，并且是不可分割的。他采用这样启发式的方法让我们自己悟出道理。"

黄先生特别注重培养学生在设计中的创造性，反对因循守旧和抄袭。为达到这个目的，他尽量用国内社会上尚没有的建筑类型作为设计题目。他曾经出过一个托儿所设计的作业。当时上海还没有一栋真正为托儿所而设计建造的建筑；学生无法模仿现实的建筑实例，也不能从现成作品中取得设计经验。因此托儿所应该是怎样的，学生只能通过自己对有关方面的调查、理解、构想和分析来得出结论。通过这样的方式，黄先生试图培养学生对于设计必须从问题源头出发的理念与方法。沈祖海仍记得当时他为了明确设计任务而到处走访的情景。黄先生对于那些在现实中已有的建筑类型，也要求学生从根本出发。例如设计一个电影院，他让学生到电影院里好好地体验整个过程，从放映、购票、入场观看电影的实际要求与效果出发去设计，不允许他们不知其所以然地照搬。他也布置过一个教堂设计的作业，上海常见的教堂建筑都是哥特复兴或是其他复古样式的，但他要求的教堂面貌却要是全新的。为了做好这个设计，学生们一方面走访牧师，并到不同的教堂去体验做礼拜的感受，了解教堂活动的各种内容和要求，另一方面又绞尽脑汁地尝试用新材料、新结构和新形式来表现教堂的宗教气氛。

黄先生强调从问题的源头上着手，目的是要培养学生的"创造性"。李德华回忆说："现在我们说起建筑创作时常用'creation'一词，但黄先生喜用'originality'（'原创性'）。可能他认为'原创性'这个词更符合他关于设计创造性的概念。"

指导学生作业只动口、不动手，也是他教学中的一大特色。他总是问很多问题，这里为什么这样，那里为什么那样，学生常被他问得心砰砰跳。如果设计是在哪里抄来的，就会被问得无法回答。黄先生最反对形式主义和抄袭，因此，在布置题目时从不指定参考对象，而是要学生广泛地看，广泛地参考，自己总结，自己发挥。他认为

39

老师指定了范围就会束缚学生的思路。当然，他鼓励学生看书、看杂志，研究好的例子，有时在上课时他会带来一大箱⁵书或最新的杂志给学生看。但认为学生最终的作品必须是自己思考的结果。

黄先生在教学中很早就开始了"假题真做"的训练。因为黄先生认为存在于建筑师与业主（或使用者）之间的是一种供与求的关系。建筑师只有同业主不断磋商、相互促进，才会做出好的设计⁶。圣约翰建筑系第一届学生的毕业设计题是医院，黄先生找来了一个真正的业主，Amos 王，此人是一个妇产科医生，是当时著名妇产科医生孙克基的好朋友。他想改建自己的医院，在原址上重新造一座新的，于是黄先生就将此作为题目让毕业班的学生来做。

黄先生请了王医生来给学生作讲座，告诉他们医院设计的要求。学生们以为这是一个真实的项目，设计激情非常高。学生们先去医院了解情况，向医生、护士、产妇作调查，并且每个人在医院中各个岗位上实习半天，然后回来交流汇总成报告。他们在充分了解医院的各种活动与运行方式的情况下，自己提出设计要点，进行设计。

设计完成后召开了一个汇报展览会。学生们将设计成果向医院与医生汇报，吸引了很多师生前来观看，学院院长也来了，十分轰动。最后，业主请学生吃了一顿饭，还买了很多绘图仪器送给他们，大家都非常高兴。

黄先生在教学中十分重视动手能力，强调模型制作以及在制作过程中注意建筑营造的工艺和形式的关系。

他布置的各个设计作业，无论是周末别墅、河边诊疗所，都要学生做模型。当时在学习中做模型还是一件十分稀有的事，做好后便展出供大家评论。而黄先生要求的展出方式更是别具一格。罗小未回忆说："在医院设计的汇报展览会上，他要学生用绳子把模型吊到人的视线高度进行展出。他说放在桌上的模型是鸟瞰的，不是平常见到的视角，只有把模型放到与平常视点相应的高度才能体会到建筑建成后的效果。"

为了训练学生理解工艺和形式之间的关系，黄先生接受了当时（20 世纪 40 年代中期）刚从哈佛回来的李滢的建议，开设了陶艺制作课。制陶的工具由李滢和李德华一同设计。木质，上面是一个支板，下面用脚踩踏板来带动上面的支板转动。学生通过亲手操作，体会到了制作过程和形式之间的关系。他们回忆说："我脑子里想着一个形，然后动手去做，或者做得出，或者做不出，这种感受非常好。"

同样，学习构造，黄先生也要求学生自己动手。例如让他们亲自砌砖，看着砖墙如何垒起来，如何稳定，唤起他们对于构造的感觉。同时，他在建筑设计制作模型过程中也融入了构造实践的思想，因为一做模型，学生就要考虑简单的构造问题，梁和柱如何交接，层架怎么放上去等等。因此，教学训练也是一个有机的整体。

黄先生具有强烈的平民意识，他认为今日的建筑师应重新把自己定位在与社会的关系上……把自己视为一个改革者；他们的任务就是要为社会大众的栖身提供背景，

5　当时黄先生每日上班用的"公事包"是一只手提的藤编箱。
6　见"The Training of An Architect"。

要运用各种可能的新技术来为大众提供较大的空间、良好光线与必要的设施，要正视他们的生活方式并运用各种建筑美学的手段来满足他们对美的需求[7]。这种提法在今天看来是理所当然的，但是在当时的背景下，是非常不容易的。20世纪40年代后期，他曾经带着学生去参观普陀区的贫民窟，那里是上海居住条件最差的地方，居民十分恶劣的居住条件让每一个参观的学生都不禁动容。学生们第一次看到了一半在室内，一半在室外的"肥皂箱"——因为房间太挤，睡觉时躺不下，就在墙上开个洞把脚伸出去，脚上套上一个肥皂箱以遮风避雨。黄先生让学生们深切感到为劳苦大众改善住房质量的迫切性，并以此作为自己的使命。

黄先生不仅教学方法独特，其非凡的气质与风度和特有的人格魅力，更深深地吸引着每一个学生。李德华回忆说："我第一次上课时就觉得这个老师十分特别，不仅是他的外表，他整个人都与其他老师不一样，气度非凡，非常独特。以后接触时间越长，就越感觉到这个人所具有的独特的人格魅力。"

黄先生的衣着是当时（20世纪40年代初）的学生从来没有见到过的，至今仍深刻地印在他们的脑海之中。他上装的质地一般都很粗，即那种被称为"homespun"（手工纺织呢）的料子做的。他常喜欢穿一件长度及膝的中短大衣。大衣的一面是咖啡色灯芯绒，另一面是土黄色防雨布，可以正反两面穿，口袋上有拉链，还可以上锁，这使学生们感觉十分新奇。他的裤子总是灯芯绒的，他说他喜欢这种粗粗的质地，并说，灯芯绒的好处在于虽然每日穿，但感觉线条一直是挺的，不需要熨烫。服装颜色他通常喜欢浅咖啡色、巧克力色等褐色系列，另外还喜欢土黄色。他的帽子是 tyrolian 的（奥地利阿尔卑斯山一带常见的帽子），雨伞是英国的，采用当时尚是少见的尼龙料，卷起来后就像一根手杖。他常拎一只藤编的箱包，式样简单，容量特别大，能够装进很多大开本的建筑原版杂志。他特别喜欢这些自然的材料和色系。

黄先生独特的气质深深地吸引了每一个学生，他几乎成为学生们的偶像，有些学生甚至开始学习他的穿着。在商店里买不到，他们就照他衣服的样子自己制作。为了避免模仿，便在制作过程中加入了自己的创新，如改变颜色、部分构件的式样和位置等等。

这种要使自己的衣着不求考究、不落俗套，而且要有功能依据和自己特点的风气在建筑系颇为流行。1949年新中国成立后，黄先生提出要创造一套能接近群众的衣服。用什么布料做呢？黄先生别出心裁地提出用中国的土布，也就是当时的"毛蓝布"。什么样式呢？黄先生又和几个青年教师与学生你一笔，我一划地设计出来了。结果是一件有点像中山装那样的"毛蓝布"上装。因为考虑到画图方便，衣服前面的纽扣做了暗纽，而最上面一粒则是明纽，并以明纽的不同颜色来区分各个年级。衣服下面两旁开叉，既方便行动，又特别方便弯腰画图。在衣服上方有口袋，可以放画笔，而一般上装有口袋的地方这里都没有。这样，衣服的形式、功能和材料结合得非常好。很快，

7　同6。

这件衣服成了统一的系服，大家从此不再在衣服上比高低，同时系服也使得建筑系学生们在统一中求特殊的感觉得到满足。这件衣服由于价钱便宜，穿着方便，看上去既普通又特殊，大家都很喜欢。甚至后来到了同济建筑系，其他学生也纷纷效仿，几乎成为了同济建筑系的系服，连当时任同济建筑系总支书记的董鉴泓也穿上了一件。

黄先生的人格魅力更主要地体现在他睿智的谈吐、平易近人的态度、渊博的知识、淡泊名利的高雅气质以及旺盛的激情和活力上。他不善辞令，待人以诚，特别是对于学生更是关心，常给人一种言不在言中之感。

抗战时的"孤岛"和境外完全没有联系，圣约翰虽有建筑系，但图书资料十分稀少，现代建筑资料更是奇缺，学生学习都是靠黄先生自己的书籍。上课时，他常用他那只藤编的箱包装来一叠叠原版杂志给学生看。此外，每周定好一个晚上，学生还可以到黄先生家里去看书。黄先生从来没有老师的架子，大家年龄本来就相差不大，与其说是师生，彼此倒更像是朋友或是伙伴。罗小未回忆说："他的书籍很多，随便我们看，假如他哪天要出去，也仍然让我们继续看下去，他说我们只要在离开的时候帮他把门关上就可以了。"

平日经常的接触，使他无时无刻不在潜移默化地影响着每一个学生。他不仅在上课时教给学生知识，而且随时随地都会和学生就各种内容进行交流和讲解，使学生得到启发。他的话一般来说并不多，语言也比较简短扼要，然而，他的机敏与幽默，常常能一句话使人豁然开朗或逗得大家哄堂大笑。这种幽默有时是很犀利的，因为他善于用敏锐的目光洞察事物。他虽然为人随和，但是对虚伪和矫饰十分反感，与学生走上街头时，常常当面揭穿复古建筑上的虚假装饰。渐渐地，学生们在他的带领下进入了一个全新的建筑世界，这里的建筑与学生们常见的建筑全然不同，他让学生们发现："噢，原来建筑比我们曾经看到的和想象的要多得多。"

在观点上，黄先生毋庸置疑是现代建筑运动的拥护者，积极传播现代建筑的精神和思想。"但是，"圣约翰毕业生樊书培回忆说，"他非常不愿意用'modern'这个词，这也许是给当时社会上的'摩登'两个字用滥了；他尤其听不得把'modern style'这类词加在真正的现代建筑上面。所以他经常告诫我们在创作上宁可用'contemporary'而不用'modern'。他认为'contemporary'代表着一种随时代不断前进的精神，真正的现代建筑事实上是一种精神、一种追求，而不是世俗所认为的是一种摩登的形式或一种流派。可以说他把'modern'理解成静止的，而把'contemporary'理解成动态的。"可以感到，黄先生这番话的用意是要学生不要以为紧跟那些已被公认为现代建筑的范例就算是创作了。现代建筑的创作应是与当前的时代共进与不断创新的。无怪樊书培毕业后和王吉螽等几个同学一度共同所办的设计公司就取名为"Contemporary"。

黄先生十分重视建筑功能，他在讲建筑概论第一课时，就首先在黑板上写下勒·柯布西耶的那句名言"House is a machine for living in!"，并大写了"FUNCTION"这个词。但同时，他对功能的诠释还有所深化。樊书培回忆说，"他认为注重功能是建筑设计的一个根本出发点，而不是归结；是原则，而不是手法。一般人理解功能往往是物质的，或人的具体活动需要，但他认为，从深层讲功能应包括精神，也可以称之为'精神功能'"。须知，建筑功能包括物质功能与精神功能的提法，正式见之于书刊是20世纪50年代的事。而黄先生在20世纪40年代讲解功能时便已经提出了。可见，他虽是格罗皮乌斯的门生，但他还在独立思考。当他在讲述建筑设计要领时，往往不仅讲到"实用"，更讲到"意境"、"气派"、"神韵"。一次，罗小未问他什么是"精神功能"时，他反问："哥特教堂内的空间有多少是取决于人们在内的具体活动要求的？"

除建筑外，黄先生对其他艺术也十分精通，尤其是现代艺术。这也对学生们产生了重要的影响。李德华回忆说："他在讲课时，往往会离开建筑，进入其他艺术领域。他讲得最多的也就是他最喜欢的，如马蒂斯、毕加索、Ozenfant等等。当时在国内的艺术界也是以学院派为主的，我对现代艺术的接触，完全是通过他。在音乐方面，我原有的音乐知识仅仅是从巴洛克到浪漫主义，而以后的如德彪西、肖斯塔科维奇、勋伯格这些人，便是黄先生带给我的。肖斯塔科维奇、德彪西当时还有可能听到，但是马勒、勋伯格这些人则是根本没有条件听到的。"可以说，在艺术方面，他帮学生们开辟了新的世界。

通过对多种艺术的介绍，他也熏陶和培养学生对事物好坏和美丑的辨别能力，但这标准他从来没有直接告诉学生，而是通过日常的交流与影响，让他们形成并保持自己的鉴别、选择能力。事实上，他对一些艺术领域的好坏区别也不是绝对的，但有一个领域常明确，就是现代主义和学院派之间的区别，这条线他划得最清楚。

此外，他对中国传统艺术也很精通。他欢喜中国画，认为画中的"气韵"和建筑中的"空间"概念是相通的。另外由于小时候受家庭的影响，他对传统戏剧尤其喜爱。他和学生在山东做设计项目时，几乎每天晚上一起去看戏，有京剧、评剧、河北梆子等。他常用中国戏剧以抽象的动作、简洁的道具便能表现出具体而复杂的内容类比建筑上的"少就是多"以及时间和空间的概念。他借用舞台，启发学生关于想象力的作用。他说戏剧中台上有很多工作人员一会儿出来倒茶，一会儿拿酒壶，来来去去；演员演出时也会接过工作人员递上的毛巾擦脸，或是接过水杯喝水，但这并不影响观众对剧情的理解和欣赏。他解释说这是因为演员穿着戏服，而台上穿着便服的工作人员便在观众的头脑中被忽略了，虽有而无，这便是想象力的作用，并说建筑中也存在着这种作用。

对于中国传统建筑，他虽然不像一些专门研究中国建筑的人那样，能够叫得出很多拗口的建筑构件名称，但他对中国建筑空间的理解非常深刻。王吉螽回忆说："有一次他和我一同去北京天坛，上天坛有一条很长的坡道，我们走在高高的丹陛桥上时，两旁的柏林树梢好像在向下沉，人好像在'升天'，他十分赞赏这样的空间感觉与空间序列。后来他在'华沙英雄纪念碑'的设计中也使用了这种手法。再例如午门，四面高高的封闭空间，给人以强烈的威压感，令人马上会想起'午门斩首'。他久久地站在那里，认真研究和领会这些。"樊书培也说："黄先生和我一到北京没多久，他就拉我来到故宫，要我站在午门的中轴线上，好好体验一下帝都的气势磅礴的中轴线和帝皇

43

宫殿群体的'气派'，并把它比作是建筑群体在向人'approach'（迫近）的气势，他称之为'中国气势'。可以说，他对中国传统建筑的深刻理解，更多在于建筑空间对人的'精神功能'方面。"

在为人上，黄先生十分淡泊名利，很超脱，从不为世俗之事而与人相争，因为他觉得这样做不值得。但在精神上，他有他的严格标准，有很高的理想和抱负，因而他是一个名副其实的精神贵族。这里并非指那些凌驾于平民之上的贵族，而是指在思想和文化上的贵族，是一种与世俗相对的精神境界。他对那些追求世俗的东西很反感，常批判一些只管装饰门面而毫无内容的设计，称之为"暴发户"式的设计。

同时，黄先生又是一个十分活跃而热情的人，充满了活力和朝气。他有着很强的发动力，每次到课间长休息时，下课铃一响他就马上手捧着球走出教室。学生们受他的影响也纷纷走上操场，使体育运动在建筑系蔚然成风。他还常常带领学生组织和参加各种活动，新中国成立初期他一度是圣约翰大学的工会主席。

在新中国成立之后，对新中国的美好期望和憧憬使黄先生更加热血沸腾，他马上带领学生融入到欢庆的大潮之中。除了上文提及的制作系服外，还积极组织了建筑系参加抗美援朝大游行。当时建筑系的游行队伍约四五十人，每三人一组，每组一个大鼓，鼓声震天，队伍整齐，吸引了路上许多人的注目。他还针对抗美援朝活动，带领学生们排练戏剧进行宣传。

第一次演的戏是《投军别校》。该戏借用京戏《投军别窑》之名，讲的是在抗美援朝运动中，有的学生踊跃参加，有的学生怕离开家；有的家长支持，也有的家长拉后腿等等。本来他们想演一个"活报剧"，但当时的"活报剧"已经很多，于是黄先生提出要自排自演一出京剧。

在排戏的过程中，黄先生很会出主意，并发动了一帮人来演，甚至其他系的学生也被发动起来了。学生们吹拉弹唱，样样齐全，自己编唱词，自己谱曲。他们给每个角色设计的形象也很别出心裁。剧中的一个落后学生是当时社会上叫做"小阿飞"的，他的扮相很有意思：头发梳成向前飘出的"飞机式"，脸上画了一道横白杠，一道竖白杠，好像一架飞机，两只眼睛上画了两道竖白杠便是"发动机"，令人忍俊不禁。翁致祥记得这些主意主要是黄先生的。这出戏后来在学校进行了公演，获得了极好的反响。

演了这出戏后，大家都很有劲，又动脑筋再演，排了一出《纸公鸡》。《纸公鸡》借用京剧《铁公鸡》之名，讲的是美国是一只"纸老虎"。戏中人物很多，有当时的日本首相吉田，还有美国的麦克·阿瑟将军和国务卿杜勒斯。吉田是一个小花脸，小丑的角色，麦克·阿瑟是一个大花脸，背上插着靠旗，可是却穿着美式军服，十分滑稽。麦克·阿瑟的表演和京剧一样，有4个美国兵先出来后他"叫板"，"叫板"之后再出来，出来以后有"定场诗"，自报胜名，有"起霸"，这一套全用京剧形式。而吉田出场时唱着"数来宝"，引得大家哄堂大笑。这出戏十分热闹，后来他们在杭州的圣约翰大学和之江大学的联欢会上还表演了这个节目。

44　　　不少人以为圣约翰大学的学生对政治不感兴趣，事实上黄先生通过这种方式使学生对新形势和新中国的到来充满了热情，同时也充分表达了他自己内心的喜悦。为响应党的号召，黄先生的妻子程玖女士还去了东北参加抗美援朝运动，可以说他们对共产党有着发自内心的拥护和情感，因为他们觉得解放是中国的一个新生。

黄先生带着理想和希望回到中国，在圣约翰大学进行最初的尝试，满怀热情地为实现他的"大同"理想而努力。新中国的成立让他对明天充满了希望，对于拥有深刻的平民思想的他来说，共产党是工农的代表，是平民利益的维护者，而他的建筑正是要为广大平民服务的。他认为经过长期动荡后重新平静的社会，一定会让他有施展才华，为之奋斗的机会。他认为他的理想即将要实现，因此满怀期待地憧憬着美好的明天。

凌云壮志，无以为酬

1952年，在全国范围内进行了院系调整。在院系调整之前，首先在各高校进行了思想改造运动。黄先生在运动中表现得非常积极，他觉得资产阶级确实有着很多不良的习性，作为前资产阶级家庭中的一员，他非常希望能够荡涤掉自身所无法避免的烙印，他想真正地融入大众，成为无产阶级中的一员，他更想真正实现他"大同世界"的理想。

1952年夏天，圣约翰大学建筑系正式并入同济大学建筑系，同时并入的还有之江大学建筑系和同济大学部分土木系等。新成立的建筑系由黄先生任副系主任，正系主任暂缺。从此，黄先生就一直担任副系主任的职务。

进入新环境的黄先生，仍然一如既往地保持他的热情。他的感召力仍然很强，在圣约翰时，他经常带头进行体育锻炼和其他各种活动，到了同济之后，他也把这股风气带了进来。董鉴泓回忆说："黄先生常带头去打垒球，我们原来都不会打垒球，都是他带动我们一起学，也带动了系内师生进行其他各种体育运动。在这样的风气下，学校运动会中建筑系的表现最突出，参加的人数也最多，1953、1954年，连续两年是全校总分第一，当时所创的记录，在后来很长的时间里都没有人打破。"运动会上，建筑系的学生都穿着毛蓝布的衣服（毛蓝布系服进了同济后就在建筑系学生中传开了）喊

图9　黄作燊在百米短跑比赛中

加油，成为一道独特的风景线。黄先生也亲自参加比赛，在教工短跑比赛中，黄先生个子虽不高，但跑得特别快，连续几届都是第一名。

虽然黄先生仍然保持他的满腔热情和希望，力求培养出更多的建筑师来改变中国的面貌，但是接二连三的政治冲击无情地压制了他的热情与愿望，打碎了他的梦想。

20世纪50年代初，首先是黄先生的教学方法受到了冲击。同济建筑系在开始时尚沿用圣约翰时的设计出题方式，内容比较宽泛。但是让学生自己去调查分析并提出设计任务书的做法，使有些学生感到困难和无从下手。当时又正值向苏联学习，苏联在教学内容与方法上规定得比较具体与狭隘的做法也对我国建筑教学产生了影响。于是那些感到困难的学生跑到校部去抱怨说为何同济的课程设计任务书不像其他学校建筑系所出的任务书那么认真细致。为此学校对建筑系进行了批评，并把批评提高到这是对工农学生缺乏感情的高度上。这个指责使黄先生的教学热情受到了初次然而是沉重的打击。从此后的任务书便开始出得非常具体，多少房间，每个房间多大面积、各有什么条件等都写得清清楚楚。这种做法发展到后来使设计几乎成了在基地中拼块块。这样对于学生来说，虽然设计难度降低了，但是黄先生要培养学生独立分析和创造力的想法却大打折扣，无法实现。

不仅如此，由于受苏联影响，高等教育部还参照清华大学的教学计划对全国建筑院系的教学计划进行了统一。从此同济建筑教学走上了以不同建筑类型为分类的渐进训练道路，教学也不再以培养学生的创造性为中心，而是以培养学生能够掌握几种建筑类型的常用设计方法为重点，认为这样可以使学校能及时培养出大批标准型的工程人员，满足社会大量建设的需求。培养计划变得机械而单一，以前一些很好的教学方法，如做模型等，也被取消。虽然系内仍不乏一些极富创造性的教师，但是各种无形压力使他们根本无法充分发挥。

在要求一切都要统一的思想指导下，创造性的培养被认为是不重要的，而且一不小心还会被冠以"标新立异"的帽子。建筑系的系服就被批判为"标新立异"，并遭禁止。李德华、王吉螽等教师设计建成的、颇能反映黄先生创作思想的同济工会俱乐部，也因所谓资产阶级情调以及局部抽象装饰图案而被批判。《建筑学报》刊登了这座建筑并加以批判性的编者按，幸而没有引起批判浪潮。相反，不少外地学生却对这座建筑很感兴趣。后来华东工业建筑设计院的总建筑师蔡镇钰说："那时我们在南京工学院高年级的建筑学生还特地跑到上海来看这里的'空间流动'哩。"

与此同时，社会意识形态逐渐影响建筑设计领域。黄先生所强调的建筑功能合理性、空间流动感，反对无谓装饰和虚假气势等，同我国当时推崇的苏联建筑的"社会主义内容、民族形式"和把中国明、清宫殿式建筑作为我国的"民族形式"是格格不入的。于是黄先生的学术思想又遭受冷遇、压制，甚至批判。

1958年，黄先生与系中其他一些师生历经数个不眠之夜设计完成了国庆献礼工程——上海三千人大剧院，虽然该方案内部复杂的功能要求被解决得十分完美，但其简洁的现代风格造型却遭到了热衷于"民族形式"的有关领导的批判；而学校领导也质问，为什么我校的方案不能入选，为什么我们就做不出"民族形式"？

在我国新中国成立后参加的第一个国际竞赛——"波兰华沙英雄纪念碑"设计竞赛中，黄先生与其他几位教师共同设计的方案虽然得了奖，但他们却因事先没有将方案送去中国建筑学会审查而受批。在另一次竞赛——"古巴吉隆滩胜利纪念碑"设计竞赛中，因为学校的领导对于他们所做的具有现代建筑空间特征（其实是受了天坛丹陛桥影响）的参赛方案看不懂，不同意将方案送出去，使他们的方案始终与评比无缘。他们设计的工会俱乐部更因为入口处的一个泥刀图案标志，被看作是资产阶级抽象艺术的作品而受到抨击。以上一切都因这些作品不同于一般的建筑，至于创新的思想，于是被认为是资产阶级的、洋的而被否定。并且每次批判都要暗示这是黄先生的标新立异、名利思想与崇洋思想的暴露。对此黄先生感到十分茫然与无奈。

一次又一次的打击使黄先生心里充满了矛盾，人也逐渐变得沉默了。他的内心十分复杂。他是真心拥护共产党、拥护新中国，真心愿意改造自己，并希望自己能为社会服务。早年在圣约翰时大鼓队游行、统一系服和排演戏剧，都是他在用自己的方式迎接与歌颂新中国成立，显示他对共产党和对新中国的热情。但在这时，他所做的一切都被认为是资产阶级的"标新立异"，这大大挫伤了他的热情。但是，他毕竟有着一颗无法改变的中国心，也想真正扎根于祖国这片土地，因此，尽管现实是坎坷的，他一直在拼命自我检查、改造自己，让自己更加勤于工作和无私奉献，并在人格方面更加完善。在专业方面，他从来没有停止过对中国传统建筑空间手法的探索，他想创造出中国自己的、现代的建筑语言，他很想实现这个理想，但是无情的现实总是使他碰壁和受挫。他有很多话想说而没法说，只能默默埋在心里，因此他时而表现得欲言又止，本来话就不多的他逐渐更加沉默寡言。他不再是那个时而会提出别出心裁意见的黄作燊，更不会主动地去发动与组织活动，他似乎失去了对事物的敏捷感觉、幽默感和善于提出批评性妙语的机智。不过尽管如此，他还能保持比较乐观的态度，只要是在工作，他总能保持热情，积极投入。

最近在回忆黄先生的座谈中，他在 20 世纪 40 年代与 50 年代后期的两批学生所描述的黄先生在人格上完全像两个人。前一批学生以丰富而生动的事例满怀柔情地回忆他的非凡气质、人格魅力与对待事物的积极与机智；后一批学生则比较抽象地说："他是一位好老师……亲切的长者……对学生很关心。"但是，一旦谈到专业，一个活生生的大家所共识的黄先生又展现在眼前了。他同济时期的同事童勤华与刘仲至今仍能清晰地回忆起黄先生是如何用京剧来诠释建筑空间的；而当余敏飞谈到她参加由黄先生领导的"古巴吉隆滩纪念碑"竞赛方案时说："当时我做的是会议厅，由于纪念碑选址在海边，黄先生对我说：'会议厅要浮于水面，屋顶与墙体脱开……建筑设计就应该是艺术与技术的统一，不要过多装饰，要忠于材料……将屋顶架空，如一片浮云，既能避雨遮阳，又能适应古巴气候炎热的特点，使空气流通、洋溢。'"可见，黄先生的建筑思想一直没有改变。

1966 年，给全国人民带来巨大灾难的"文化大革命"爆发了，教学工作完全中断，很多教师被打成"走资派"、"反革命"，遭受批判和残酷斗争。和其他很多教师一样，黄先生在这段岁月中，饱受摧残。由于他出生于资产阶级家庭，早期又留学海外，有不少社会关系，因而被扣上了"里通外国"的罪名，这一罪名使他们夫妇俩受到了百般的折磨。黄师母程玖先生（上海第一医学院的英语教师，由于学院的教学需要还兼教拉丁文）也被关到同济进行隔离审查。有人说她是"走进来，抬出去"的，因为她被释放时，已病得不能自己走路了。

当经过最疯狂和充满恐惧的隔离审查后，黄先生已经白发苍苍，并患上了晚期高血压症，他的血压一直持续在180/130，医生对此也束手无策。尽管如此，他还必须顶着烈日在上海泰山耐火材料厂进行劳动改造，使他原本已不佳的健康状况更加雪上加霜。

图10　黄作燊在生命最后一年中

1970年起，局势稍微缓和，医生诊断黄先生的高血压属于危险状态，给他开了长病假，黄先生便在家照顾重病中的妻子。虽然只能靠50%的薪水勉强度日，但他一直保持乐观，从无怨言，而且还能自得其乐，常去福州路外文书店看西方的建筑参考资料。当1974年学校让他翻译英国人李约瑟编写的《中国科学技术史》一书中的土木建筑史时，他极端振奋，常常昼夜不眠，忙于写作，他将此看作是可以效劳国家与社会的机会。他对工作的热情始终没有减弱过。

1975年6月14日，离他60岁生日只差一个多月，黄先生突然脑溢血发作，溘然长逝，甚至还没有等到"文革"结束的那一天。一些教师前来探望，谈起往事，当说到当初同济教师百米赛跑时，有人不禁一语双关地叹息道："他总是跑第一个。"

黄先生是带着莫大的遗憾离去的，当年他同格罗皮乌斯和Marcel Breuer告别时，一心想把他的所学带回祖国，实现他的社会理想。但是，早期的战事以及后来的政治动荡，使他一直无法实现自己的愿望。所以当他在生命最后几年中看到外文杂志上当年哈佛校友与好友贝聿铭的作品时非常感慨。

但是，黄先生也将欣慰，他的思想将一直流传下去，因为他培养了很多爱国的并具有现代建筑思想的学生，他们会将他的思想继续传播。他所未完成的愿望，也最终将在他的这些"桃李"，以及"桃李"的"桃李"的手中实现。

（本文照片与文中提及的两篇英文讲稿由黄作燊之子黄植提供）

（本文原载于《建筑百家回忆录续编》，知识产权出版社，中国水利水电出版社，2003.8。罗小未：同济大学建筑与城市规划学院教授；钱锋：女，同济大学建筑与城市规划学院副教授）

圣约翰大学建筑系历史及其教学思想研究[1]

钱锋　伍江

　　圣约翰大学建筑系是中国最早全面传播现代主义建筑思想和探索现代建筑教育的机构。该系由毕业于伦敦 A.A. 建筑学院和哈佛大学的黄作燊创办，实行了一系列新颖独特的教学方法，在引入和发展现代建筑思想、培养具有现代思想的建筑和教育人才方面发挥了重要作用。

　　创办人黄作燊曾于 1933 年至 1938 年就读于伦敦建筑学会学院（A.A.School of Architecture，London），他学习的这段时间恰好是 A.A. 建筑学校改变教学体制，从布扎体系（Beaux-Arts）一度转向基于现代主义原则的课程体系的时期[2]。之后黄作燊又追随现代建筑大师格罗皮乌斯至哈佛大学设计研究院（1938 ~ 1941 年在校），成为格罗皮乌斯的第一个中国学生（在他之后还有贝聿铭、王大闳等）。黄作燊在求学期间接受了现代主义建筑思想。回国后，他将这些新理念引入教学活动，在圣约翰建筑系中进行了现代建筑教育的多方面实践。在当时中国其他建筑院校大多采用"学院式"教学方式的情况下，圣约翰建筑系的探索显得十分独特，其教学甚至带有某种另类的特质。

　　长期以来，圣约翰建筑系的情况对学界而言模糊却又具吸引力，本文试图以具体材料呈现一个清晰的建筑系，力求通过细致梳理其发展脉络、考察师生流变与不同阶段的特征、阐述课程设置内容和特点、分析核心人物主导思想等，以全面展现该系在传播及转化源于西方的现代主义建筑思想方面的独特尝试。

圣约翰大学建筑系概况

　　圣约翰大学是中国近代史上最早成立的教会学校之一。1879 年美国圣工会将培雅

1　本文为国家自然科学基金资助项目（项目批准号：51108321）。
2　根据A.A建筑学校提供的有关档案（A.A. Archive）。

图1 黄作燊　　图2 杨宽麟　　图3 Richard Paulick　　图4 Hajek　　图5 A·J·Brandt

书院（Baird Hall）和度恩书院（Duane Hall）这两所教会创办的寄宿学校合并，成立圣约翰书院。1892年增设大学部，以后逐渐发展为圣约翰大学[3]。

　　圣约翰大学很早就已经设立了土木工程系，并逐渐发展成土木工程学院。1942年，黄作燊应当时土木工学院院长兼土木系主任杨宽麟邀请，在土木系高年级成立了建筑组，后来建筑组发展为独立的建筑系，黄作燊一直担任系主任。

　　开始时，教员只有黄作燊一人。第一届学生也只有5个人，都是从土木系转来的。后来黄作燊陆续聘请了更多的教师参与系的教学工作，学生数量也逐渐增多。教师中有不少人为外籍，来自俄罗斯、德国、英国等国家。其中有一位很重要的教师鲍立克（Richard Paulick），曾就读于德国德累斯顿工程高等学院，是格罗皮乌斯在德国德绍时设计事务所的重要设计人员，曾参与了德绍包豪斯校舍的建设工作[4]。第二次世界大战时，因为他的夫人是犹太人而一家受到纳粹迫害。包豪斯被迫解散后，他们来到了上海。鲍立克约1945年左右来到圣约翰建筑系任设计教师。在上海期间鲍立克留下了不少作品。他曾为沙逊大厦设计了新艺术运动风格的室内装饰，并在战后开办了"鲍立克建筑事务所"（Paulick and Paulick, Architects and Engineers, Shanghai）和"时代室内设计公司"（Modern Homes, Interior Designers）。圣约翰的一些毕业生，如

图6a　姚有德住宅一　　　　　　　　　图6b　姚有德住宅二

3　圣约翰大学1905年底在美国华盛顿哥伦比亚特区注册，为在华教会大学中第二个正式取得大学资格的院校。据徐以骅主编，上海圣约翰大学（1879~1952），上海人民出版社，2009年5月。
4　罗小未、李德华，原圣约翰大学的建筑工程系，1942~1952，《时代建筑》2004年6期。

李德华、王吉螽、程观尧等曾经随他一起工作，设计了姚有德住宅室内（图6）等富有现代特色的作品。当时黄作燊教设计和理论课，鲍立克教规划、建筑设计以及室内设计等课程。同时在圣约翰任教的还有英国人白兰德（A·J·Brandt，教构造）、机械工程师 Willinton Sun 和 Nelson Sun 两兄弟（教设计）、水彩画家程及（教美术课）、海杰克（Hajek，教建筑历史）、程世抚（教园林设计）、钟耀华、陈占祥（教规划）、王大闳、郑观宣、陆谦受等等。

　　1949年新中国成立之后，外籍教师相继回国，其他一些教师也因各种建设需要而离开，黄作燊重新增聘了部分教师。聘请了周方白（曾在法国巴黎美术学院及比利时皇家美术学院学习）教美术课程，陈从周（原在该建筑系教国画）教中国建筑历史，钟耀华、陈业勋（美国密歇根大学建筑学硕士）、陆谦受（A.A.School，London 毕业）先后为兼职副教授，美国轻士工专建筑硕士王雪勤为讲师，以及美国密歇根大学建筑硕士、新华顾问工程师事务所林相如为兼任教员[5]。

　　圣约翰大学培养了不少具有现代思想的建筑师（参见附录中毕业生档案），他们在各个方面作出了各自的贡献。其中1945年毕业生李滢[6]，经黄作燊介绍，1946年前往美国留学，先后获得麻省理工学院和哈佛大学两校建筑硕士，并在1946年10月至1951年1月跟从阿尔瓦·阿尔托（Alvar Alto）和布劳耶（Marcel Breuer）等大师实地工作。她当年的外国同学们对她评价甚高，公认她是一位"天才学生"，说她当时的成绩"甚至比后来一位蜚声国际的建筑师还好"[7]。

　　除了李滢之外，另一位毕业生张肇康1946年毕业后，于1948年也前往美国留学。他先在伊利诺理工学院（U.IIT）建筑系攻读建筑设计，之后又在哈佛大学设计研究院学习，同时在麻省理工学院（M.I.T.）建筑系辅修都市设计、视觉设计，获建筑硕士学位。他在伊利诺理工学院时曾遇到了毕·富勒；而在哈佛大学学习时，又受到格罗皮乌斯直接指导，因此，造诣很深。

　　1955年他与贝聿铭、陈其宽等合作完成了台湾东海大学校园规划以及部分学校建筑，1963年又设计了台湾大学农展馆。王维仁在"20世纪中国现代建筑概述，台湾、香港和澳门地区"一文中评价该作品"具有王大闳早期作品相似的手法，表现出隐壁墙，光墙混凝土框架和以当地产的天青石砖为填充墙的三段划分式立面，它也是把密斯的平面和勒·柯布西耶的细部与中国传统的庙宇组合原理巧妙地融合为一体的杰出范例"[8]。并认为他的实践在台湾现代建筑的发展史上具有重要的地位。陈迈也在"台湾50年以来建筑发展的回顾与展望"一文中指出张肇康等这几位建筑师为台湾建筑教育所作出的贡献："贝（聿铭）、张（肇康）、王（大闳）这几位都是美国哈佛大

5　圣约翰大学建筑系1949年档案记载中有教师有林相如，但建筑系学生对此人并无记忆，推测原计划聘请该教师，但实际由于某种原因并未来系任教。
6　圣约翰大学档案中原为"李莹"。
7　转引自赖德霖，为了记忆的回忆，建筑百家回忆录，中国建筑工业出版社，2000年12月。
8　龙炳颐、王维仁，20世纪中国现代建筑概述，第二部分　台湾、香港和澳门地区，20世纪世界建筑精品集锦（东亚卷），中国建筑工业出版社。

图 7　汽车酒吧一

图 8　汽车酒吧二

学建筑教育家（Gropious）的门生，深受德国包豪斯（BAUHAUS）工艺建筑教育的影响，将现代主义建筑教育思潮及美国开放式建筑教育方式带进了台湾。"[9]

张肇康在美国的设计作品"汽车酒吧"（AUTOPUB，图7、图8）十分具有创意，曾被《纽约室内设计杂志》评为纽约室内设计1970年首奖，在当地产生了不小的影响。1972至1975年他在纽约自设事务所期间，设计作品中国饭店"长寿宫"（Longevity Palace）被《纽约室内设计杂志》评为纽约室内设计1973年首奖[10]。

张肇康取得如此的成就不仅与他后来在美国深造有关，也得益于他在圣约翰大学时打下的良好基础。他本人曾经表示出非常感谢在圣约翰建筑系时所接受的启蒙教育，并称赞黄作燊"是一个伟大的老师"[11]。

圣约翰的不少早期毕业生后来成为该系的助教，协助黄作燊共同发展教育事业。这些人包括李德华、王吉螽、白德懋、罗小未、樊书培、翁致祥、王轸福等，李滢也在1951年回国后在建筑系任教一年。黄作燊很想自己培养一支完善的教学队伍，因为他在圣约翰开创的是一项全新的事业，此时中国与他学术思想完全一致而又能专心于教育工作的合作伙伴很难找到。他所聘请的不少教师大都是兼职，多数精力还是放在自己的建筑业务之中，很难全心投入教学。因此，黄作燊必须培养一支比较稳定的师资队伍，共同实现他的理想。1949年不少教师的离开以及此时招生规模的扩大导致师资紧缺，加快了新教学队伍的成型，不少毕业生纷纷回到系中承担起教学工作。在实践中，圣约翰的这些毕业生确实为探索新教育之路作出了很多贡献。

圣约翰大学建筑系一直延续到1952年全国院系调整，之后该系并入同济大学建筑系，不少教师随系一同前往，在传承和发展现代主义建筑思想方面继续发挥作用。在

9　陈迈，台湾50年以来建筑发展的回顾与展望，中国建筑学会2000年学术年会——会议报告文集。
10　Wei Ming Chang et al.(edit)：*Chang Chao Kang 1922—1992* (Committee for the Chang Chao Kang Memorial Exhibit，c1993)。
11　根据张肇康的妹妹，圣约翰大学建筑系1950年毕业生张抱极回忆。

图9　圣约翰大学建筑系师生在自己设计的旗杆前

图10　圣约翰大学建筑系教室内

十年期间，圣约翰建筑系培养了不少具有现代思想的建筑人才。该系教学思想的开放，涉及范围的广阔，使得学生们根据各自的兴趣爱好在不同的方面有所建树。他们在自身发展的同时，也将现代主义思想带进了各个领域。

从早期课程看圣约翰建筑系的教学思想、方法及特点

圣约翰大学建筑系是一项全新的教学尝试，教学方式十分灵活，并一直处于探索之中。学生和老师人数不多也确保了这种探索和灵活性的实现。学生们回忆"每个学期、每位老师的课都在不断地变化，几乎不做同样的事情"。虽然课程具体内容有所不同，但是该系的根本教学思想以及基本方法始终是一致的。它的教学思想在课程设置中有所体现，并显示了包豪斯和哈佛大学影响的痕迹。

这里将圣约翰建筑课程分为技术、绘图、历史、设计四个部分，将它们与同时期的其他一些学校课程体系相比较，其基本内容和教学重点有很大的不同（参见表1）。

（1）与其他学校比较接近的是技术类课程，这一方面是因为技术课通常让学生与土木系学生同时上课，而各校土木系的课程基本类似；另一方面也是因为建筑系教师开设的构造、设备等技术课程大多采用类似的固定教学模式及内容，因此这类课程与其他学校差别不大。但是圣约翰建筑系也有独特之处，它在课程开始之前安排了初级入门的准备内容，这在其他学校是没有的。下文将对此进一步介绍。

（2）从绘图课程来看，除了基本机械制图外，纯美术课程的比重要比学院式体系低很多。从学生樊书培所修科目来看，素描和水彩画总学分只占专业课总学分的3.8%（5/132），远远低于中央大学19.6%的美术学分比例。同时，美术课程的严格程度也远不及学院式教育要求之高，"素描的过程很快，主要画一些形体、桌椅等，水彩画

圣约翰大学建筑系课程与 1939 年全国统一课程比较　　　　　表 1

		圣约翰大学建筑系	1939年全国统一课程
公共课部分		国文、英文、物理、化学、数学、经济、体育、宗教	算学、物理学 经济学(1)
专业课部分	**技术基础课**	应用力学 材料力学 图解力学	应用力学(1) 材料力学(1) *图解力学(3)
	技术课	房屋构造学 钢筋混凝土 高级钢筋混凝土计划 钢铁计划 材料实验 结构学 结构设计	营造法(2) 钢筋混凝土(3) 木工(1) *铁骨构造(3) *材料试验(3) *结构学(4)
		电线水管计划	*暖房及通风(4) *房屋给水及排水(4) *电焬学(4)
			建筑师法令及职务(4) 施工及估价(4)
		平面测量	测量(4)
	史论课	建筑历史	建筑史(2) *中国建筑史(2) *中国营造法(3)
			美术史(2) *古典装饰(3) *壁画
		建筑原理	建筑图案论(4)
	图艺课	投影几何 机械绘图	投影几何(1) 阴影法(1) 透视法(2)
		建筑绘画 铅笔及木炭画 水彩画	徒手画(1) 模型素描(2、3) 单色水彩(2) 水彩画(一)(2、3) *水彩画(二)(3) *木刻(3) *雕塑及泥塑(3)
		模型学	*人体写生(4)
	设计规划课	建筑设计	初级图案(1) 建筑图案(2、3、4)
		内部建筑设计	*内部装饰(4)
		园艺建筑	*庭园(4)
		都市计划 都市计划及论文	*都市计划(4)
		毕业论文 职业实习	毕业论文(4)

54　　　资料来源：圣约翰大学建筑系课程根据樊书培1943~1947所修课程整理，其中*部分是选修课。

静物、风景，常常在街边和公园写生"[12]。黄作燊之所以要进行该项练习，其目的主要是为了培养学生对形体一定的分析表达能力，而不在于纯粹训练学生的绘画表现技能。他设置美术课程是让学生学会观察和捕捉，并通过绘画与观察产生互动，培养对形体敏锐的感觉。他对于最后的图面效果并不十分强调，更侧重于学生在练习过程中的提高。另外，在绘画过程中，圣约翰也没有像学院式体系那样让学生花费大量时间进行严格细致的渲染练习。

除了纯美术课程的差异外，圣约翰建筑系在绘图类课程中还增加了一门"建筑绘画"课，与以往的绘画课有所不同，这门课的要求是"培养学生之想象力及创造力，用绘画或其他可应用之工具以表现其思想"[13]。从对创造力的培养这个核心目标来看，这一课程应该源自包豪斯的十分重要的"基础课程"（Vorkurs）。（"建筑绘画"课即是后来圣约翰建筑系进一步发展的"初步课程"的前身。）

"基础课程"是包豪斯学校最具有独创性和影响力的一门课程，对于后来很多国家的建筑和艺术教学向现代方向的转型都产生了重要作用。在包豪斯学校，学生进入各个工作室学习核心课程之前，都必须有 6 个月时间学习该课程。课上伊顿（Johannes Itten）让学生们动手操作，熟悉各类质感、图形、颜色与色调。学生还要进行平面和立体的构成练习，并学会用韵律线来分析优秀的艺术作品，将作品抽象成基本构图方式，领会新型艺术和传统艺术之间的关系。这门课程为开启学生的创造能力作了初步准备。

格罗皮乌斯来到哈佛大学后，在教学中沿用了"基础课程"的教学内容。因为他和其他包豪斯学校的教员一样，认为这一课程是培养建筑师创造力的理想方法。他让学生学会用线、面、体块、空间和构成来研究空间表达的多种可能性，研究各种材料，通过启发学生而让他们释放自身的创造潜能。

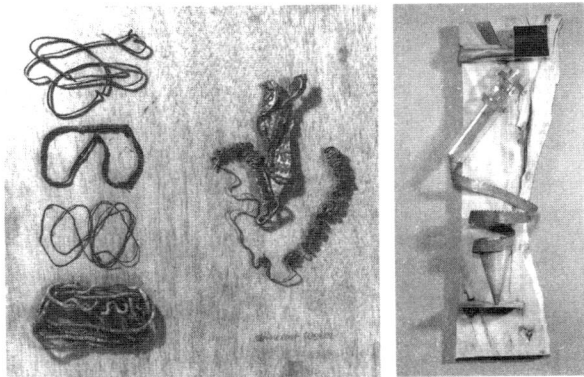

图 11　包豪斯基础课程作业（一）
图 12　包豪斯基础课程作业（二）

12　2003 年 11 月访谈樊书培、华亦增先生。
13　圣约翰大学建筑系档案。

黄作燊在哈佛学习时，深受这一课程的影响，回国后，也将此类训练引入了圣约翰建筑系的教学。在初级训练中，他让学生通过操作不同材质来体会形式和质感间的关系。他曾布置过一个作业，让学生用任意材料在 A3 的图纸上表现"Pattern & Texture"。围绕这个题目，有的学生将带有裂纹的中药切片排列好贴在纸上；有的学生用粉和胶水混合，在纸上绕成一个个卷涡形，大家各显其能，尝试各种办法来完成这个十分有趣的作业。通过这类练习，黄作燊引导学生们自己认识和操作材料，启发他们利用材料特性进行形式创作的能力，从而使他们在以后的建筑设计中能够摆脱对古典样式的模仿，根据建筑材料的特性进行形态和空间的创新探索。

　　另外，在美术课程中，他还增加了一门模型课。在具体实施时，该课程结合建筑设计进行。学生的设计过程及成果都要求用模型来探讨和表现，以充分考虑建筑的三维形体以及各种围合的空间效果（参见图13、图14）。通过这种方法，学生能够更加直观地进行创作，并杜绝"美术建筑"或"纸上建筑"的学院倾向。

图13　学生作业模型一　　　　　　　图14　学生作业模型二

　　（3）历史课程方面，早期圣约翰教学内容与其他院校有着很大区别。这门课最早由黄作燊讲授，开始时几乎讲授范围都在近现代建筑之内，没有像其他多数学校那样从古代希腊一直讲到文艺复兴。这可能是因为黄作燊受格罗皮乌斯影响，担心过早地将古代建筑历史教授给建筑观还不太成熟的学生，他们容易受到以往建筑形式的影响。因此他的历史课大多介绍现代建筑历史及其产生的时代、经济、社会背景等，使得该课程带有建筑理论课的特点。

　　后来，黄作燊认识到建筑历史和文化背景对于全面培养建筑师来说仍然具有重要作用，因此将历史课内容扩展至整个西方建筑史，他曾聘请过 Hajek 和 Paulick 讲授这门课程。传统的建筑历史课通常只是介绍各个时代的建筑样式。与之不同，圣约翰的建筑历史课重点讲解什么时代，什么社会经济条件下产生什么样的建筑。黄作燊更注重对历史上建筑产生背景的理性分析，这也是与现代建筑创作思想相一致的。

（4）从核心课程设计课来看，圣约翰大学也与其他建筑院系的教学有所不同。首先，设计课十分强调建筑理论课的同步进行，以此作为设计思想和方法的引导。与学院式教学体系中理论课将构图、比例等美学原则作为核心不同，该理论课着重于讲解现代建筑的理论，建筑和时代、生活、环境的关系等。从以下建筑理论课程的教学大纲中可以看出不同学校的区别：

圣约翰大学建筑系"建筑理论课"课程大纲

● 建筑理论大纲（七）	1.概论：建筑与科学、技术、艺术
	2.史论：建筑与时代背景、历史对建筑学的价值
	3.时代与生活：机械论
	4.时代与建筑：时代艺术观
	5.建筑与环境，都市计划与环境
（一下）讲解新建筑的原理，从历史背景、社会经济基础出发，讲述新建筑基本上关于美观、适用、结构上各问题的条件，以及新建筑的目标	
（二上）新建筑实例的批判（criticism，"评论"的意思，引者注）新建筑家（的）介绍和批判	

● 该课程的参考书籍有：Architecture For Children，Advanture of Building，Le Corbusier 著；Toward a new Architecture，F.L.Wright著；On Architecture，F.R.S.York 著；A Key to Modern Architecture，S.Gideon著；Space，Time and Architecture，S.Giedion著

资料来源：圣约翰大学建筑系档案，1949年

作为理论课程的一部分，初级理论课是圣约翰大学重要的教学创新。黄作燊针对刚入门的学生缺乏对建筑整体认识的状况，向学生介绍建筑的基本特点，用浅显易懂的方法让学生对建筑有一个比较全面而准确地把握，以利于下一阶段教学内容的展开。学生心中对此基本构架有所认识后，可以逐渐形成自己关于建筑学科的知识网，同时也形成合理的现代建筑设计方法。

将圣约翰建筑系初级理论课的内容与同时期较典型的学院式教学体系内的建筑理论课程内容相比较，可以发现二者之间有很大区别。现列举同时期之江大学建筑理论课程大纲如下：

之江大学"建筑图案论"课程大纲

1. 建筑定义 Definition of Architecture	10. 平面的构图 Composition of Plan
2. 设计之统一性 Consideration of Unity	11. 平面与立面的图案 Relation between
3. 主体的组合 Composition of Work	Plan and Elevation
4. 反衬的元素 Elements of Contrast	12. 效用的表现 Expression of Function
5. 形式与主体的衬托 Contrasting Forms	13. 效用设计的观点 Functional Design
and Mains	14. 阳光与窗户 Sunlight and Benestration
6. 次级的原理 Seecondary Principles	15. 地形与环境 Site and Environment
7. 细节的比例 Proportion in Detail	16. 居住房屋之设计 Domestic Building
8. 个性的表现 Expression of Character	17. 学校之设计 School Design
9. 比例的尺度 Scale	18. 公共建筑物之设计 Public Buildings

本学程之内容以分析建筑设计原理及指示设计要点为目的，于讲授原理时拟将世界各建筑物用图片或幻灯映出举例，以使学生于明了设计原理之前，对世界古今各名建筑物之优点充分了解并向之学习，以补充今日学生不能实地参观之困难，令学生于设计习题时将有所标榜而不致发生严重之偏差。

资料来源：之江大学建筑系档案

从之江大学建筑理论课程的大纲中，能明显看到以形式美学作为入门教育的学院式特点。虽然教学后期也有关于使用功能等内容的加入，但是其以美学原则为基础的出发点并没有动摇。同时该课程强调对于世界经典建筑的形式借鉴，这也在某种程度上巩固了建筑的根本在于"样式"的观点。而圣约翰建筑系的理论课程并没有将注意力集中在经典"样式"或"美学原则"等方面，而是强调建筑与人的生活以及时代等方面的关系，从现代建筑的根本意义上启发学生。从二者的对比中，可以看出圣约翰建筑教学所具有的现代特点。

其次，从设计课的具体练习来看，圣约翰建筑系与传统的学院式方法也有很大差别，分别表现在以下三个方面：

设计内容方面，圣约翰教学强调设计从生活出发。教师要求学生先学会分析和解决房屋与生活的直接关系，进而将关注点扩展到结构与技术方面。设计题从简单过渡到复杂：从单体小型住宅，到设计稍大一些的建筑（如制造厂等），再发展到结合生活、结构、建筑为一体的更为复杂的公共建筑（如商场、医院等）。教师选择的题目都十分贴近生活，具有实用性、科学性的特征。这种选题本身就能够影响学生形成设计观。该系的设计题目与学院式体系中设计题大多关注古典艺术修养训练（尤其低年级设计题）的特点非常不同。

设计方法方面，圣约翰建筑系在现代主义理论指导下，设计练习要求学生从实用功能和技术出发，关怀使用者、满足使用者需求，创造性地运用新技术和材料，采用灵活多变的形式来完成建筑创作。这与学院式教学中强调古典美学原则的运用，有时会约束使用者的方法有所不同。

引导学生的方法方面，圣约翰也有着独特之处，黄作燊受哈佛大学时期格罗皮乌斯的影响[14]，将设计的过程看作一个不断发现问题，不断解决问题的过程。他在进行设计教学时，也将这一方法引入其中。格罗皮乌斯面对美国诸多冲突的社会状况和多方面的合作要求，重视研究具体问题以及如何协调解决这些问题。受他的影响，黄作燊在教学中，也将解决"问题"看成一系列设计过程的线索，引导学生以理性的方法来完成创作。在教学中他往往引导学生自己独立思考，自己提出问题和解决问题，并不给予现成的答案或让学生简单照搬现实中的案例。他常常要求学生们自己去摸索各类建筑的不同要求。

例如，他布置的作业"周末别墅"要求学生自己提出该建筑的各种特殊要求，如安全问题、设施问题等等。他布置的"产科医院"设计题，除了请产科医生给大家讲解医院内部运作关系之外，还要求每个学生去医院作调查，并各自在不同的岗位上实习半天，回来后相互讨论交流，共同提炼出医院的设计要求，并以此为依据，进行设计。为培养学生的独立思考能力，他甚至尽量找一些现实中不常见的建筑类型给学生进行

14　格罗皮乌斯来到美国后，并没有直接延续他在包豪斯的实验，而是针对美国的现状发展出一套应对实际情况的设计思想方法。参见（意）L·本奈沃洛 著，邹德侬、巴竹师、高军 译，西方现代建筑史，天津科学技术出版社，1996.9。

练习，如当时还很少见的幼儿园等，让学生自己提出设计要求，自己设计，以避免现实已有的建筑形式对学生思想的禁锢，使他们能发挥自己的独创性[15]。

从问题出发的引导方法除了运用在物质和精神等多种功能要求方面，还体现在充分挖掘建筑材料特性方面，这也是促发创造力的重要源泉之一。建筑材料的特性如何在建筑的结构和形式方面充分发挥作用，是黄作燊要求学生去思考和研究的重要问题。黄作燊十分反对用固定僵化的古典美学原则束缚学生对建筑形态的塑造。他认为形式的产生是具有各自特性、质感的建筑材料被有意识组合的结果，因此他很强调学生把握材料的特性。他十分欣赏阿尔瓦·阿尔托的作品，赞赏他对不同质感材料的出色把握和组合能力。黄作燊除了在初步课程中启发学生领悟材料和质感的关系外，在设计中也一直贯彻和强化这一思想。他曾给学生布置过一个设计作业——荒岛小屋，要求在与外界无法联系的情况下，于荒岛就地取材，用以设计。这就促使学生完全从当地有限的材料出发，摆脱一切既有样式的束缚，以最为本源的状态进行设计创作，并在此期间体悟建筑的本质，以这种方法来避免"美术建筑"的影响而突出"建构建筑"的特质。

黄作燊引导学生从"问题"出发的教学方法，与传统学院式以体现古典美学原则的样式、构图为核心的方法有着根本的不同。这一方法启发学生进行理性和原创性思考，也不同于以往通常通过改图而使学生领悟的经验式做法。理性的引入使原本比较模糊的设计过程更为清晰，可以消除或淡化学生对设计的神秘感，易于他们把握学习过程。

从课程的基本结构来看，圣约翰的课程与以往学院式体系相比具有类似的特点，都是以技术、绘画、历史三个部分围绕作为中心的设计课程。但是从具体内容来看，圣约翰课程有一个突出的特点，就是更加强调入门的基础课程。基础课程以绘画课中的"建筑画"和低年级的"建筑理论"课两者为代表相互结合而成，分别从理论和实践两方面为学生建立现代建筑思想进行启蒙和引导。这两门课一是包豪斯教学影响下的产物，一是应对中国学生思想状况结合现代建筑教学的创造性尝试，具有重要的开拓意义。此后这两门课程分别发展成"建筑初步"和"建筑概论"课，成为基础教育的核心组成部分。从这方面角度考察，可将原学院式教学模式与圣约翰的新模式制成下表相比较：

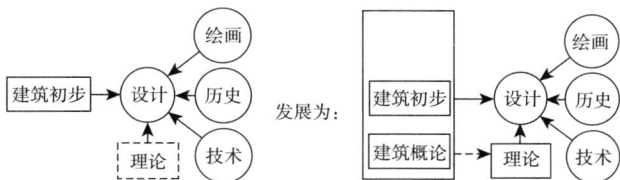

15 2000年4月19日笔者访谈李德华先生。

需要进一步说明的是，传统学院式教学体系也有初步一类的训练，即"建筑初则及建筑画"课程，其主要内容是柱式描绘和渲染等，培养绘图能力和古典美学素养。这与圣约翰的初步课程有很大的区别。

另外，建筑概论是传统的学院式教学中所未见的。即使有些学校也有理论课程，但是并不在入门时讲授，大多在三、四年级时讲授。同时因为理论课在全国统一科目表中是选修课，因此很多学校中并不一定开设。圣约翰开始的建筑概论类课程，转变了传统学院式教学方法以渲染绘图为入门，不加任何解释的经验型训练方法，避免了学生绘图时往往不知其所以然的情况，使他们的学习由被动状态转向理论指导下的主动状态。

圣约翰建筑系后期教学调整和发展

1949 年新中国成立后，包括外籍教师在内的一些教师离开了圣约翰建筑系。与此同时，在全国统一和新政权建立的局面下，国家教育部门要求各高校扩大招生规模，以满足大量建设任务对于人才的急迫需求。圣约翰建筑系招生规模从原来的每年只有几个人扩展到三、四十人。学生规模的急速扩大更突显了师资的不足。于是，黄作燊动员了不少圣约翰建筑系早期毕业生参与到教学工作之中，使建筑系过渡到第二发展阶段（参见表 2）。此时原来动荡混乱的政局已经结束，建筑系教学工作在举国上下一片欢腾气氛中进一步得到发展。

1949 ～ 1952 年圣约翰建筑系教师任课表　　　表 2

教　师	任　课
黄作燊	建筑理论、设计
周方白	素描、水彩画、法文
陈业勋	建筑设计
钟耀华	都市计划讲授
王雪勤	建筑设计、专题研究
陈从周	中国建筑史、新艺学
林相如	房屋建筑
*李滢	建筑设计、建筑理论（一上）
*李德华	建筑声学、建筑理论、建筑设计
*王吉螽	表现画、房屋建造
*翁致祥	房屋建造、建筑设计
*白德懋	建筑史、专题研究、建筑设计
*樊书培	建筑理论、建筑设计
*罗小未	建筑设计、建筑史
*王轸福	建筑设计

注：带有"*"为原圣约翰建筑系毕业生
资料来源：圣约翰大学建筑系档案

图 15　建筑系学生在展览作品前

在这一阶段，圣约翰建筑系发展了前一阶段的几类课程，同时有些作了相应调整。

（1）作为"初步"类课程的"建筑画"在圣约翰毕业生手中得到继承和发展。例如李德华先生担任该课教学时，"内容以启发学生之想象力及创造力为主，及对新美学作初步了解，内容大部分抽象"[16]，樊书培先生担任该课时，曾经让学生用色彩表现"噩梦"、"春天"一类的题目，启发学生领会现代艺术思想[17]。图 15 展现了在食堂举办的设计作业展中学生所创作的抽象画，从中可见其现代美学思想的影响。

建筑初步课程不仅有延续，还有扩展。教师们将初步课程与技术等课程相结合增设了"工艺研习"（Workshop）课，分成初级和高级两部分在"初步"课程后期相继展开。这门课强调动手操作，明显带有包豪斯学校注重工艺的特点。圣约翰毕业生李滢从美国留学回来后在该系任助教时，曾在这门课中安排学生进行陶器制作训练。让学生通过脑、手和塑造形体间的互动和统一，使他们体会形体和操作过程的关系。为了让学生能够从事该类练习，助教们还自己设计做成了制作陶器所需要的脚踏工具转盘。

该课程还注重培养学生对材料性能的熟悉，教学生领会建筑材料、构造技术和它们与建筑空间、形式的紧密关系。这里反映了材料运作技能的"建构"思想。例如教师们曾让学生进行垒砖实验，一方面增强学生对于砖块这种建材的力学性能的把握，另一方面也让学生领悟伴随砖块堆砌过程而产生的形式（form）。助教们设计了各种垒墙的方式，学生们通过推力检验，了解哪一种方式垒成的墙体最更结实，不易倒塌，并分析不同砌筑法及增设墙墩等方法对墙体稳定性的影响。这种训练使原来较为抽象的技术教学内容通过直接的感性方式为学生所接受。学生在了解砖墙力学性能的同时，还在老师们的指导下，领会其伴随产生的形式和空间。例如墙体的弯折在增强了强度和稳定性的同时，产生了空间；不同的垒墙方式同时会形成墙面的图案（pattern）及产生某种质感（texture），这种质感和图案成为形式要素，又在观看者心中产生某种美

16　1949 年圣约翰大学建筑系教学档案。
17　2003 年 11 月访谈樊书培、华亦增先生。

学感受等等[18]。这样一系列练习以材料为中心，将结构、构造和形式美学等建筑各方面知识结合成了一个有机整体。它将现代建筑设计中除功能以外的另一关注点——"材料"通过简单直观的方法引入学生思想中。学生通过对材料的直接操作和感受，理解了现代建筑的本质特点，并在这一建筑观的影响下形成了自己的设计方法。

这种教学方法改善了以往教学中经常存在的技术和设计教学相分离的局面。以往的技术课程往往独立于设计，按照土木系的教学要求自成体系，学生无法将它与建筑设计结合起来，甚至产生这类课程没有用或从属于建筑形式的思想，助长了"美术建筑"情绪。圣约翰开设的"工艺研习"课程在培养学生创造力的同时，也为学生建立了材料技术是设计重要组成和基础的观念。它成为设计课和技术课之间联系的桥梁和纽带，促进了学生全面建筑观的形成。

（2）建筑技术课程方面，除了上文所述"工艺研习"课程的协助之外，原来的课程仍然得到延续。其中，房屋建造、暖气通风设备等课程由翁致祥、王吉螽等讲授。此外助教李德华还增设了建筑声学课。

（3）历史课程方面，黄作燊可能出于培养学生全面素质考虑，除了外国建筑史之外，又增加了中国建筑史课程，由陈从周讲授。陈从周原是圣约翰附中的教导主任，对中国建筑历史和绘画等都有浓厚兴趣，早期曾在圣约翰建筑系中兼授过国画课。他此时加入建筑系，教授中国建筑史。之后他边学边教，凭着自己深厚的中国文学功底和钻研精神，在园林和古建史方面取得了很大成就。

除了中国建筑史外，此时历史方面一度增加了艺术史课程，由美术教师周方白任课。后来该课受新民主主义文艺理论影响，在教育部的要求下改为"新艺术学"。

黄作燊的建筑思想及其对教学的影响

在圣约翰建筑系中，其教育核心人物是黄作燊，他所具有的独特的建筑思想对圣约翰的教学产生了直接影响。这些思想除了表现在上文提及的课程内容之外，在其他一些方面也有所反应。

（1）黄作燊认为社会性和时代性是现代建筑的重要特征，建筑不仅是艺术和技术的结合，而且还和社会有着千丝万缕的关系，社会力量会对建筑产生重要作用。因此，他强调建筑师应该具有强烈的社会责任感。他于20世纪40年代末在题为"一个建筑师的培养"的演讲稿中写道："今天我们训练建筑师成为一个艺术家、一个建筑者、一个社会力量的规划者……最重要的变化是重新定位建筑师和社会之间的关系。今天的建筑师不该将自己仅仅看作是和特权阶层相联系的艺术家，而应该将自己看成改革者，其工作是为生活在其中的社会提供环境。"[19]

---

18 2000 年 4 月 19 日访谈李德华先生。
19 黄作燊，一个建筑师的培养，1947、1948 年为英国文化委员会所作讲演的演讲稿。

正因为具有现代主义的合理组织城市秩序的理想和责任感，他和鲍立克等人都积极参加了1947年大上海都市计划的讨论和制定工作，并且动员了一些圣约翰的学生参与规划图纸制作。他还将这一思想的培养结合进圣约翰的教学之中。他曾带领学生们参观拥挤破旧的贫民窟，让学生体会社会下层生活的悲惨境遇，触发他们对社会平等理想的追求，并鼓励他们将这一理想贯彻于设计和规划之中。他不仅在高年级设置规划原理课程和大型住区规划的毕业设计内容（图16～图18），还倡导学生应有一些在政府部门工作的实践经历，以更好地了解现代政府管理的具体情况，帮助城市建立合理的秩序[20]。这些都是他所具有的"社会性"思想在教学中的反映。

图16　学生规划设计模型

图17　教师观看设计模型

"时代性"也是现代建筑的重要特点之一，黄作燊十分清楚现代建筑的基础是"时代精神"。因此，他在教学之中，十分注重在这一方面对学生进行启发。在理论课上，他除了介绍现代建筑大师及其作品外，还安排了很多讲座内容让学生了解当时（或者即将到来）的各方面的新动向。

黄作燊的讲座包括现代的文学、美术、音乐、戏剧等各个方面。他将与现代建筑密切相关的现代艺术展现在学生的眼前，让他们从艺术精神上把握时代特色。例如，在美

图18　教师评论设计作业

术方面他介绍马蒂斯、毕加索、奥暂方（Ozenfant）等现代派画家作品，在音乐方面他介绍德彪西、肖斯塔科维奇、勋勃格（Schoenberg）、马勒等音乐家的作品，这些介绍使学生走出了当时中国盛行的古典艺术领域，接触到了更多具有现代精神的先锋艺术。

除了艺术方面以外，作为新时代特征的科学技术也是黄作燊要让学生们认识的内容之一。他曾请人来建筑系中做讲座，讲解有关喷气式发动机、汽车等先进工业产品的原理。通过这些讲座他试图让学生对正在到来的工业时代建立初步意识，使他们认识到时代对建筑的重要影响。

全方位与现代艺术和科学技术知识的接触使学生们对现代主义运动有了更全面的

20　2000年4月19日笔者访谈李德华先生。

了解。他们由此可以更加深刻地领会现代建筑的实质，避免中国当时普遍存在的对现代建筑的肤浅认识。当时中国建筑领域不少人仍然将现代建筑看作只是时髦样式，至多不过认为其实用性和经济性有可取之处，并没有在建筑的深层意识层面向现代转型。黄作燊的一系列相关领域的新介绍为学生整体现代意识的建立打下了十分可贵的基础。

（2）黄作燊拥有全面的建筑观[21]，在他的理解中，建筑领域包括人的各种大小尺度的生活环境，小至身边的用品，大至整个城市的环境，家具、室内、园林、建筑乃至规划无不可以尝试。他在自己的实践中也体现了这一点，例如他家中的家具都是他自己设计并动手制作的，简洁实用，有一些他老师布劳耶作品的特点。在建筑系的课程之中，他同时安排了室内、园林、城市规划等各个方面的课程和设计。这些课程并不是附属性的，都比较重要。室内设计方面，不少学生都进行了超过四个的设计作业，有些学生还加入鲍立克的"时代"室内设计公司，进行了大量的室内设计和家具的创作实践。在此基础之上，一些学生如曾坚等日后在该领域取得了很大成就；对于城市规划的重视，前文已经提及，一些学生日后在这一领域有所建树，如李德华等；园林方面，他曾聘请了专家程世抚来指导学生设计，日后也有一些毕业生专门从事这一方向的研究，如虞颂华等。

当时，师生们的设计兴趣不仅限于几门课程领域，还延伸到了服装、舞台等多方面。黄作燊曾和学生们利用当时的土布（毛蓝布）设计绘图工作服。因为考虑到画图方便，衣服前面的纽扣大多做了暗纽，最上面一粒是明纽，明纽采用不同颜色来区分学生的不同年级。衣服下面两旁开叉，既便于行动，又特别方便弯腰画图。在衣服上方有口袋，可以放画笔。衣服的形式、功能和材料结合得非常好，于普通中独具匠心。这套服装很快成为了建筑系的系服[22]。学生自己动手做工装的举动似乎颇有些包豪斯的作风，另外服装的平民粗布气质与这所学校也有些近似，这大概多少出于这两个学校在价值取向方面的某种一致性。

另外，黄作燊还将设计领域扩展到舞台设计方面，他曾和学生一起，帮助他的哥哥——知名戏剧导演黄佐临设计话剧舞台。1944、1945年左右他们为话剧《机器人》设计了一个充满了未来幻想色彩的舞台布景（图19）：一个没有天幕的布景，一片黑暗背景上点缀一些小灯泡表现出浩瀚星空无限深远的效果，道具上安排了螺旋形出挑楼梯，以及带有抽象艺术风格的组合构件，演员们穿着奇特的连体服装表现未来人的特点。这个舞台设计充分体现了现代艺术及建筑的特征。

（3）在对中国建筑传统的继承上，黄作燊并不赞成当时学院派建筑师多采用明清宫殿大屋顶式样或简洁符号作装饰的方法，他更注重从建筑空间效果上借鉴传统特

---

21 黄作燊的这一思想受格罗皮乌斯的影响，并在后者的著作《全面建筑观》（Scope of Total Architecture）一书中有所反映。
22 罗小未、钱锋，"怀念黄作燊"，杨永生主编《建筑百家回忆录续编》，知识产权出版社，中国水利水电出版社，2003年。

点。作为一个具有现代建筑思想的
建筑师，他并非纯粹的功能技术主
义者，而是十分注重空间的精神场
所作用。其实，重视建筑空间艺术
本身便是现代建筑的重要思想之一，
密斯·凡·德·罗的巴塞罗那馆便
是建筑空间艺术的杰出作品。吉帝
恩（S.GIEDION）在《Space，Time
and Architecture》一书中曾用空间
和时间的流动和结合，来说明现代建
筑不同于传统建筑注重固定画面效果

图 19　话剧《机器人》舞台

的特点，反映了建筑理念上的重大变革。深受现代思想影响的黄作燊同样也对"空间"
给予了极大的关注。现代建筑通常体现出序列的空间艺术，这很容易引导黄作燊理解
中国建筑时，注重其中序列的空间给人的强烈感受。他突破了此前一阶段多数中国建
筑师将宫殿样式作为中国建筑传统根本特质的观点，认为人在行进过程中所感受到的
建筑群体及其扩大的场所环境（树、石、山等）共同形成的一系列变化多端的空间才
是中国传统建筑的本质。

　　他曾指出，故宫建筑群的核心特色是系列仪式空间，从中单独取出任何一座建筑
都根本无法体现中国建筑，即使这座建筑有着单体宫殿建筑的所有特征[23]。因此，他认
为前一时期流行的结合中国宫殿式外形与西方室内特点的"中国固有式"建筑并没有
体现中国建筑的特点，而只是一种急于求成和简单化处理的产物，而真正有传统特色的，
符合现代要求的中国的现代建筑仍需要广大建筑师认真而耐心地探索。他觉得从传统
的"空间"角度出发，应该是一个很好的新途径。

　　在探寻中国建筑空间特色的过程中，黄作燊十分关注空间给人的精神感受。他和
学生王吉螽去北京天坛时，十分赞赏天坛的空间序列给人的感受，觉得"走在升起的
坡路上，两边的柏树好像在下沉，人好像在'升天'"；他们在午门时，觉得"高高的
封闭空间，给人强烈的威压感，令人马上会想起'午门斩首'"，王吉螽记得黄作燊曾
十分认真地感受这种气氛并研究产生这种气氛的手法[24]。他还将故宫中轴线和建筑群体
比作一种类似建筑群体中的"approach"的气势，并称之为"中国气派"[25]。他对中国
传统建筑的理解，更多在于空间对人的精神功能方面。

　　在这样的思想下，黄作燊在教学中十分反对学生采用"中国固有式"的复古样式，
提倡学生用现代的建筑材料设计具有丰富空间特色的建筑，在空间营造的精神气氛中
寻找中国建筑的"根"。这种思想一直主导着师生对现代与传统融合的探索，在他们后

23　黄作燊，一个建筑师的培养，1947、1948 年为英国文化委员会所作讲演的演讲稿。
24　2000 年 7 月访谈王吉螽先生。
25　2001 年 6 月樊书培先生答笔者书信。

来建筑创作和教学过程中长期传承。师生们随后的一些建筑实践，如 1951 年的山东省中等技术学校校舍以及 1956 年的同济工会俱乐部等都在这方面进行了尝试。

结　语

圣约翰建筑系的教学在近代中国是一场创新的尝试。通过黄作燊的影响，建筑系借鉴和传承了从包豪斯发展到哈佛设计研究院的一系列基本思想和特点，如包豪斯的"基础课程"、对材料和技术工艺的注重、对社会问题的关注；哈佛的以"问题"作引导的教学思路、团队合作（Team Work）的模式等。而同时，黄作燊对哈佛及其导师格罗皮乌斯也有所超越。他并没有拘泥于狭义的现代主义，而是倡导一种开放的、不断融入新时代新思想的思维方式。

出于对中国传统的热爱，他试图将中国的古建筑、园林、绘画等艺术思想结合进建筑的创作，将中国文化的意境融汇进去。这虽然在圣约翰的教学中尚未大量展开，但在某些局部领域如思想讨论或方案创作中已经体现出来，而他本人后来也一直在这个方向有所思考。

从学生的角度来看，圣约翰建筑系的教学最令他们感同身受的特点，是它的启发式教学方法。由于学生人数少，建筑系师生之间可以有非常密切的接触。事实上，这在某种程度上也是黄作燊在 A.A. 建筑学院和哈佛所受教学模式的直接反映。在十年时间里，黄作燊通过发动学生参与各种活动、动手制作各种物品、共同观看展览和戏剧、参观建筑并进行讨论等方式和学生们融在了一起。他常以睿智的点拨性话语启发学生对建筑和艺术的理解，也曾用犀利和尖锐的评论令学生受益终身。他的热情感染着所有的人，使大家充满了自由探索的乐趣。学生们在圣约翰热烈的大家庭氛围中，受到了良好的熏陶和启蒙。不少师生都对这种温暖的气氛有着美好的回忆[26]。

多年以后，李德华先生对圣约翰的学习生活和黄作燊先生有这样一段评价：

> "他（黄作燊）打开门，领你进去，他也并非带你导游，而是让你自由自在地随便走，随便看。我们在圣约翰的学习，觉得没有任何负担，在不知不觉中不断地开拓视野，让我们充满了对建筑、对艺术的热情，真正感受到了如外国人常说的'fun'……
>
> 他真像是一个火种，点亮了别人，然后让你自己发光……"[27]

（本文在笔者著作《中国现代建筑教育史（1920～1980）》中"带有包豪斯教学特点的上海圣约翰大学建筑系"一节基础上改编。钱锋：女，同济大学建筑与城市规划学院建筑系副教授；伍江：同济大学建筑与城市规划学院建筑系教授）

26　不少师生的文章，如陈从周先生的"约园浮梦"等对此所作了生动的描写。
27　2000 年 4 月 19 日访谈李德华先生。

附：上海圣约翰大学建筑工程系毕业生名单

1945～1952 年圣约翰建筑工程系历届毕业生名单

1945.6.2	李德华	李 滢	白德懋	虞颂华			
1946.7.13	卓鼎立	张肇康					
1947.1.30	程观尧						
1947.6.23	曾 坚						
1948.1.31	张宝澄	周铭勋	周文藻	樊书培	华亦增	罗小未	王轸福
	王吉鑫	翁致祥	鲍哲恩	籍传实	何启谦	张庆云	
1949.1.5	徐志湘	郭敦礼	沈祖海				
1949.5.12	韦耐勤	欧阳昭					
1950.7.8	朱亦公	张抱极	徐克纯	舒子猷			
1951.7	周文正						
1952.2	唐云祥						
1952.8	江天筠	徐克纲	郭功熙	李定毅	汪佩虎	陈亦翔	王儒堂
	陈宏荫	富悦仁	关永昌	吕承彦	刘建昭	倪顺福	潘松茂
	沈志杰	汤应鸿	曾莲菁	姚云官			

....

1952 年院系调整前建筑系在校生
（其中不少学生后来随系并入同济大学建筑系）

三年级：	张岫云	赵汉光	赵宝初	江淑桂	范 政	谢幼荪	徐绍樑	许文华
	李名德	穆纬湧	沈仪贞	孙润生	曾蕙心	王仲贤	杨伯明	
二年级：	章 明	赵竹佩	江圣瑞	诸菊馨	竺士敏	朱亚新	胥兆鼎	胡思永
	华家驹	黄正源	顾定安	孔国基	盛声遐	史祝堂	池石荣	寿震华
	舒朵云	孙琍君	王徵琦	王舜康	翁延庆	吴小亚	叶守明	颜本立
	郁正荃							
一年级：	张有威	陈光贤	陈 琬	陈文琪	陈 毓	郑 烨	江贞仪	钱学中
	周惟嘉	周惟学	方兆华	黄文青	葛兴海	郭重梅	黎昌胤	黎方夏
	林 珊	马时伟	闽华瑛	盛养源	谭凯德	王兆龙	王功溥	王宗瑗
	韦贤昭	韦尚强	魏敦山	杨本华	叶丹霞	殷晓霞	袁 珏	黄次耀

资料来源：圣约翰大学建筑系档案（毕业时间按档案中毕业证书颁发时间）。

另：毕业生详细情况参见钱锋主编，赖德霖、王浩娱合编，上海圣约翰大学建筑系毕业生档案，香港《建筑业导报》，2005 年 7 期。

解读黄作燊先生的现代建筑教育思想[1]

卢永毅

1942 年，刚刚留学归国、年仅 27 岁的黄作燊，在上海圣约翰大学（以下称"约大"）创办了建筑系，第一次尝试为中国的建筑教育建立一套比较全面的现代建筑教学体系。在历经十年探索后，由于新中国大规模高校院系调整计划，黄作燊带着教学实验成果以及在约大培养的一批年轻教师融入同济大学，构筑起新成立的同济建筑系的中坚力量，对培育形成独特的同济风格，产生了持久而深远的影响。在中国 20 世纪建筑教育发展史上，黄作燊绝对是个绕不过去的名字。

众所周知，黄作燊的特殊贡献在于，因留学哈佛的经历，他成为第一个将西方倡导现代主义建筑的核心人物沃尔特·格罗皮乌斯（Walter Gropius）及其包豪斯特征的教学理念和方法直接引进中国、推动中国现代建筑教育发展的人[2]。笔者在与自己的老师、曾直接受教于黄作燊的罗小未、李德华先生的常年交流中，从两位先生以及同事钱锋和伍江的相关研究中，逐渐"认识"这位前辈。今日有幸参与这本纪念文集的编辑，又读到如此丰富而深情的追忆文章，对这位历史人物的思想和人生轨迹又有了更真切的认识。但也正因如此，一种继续探究这位历史人物的愿望依然强烈，尤其是，当自己译完他唯一存世的两篇精彩的英文演讲后，又闻其子黄植提起父亲留学归国以及之后积累的大量教学资料已经散失，就更加感到，这位杰出建筑教育家的思想世界似乎还需要我们展开更加深刻而广泛的解读。为此，笔者试以自己的一点视野与思考，为此做些努力。

观念与思想的历史追溯

认识黄作燊的思想，首先必须追溯影响他成长的历史环境，文集中的众多回忆和

1　本文为国家自然科学基金资助项目，项目批准号：51078278。
2　见罗小未、李德华、伍江和钱锋的相关研究。

图1 A.A. 所在的伦敦 Belford 广场，20 世纪 30 年代的 A.A. 就位于此

研究，已有相当程度的立体呈现。在此基础上，笔者再提以下这些可能深入探究的线索，并认为，即使无法获得确切的史实，尽力还原他学习和工作的时代状况和历史环境，对于进一步认识他的现代建筑思想和教育观念的形成轨迹与内涵特征，都是极其关键的。

第一，黄作燊接受现代建筑思想与教育理念，应从在伦敦建筑联盟学校（The Architectural Association，London）的求学经历（1933 ~ 1937）开始（图1）。虽然具体影响我们知之不多，但 A.A. 当时的校园氛围和教学变革，对其自由思想的形成一定是至关重要的。20 世纪 30 年代中期的 A.A.，已经被称作是个聚集了"一堆麻烦生"（a pack of troublesome students）的地方，它正在"经历努力摆脱学院派建筑教学体系的转折时期"[3]。英国当时虽在欧洲现代建筑运动浪潮的边缘，但自 20 年代后期，勒·柯布西耶（Le Corbusier）、门德尔松（Erich Mendelsohn）以及俄国构成主义（Constructivism）等名字和他们的作品就开始传入英伦，《走向新建筑》这样的册子也渐为学生热捧。到黄就读时，"新建筑（New Architecture）"已在那里"占据了所有经过建筑院校的人们的想象世界"[4]。在 A.A.，一场革命以深受空想社会主义学家思想影响的罗斯（EAA Rowse）1935 年上任院长真正开始，由新教师和学生聚集的力量，于 1936 年使这所学校最终告别基于"草图（esquisse）"方式和古典原则的"布扎"教学体系，转而推行现代建筑思想原则和全新教学组织的教育机构。其历史性变化的是：从原来五年学制的课程体系，转变为约 17 人一组的各设计课程小组的教学组织，以及罗斯竭尽鼓励的、以小组合作、发问分析以及迎解问题的设计教学模式，并特别注重住宅研究和规划，甚至涉及城市贫民窟改造。无疑，黄作燊是这场校园变革的亲历者。

3　据 Edward Bottoms，A.A. 档案馆档案员，2012 年 2 月 18 日。
4　John Summerson，The Architectural Association，1847—1947. London，Pub. for the Architectural Assn. by Pleiades Books，1947，P. 47。格罗皮乌斯 1934 ~ 1937 在伦敦，但当时并没有在 A.A. 教学或演讲。

同时可以看到，这也是英国职业建筑师开始推动现代建筑发展的活跃时期，尤以来自德、法现代建筑师的直接参与引人关注：如1935年流亡英国的格罗皮乌斯与弗莱（E. Maxwell Fry）的合作，布劳耶（Marcel Breuer）与约克（F. R. S. Yorke）的合作，门德尔松与切马耶夫（Serge Chermayeff）的合作，以及鲁贝金（Berthold Lubetkin）在英国的设计实践，等等[5]。因此，欧洲现代建筑运动的浪潮，直接冲击着这位年轻的中国学生。我们从他当时游历法国寻访柯布的神情中，以及他亲聆格罗皮乌斯在伦敦期间发表演讲的热情回忆中，都能感受到这些经历对他的终身影响[6]。

图2　哈佛大学研究生设计学院当年所在的Nelson Robinson楼

图3　哈佛20世纪30年代后推进建筑教学改革的关键人物格罗皮乌斯（右）和赫德那特（左）

第二，留学哈佛的经历是影响黄作燊回国发展教育事业的关键。格罗皮乌斯1936年起担任哈佛大学研究生设计学院（Graduate School of Design, Harvard University, 以下简称GSD）建筑系主任，与时任院长的建筑学教授赫德那特（Joseph Hudnut）共同推进建筑教学改革。这个过程虽充满争议[7]（图2、图3），但黄在进入GSD深造期间（1939～1941），正值改革第一阶段的成果已经形成。这也是一场结束历史悠久的"布扎"教学体系的大变革：教学计划基本取消了所有传统建筑绘图和设计课，建筑史课也大大缩水，取而代之的是关注社会需求以及功能、结构和材料技术的现代建筑教学。我们从GSD建筑系1939～1940的教学计划中可以看到的是，师资队伍以系主任格氏为首，集聚了多位现代派建筑师和规划师，如汉姆弗雷斯（J.S.Humphreys）、M.布劳耶、瓦格纳（M.Wagner）、考梅（A.C.Comey）、弗罗斯特（H.A.Frost）、伯格纳（W.

5　G.. Editor: V.M. Lampugniani. Encyclopaedia of 20th Century Architecture, The Thames and Hudson, 1989, P.132～133.

6　据黄作燊自己的回忆材料，钱锋提供。

7　格氏于1937年上任哈佛研究生设计学院（GSD）建筑主任，对原有的学院派教学体系开始一系列的教学改革，改革也充满矛盾与争议。详见Anthony Alofsin, The struggle for modernism :architecture, landscape architecture, and city planning at Harvard , W.W.Norton and Company, 2002一书第五章中的介绍。

F. Bogner)，等等[8]。那么，哈佛当时的现代建筑教育思想和教学方法具体为何，对包豪斯教学如何延续又有何转变，自然需要进一步追溯，才能确切认识黄作燊教学思想的渊源（图4）。除此之外还必须看到，黄对于现代建筑的认知是广泛的，格氏无疑是他"最敬佩"的大师，但柯布、密斯（Mies van der Rohe）和阿尔托（Alvar Aalto）等人的各自成就也同样为他深刻领会，这在他的教学思想中，尤其在他学生们的学习中已清楚显现。

图4 黄作燊就读于哈佛期间（1939～1941）的留影

第三，黄作燊的留学经历，不仅是一个建筑学专业学习和学科认知的过程，更是他广泛接纳和学习西方现代文化艺术的过程。众多的回忆都提及，他家中有一大排向学生们开放的书架，书籍所涉领域是远比建筑学更加广泛的；在学生们的印象中，他对西方绘画（尤其是现代派绘画）、音乐和戏剧艺术的爱好、通晓以及鉴赏力都非同一般，而他关于建筑与艺术、文化与历史的高谈阔论，学生更是需要相当的知识积累与悟性才能领会的。可以看到，黄是将西方现代建筑置于时代的文明进程和文化思考中深刻认识的。这种修养和感悟力如何形成，实难一一考证，但我们至少应该肯定，要了解黄作燊认识西方现代建筑思想所达的高度，追溯其阅读的西方建筑历史理论文献是必不可少的。从黄自己的论述和他人回忆中呈现出来的以下这些著作，虽然可能只是冰山一角，但应是其中十分关键的几部[9]：

托马斯·杰克逊爵士（Sir Thomas G. Jackson）与诺曼·肖（Norman Shaw）共著的 Architecture, A Profession or an Art；

威廉·勒赛比（William Richard Lethaby）的 Architecture: An Introduction to the History and Theory of the Art of Building；

弗莱彻爵士（Sir Banister Fletcher）的 A History of Architecture on the Comparative Method；

约克（F. R. S. Yorke）的 A Key to Modern Architecture；

勒·柯布西耶的 Towards A New Architecture；

吉迪恩（Siegfried Giedion）的 Space, Time and Architecture, the Growth of a New Tradition；

格罗皮乌斯的 The New Architecture and the Bauhaus 和 The Total Scope of Architecture；

第四，黄作燊有着强烈的民族情感和深厚的爱国情怀，理解这一点，才能走近这个典型中国近代知识分子的精神世界和他的事业理想。一方面，时代精神、国家意识

8 Harvard Register, The Graduate School of Design, with courses of instruction, 1939～1940, GSD Archive, P.3.
9 根据黄作燊的演讲稿、约大建筑理论课程的设置以及学生们的回忆整理而成。

和社会理想是构成他教育事业的基石，而另一方面，对传统文化的记忆和对传统艺术的热爱又始终是构成他精神世界的底色。黄对传统京剧的痴迷无人不晓，其生长的家庭环境曾藏有整柜的戏谱，而他几乎对所有传统京剧段子和剧目以及表演特性都滚瓜烂熟，传统文化的这般浸染能让我们体味一二[10]。所以，在黄作燊身上，深受西方文化影响、追求自由精神和崇尚科学理性是其现代精神的一个层面，而一种中西碰撞和交融中的思考和创新如何展开，又是其现代思想的另一种呈现。而且，从他关于建筑的跨文化讨论中可以看出，这"另一种呈现"更加意味深长。

第五，从圣约翰到同济，黄作燊发展现代建筑教育事业的追求和影响，始终是与他身边聚集的朋友、同事、合作者及其培养的学生紧密相连的，认识他们，才能更好地认识黄作燊。不少人物及相关内容已在这本文集中丰富呈现[11]，而一些深入追溯还可进一步展开。例如，来自包豪斯的理查德·鲍利克（Richard Paulick）曾为约大的教学主力，其现代主义的思想渊源与特征如何认识，如何体现在其主持的室内设计与城市规划教学中，又如何贯彻在其设计实践，尤其是参与大上海都市计划的工作中，尚有更丰富的内容挖掘[12]；再有，作为约大第一届毕业生的李滢，后入耶鲁和哈佛继续深造，并在著名现代派建筑师M.布劳耶与A.阿尔托建筑事务所工作学习，解放初期，她将这些经验带回了约大，这对丰富和扩展约大设计教学作用显然，但其具体的教学方法及思想渊源，仍是有待深入了解的[13]。再有，黄作燊带着自己培养的教师队伍融入同济后，其现代建筑思想的影响如何持续，又如何由李德华、罗小未、王吉螽、赵汉光等年轻教师在城市规划、建筑史学和建筑设计等领域得到拓展，以及如何与其他探索现代建筑与规划思想的中坚力量如冯纪忠、金经昌和罗维东等教授相互融合又各持特色，以形成同济现代思想的多元格局，也仍待系统梳理[14]。还要看到，黄吸纳程及、周方白这样深受西方现代艺术影响的画家进入教师队伍，又以极富创意的舞台设计参与其兄长、著名戏剧家黄佐临组织的苦干剧社的艺术创新事业，而从传统文化中成长的陈从周也被他接纳为同事，由此折射其思想和实践的丰富性，也值得更全面地追溯和讨论。

沿着这些历史线索的深化研究，绝非本文能够完成。笔者仅以此为一种追溯历史的框架，试以这本文集聚集的丰富史料[15]，尤其是黄作燊的两篇文稿"一个建筑师的培

10　据黄的儿子黄太平、黄植回忆。黄作燊从小学就开始接受西式教育，英语比中文更加流利，甚至超越一些英国人（罗小未回忆），但对中国传统文学的阅读、传统文化的认识如何形成，详情未能了解。

11　特别见本文集罗小未、李德华、赵汉光、钱锋和伍江的回忆与研究成果。

12　Richard Paulick（1903～1979）曾参与格罗皮乌斯包豪斯校舍设计和包豪斯教学探索（不一定是包豪斯正式成员），1933年来上海开业，做室内设计并参加多种社会活动，1943年起在约大教授室内设计和城市规划。抗战后参与大上海都市计划工作。1950年回民主德国，成为国家建筑师。

13　李滢在美留学时就被誉为"天才学生"，然而，因为种种原因，时至今日，还没有人有机会对她的学习和工作经历以及建筑思想做过详细访谈调查。

14　关于同济早期现代建筑思想的初步研究，见拙文"同济早期现代建筑教育探索"《时代建筑》2012，No.3。

15　钱锋在研究黄作燊以及中国现代建筑教育思想的过程中，完成多个相关者访谈，积累部分可贵史料。

养"和"论中国建筑"[16]，对他的教育思想，再做一些自己的解读和讨论。

现代建筑教育观

西方现代主义建筑自 20 世纪 30 年代初传入中国，至 20 世纪 40 年代，其新思想与新风格已经逐渐渗透到国内各个建筑院校的教学中。然而，对于大都基于西方"布扎"教学体系成长起来的这些学校，如中央大学、之江大学以及较后成立的清华大学等，要真正理解并实践现代建筑教育思想和教学方法是不易的。相比之下，黄作燊创办的约大建筑系，从一开始就对现代建筑思想与教育理念有比较全面而整体的理解，包含了对建筑学学科的全新认识，以及对建筑师培养的全新模式。正如黄作燊在"一个建筑师的培养" 中明确指出：

当今意义最深刻的变化在于建筑师与社会关系的重新定位。现在的建筑师不再视自己为只和少数特权阶级关联的艺术家，而是一个改革者，其工作就是为整个社会建立起赖以生活的基底……建筑学不但应综合多种需求，如，使用和功能的需求，结构的需求，工具和材料的需求，还应当从人类和社会的源头获得启示[17]。

可以看到，黄作燊首先倡导一种回应时代进程与社会发展需要的建筑学，甚至认为，"如果、而且一旦建筑师被赋予了最有利的条件去工作且服务于现代社会，我们将很快就能使社会进步与和谐文明的宏图得以实现"[18]。因此，他信奉建筑师具有承担建立社会新秩序的使命，相信现代建筑扮演着推动时代文明进程的重要角色。这些认识观显然是深深受到了来自西方现代建筑运动的思想感染而形成的，格罗皮乌斯的"全面建筑观"（Total Scope of Architecture)，更是对他产生了直接影响[19]。全面建筑观反映在格氏在创立包豪斯时就已形成的办学思想中，他将新建筑的作用提升到"犹如人类自然那样包罗万象"，并强调是"我们时代的智慧、社会和技术条件的必然逻辑的产品"[20]。从包豪斯到哈佛，建筑学的培养目标和设计教学组织都紧密围绕这一思想，旨在建立面向时代和社会的所有设计的共同基础和原则。这也是黄作燊现代建筑思想的根本来源。

在这一建筑观的影响下，黄作燊首先强调建筑学教育在学科上的全面拓展。他明确指出，城市规划与建筑学"不是什么相互独立的学科，它们是因为彼此影响相互作用而一直在文明成就中扮演角色"。事实上，他不仅对格罗皮乌斯关于设计教育要面向人类生活所有领域的思想清晰领会，而且哈佛的 GSD 以规划系、景观建筑系与建筑系三足鼎立又相互融通的教学格局，使他对这种学科交叉的教学组织有了更直接的经验。

16　Henry J. Huang, The Training of an Architect，以及 Chinese Architecture，1940 年代后期在英国驻沪领事馆文化交流活动上的演讲，见本文集。
17　Henry J. Huang, The Training of an Architect，1947～1948 年，黄植提供。
18　同上。
19　格罗皮乌斯在 1920 年代即提出全面建筑观（the total architecture)，倡导艺术与工业的统一，论述集中体现在其著作 The New Architecture and the Bauhaus （1925）中，该书 1935 年有英译本。
20　罗小未. 现代建筑奠基人[M]. 北京：中国建筑工业出版社，1991 年 10 月。

因此，当时新成立的约大建筑系尽管在师资上十分困难，但教学过程从小住宅、办公室内、各类公共建筑设计，一直到服装和舞台设计，居住区规划和都市计划的学习都一一涉及，甚至学生还对实际项目"真题假做"或直接参与，清楚反映了他对全面建筑观的努力贯彻。在建筑教育与面向社会需要的实践中，还明显渗透着他的社会主义思想倾向，他在课程中引入了要求学生了解底层生活和贫民窟状况并进行住宅规划设计的环节，他甚至还带着学生直接参与了抗战后的国民政府大上海都市计划工作[21]。这种全面而综合的教学探索，不仅对于约大，对于之后同济建筑系的作用也是毫无疑问的，其学生李德华在推动同济城市规划学科发展中的持续影响力，正是从约大开始集聚的。

以全面的建筑观，黄作燊分析了西方原已存在的三种建筑师培养模式的局限性：第一种是处在大学里的建筑学院，他认为其过于注重通识教育和历史经验，但结合实际的、"实验性和研究性的工作"不被重视；第二种是技术型建筑院校，虽有价值但只能培养技术人员而无法产生真正的建筑师；还有一种是建筑师事务所学徒制，这种教育模式因其成功与否太依赖个别建筑师，因此也不宜推广。在比较分析的基础上，他提出适合新时代的、最为恰当的建筑教育模式，是应该注重"技术与智性"（the technical and the intellectual）的双重培养，即，既包括绘图、数学计算、材料强度、声学、热学、通风设备、建造方法和卫生设施等技术训练，也包括政治、哲学、历史、社会学、心理学、文学和艺术等的人文教育[22]。

黄作燊因而指出，既然 "建筑师和社会的关联性是多方面的，包含技术的、美学的、社会的和政治的"，那么建筑师必须得到的是，科学理性思想、社会实践能力以及个人创造能力的全面培养。他因此不断强调，"为艺术而艺术"的学院派教育已不再适用，因为"……今天的建筑教学是试图从问题的本质入手寻找解决途径，而不是毫无依据地或以先入为主的观念和固定模式来处理问题。"他例举医院设计来说明，建筑师的工作首先是对建筑从选址、场地一直到为这个建筑关涉的所有使用者的需要做出回应，人文关怀是根本基石。继而，他强调建筑师还要练就社会实践力，要"从绘图板走入现实"，能为既定目标去"协调人力、材料、机械设备等方方面面的问题"，包括现代政府的行政管理，应对各种限制条件，"简洁、直接、有效地满足社会需求，为复杂问题找出解决方案"。但最后，他仍极其鼓励现代设计融合个人的创造力，认为学校这个场所应使"实验性的训练会在最大限度内得到实践，而每一个人的特征倾向也能得到悉心关注"[23]；因此，提倡设计"创意"（originality）贯穿教学始终，从一个梦境到一幅绘画，一切都能成为建筑设计的灵感来源；但"创意"并非凭空而来，而是对客观要求与条件认真调查研究、广泛观察、广泛参考，做出判断后，再自己制定设计任务书、

21 见罗小未、李德华的回忆，以及钱锋、伍江《中国现代建筑教育史（1920～1980）》中"带有包豪斯教学特点的上海圣约翰大学建筑系"一节，中国建筑工业出版社，2008年1月，P101～118；见本文集中钱锋、伍江"圣约翰大学建筑系历史及其教学思想研究"。
22 Henry J. Huang, The Training of an Architect, 1947～1948 年，黄植提供。
23 同上。

设计方针与经过构想而进行的设计[24]，他要使学生意识到，实践中的"种种限制，也正意味着一场对自己独创性和想象力的全新挑战已经展开"[25]。

当代的建筑 vs. 风格的建筑

黄作燊竭力反对以"风格（Style）"讨论建筑，并始终坚持现代建筑"不能简化为一种固定的风格"（rather than 'simply a rigid style'）[26]。这显然也来自于西方现代主义建筑思想的影响。在《走向新建筑》中，勒·柯布西耶"给建筑师先生们的三项备忘"中的每一项的开篇都写到："建筑跟各种'风格'毫无关系"，并强调"建筑有更严肃的目的"[27]。然而还要看到，摆脱"风格"的建筑学对于黄作燊来说，一方面是与西方现代建筑师抨击学院派和"复古建筑"（period architecture）的立场一致，另一方面也转换为对当时国内建筑教育和建筑实践状况的批判，其中最有意义的不仅是他反对以"中国外观"和"西洋室内"拼接出来"民族复兴式"建筑，而是直指把现代建筑当做一种新"样式"的肤浅认识。为此，他非常不愿意用"modern"一词，以示与被用滥了的"摩登"一词区别，他尤其听不得"modernism"和"modern style"这些词加在真正的现代建筑头上，宁可用"contemporary"代替"modern"，因为"contemporary"是动态的，因为"现代建筑是一种精神、一种追求的目标，而不是世俗认为的是一种'程式'，一种'流派'"[28]。

在约大，黄以摆脱风格思维的"当代建筑（contemporary architecture）"概念，作为建筑学教学理念的核心，这应该直接来自他在哈佛的经验。当时哈佛的研究生课程体系是在格罗皮乌斯和赫德那特主持下确立的，传统的构图理论课（course on theory of composition）几乎完全被关注建筑的功能、技术和社会问题的设计课程替代，并着重适应社会需求的职业培养。为这一全面改革，院长赫德那特还专门设了建筑科学系（the Department of Architectural Sciences），提供一套四年制的本科建筑学教学课程，既作为研究生学习的准备，也同时对其他人文学科开放，而这些课程着重于大学基础教育和建筑学基础教育，并特别强调"思维与想象的习性（habits of thought and vision）"的培养。同时，在格氏推动下，GSD的工场（workshop）得以建立，为学生提供了通过工艺训练的实际操作认识掌握材料和建造技术的实践场所[29]。虽然，黄作燊不可能经历所有课程环节，但对这样的培养思路、教学设置和教学方法一定是印象深刻的。可以说，这是包豪斯创建的全新设计基础教学，与美国实用

24　见本文集中，罗小未、李德华，圣约翰大学最年轻的一个系——建筑工程系。
25　同22。
26　见本文集中，樊书培对黄作燊先生的回忆。
27　勒·柯布西耶《走向新建筑》，陈志华译，陕西师范大学出版社，P.23、33、43。
28　见本文集中，樊书培对黄作燊先生的回忆。
29　Anthony Alofsin, The struggle for modernism: architecture, landscape architecture, and city planning at Harvard, W.W.Norton and Company, 2002.

主义传统下的建筑师职业培养目标相融合的一套教学体系，约大开创的教学，正是基于这个框架。

基础教学

可以想象，在当时国内众多院校仍然沿用基于历史经验和古典美学原则的"布扎"教学体系的情况下，约大的基础教学显得格外"另类"，却与源自包豪斯的最具创新意味的"基础课程"（Vorkurs）相当一致，突出对学生"思维与想象的习性"的培育，以及"从做中学习（Learning by doing）"的能力培养。从钱锋和伍江关于约大设计基础教学的详细论述中我们可以梳理出[30]，基础训练的形式基本分为两类：一类是材料（建造）工艺训练，培养学生获得材料及建造工艺的科学认知，并探寻其形式表达的各种可能，最典型的就是"pattern and texture"设计作业；另一类是各种绘画训练（素描、色彩、建筑画、抽象画等），培养学生超越以往任何经验模式的观察、发现以及想象力发挥，探寻形式创新的一切可能，由此，像"恶梦"、"春天"这样的命题，或者对熟悉事物的"另眼"观察和抽象表达，都是这种设计训练的典型方式。

事实上，理解包豪斯基础课程创建过程的复杂性，应更有助于理解黄作燊探索基础教学的丰富性和独特性。包豪斯时代的"基础课程"经历了从伊顿（Johannes Itten）到莫霍里·纳基（Moholy Nagy）和阿尔伯斯（Joseph Albers）的发展过程，课程教学集中在关于材料、色彩和形式的训练上，但伊顿强调排除各种外界影响、完全基于个人心理世界的创造性表达，带有浓重的神秘主义色彩，而后两者转而关注与现实相关联的创造力培养，莫霍里·纳基以抽象绘画和材料构成引导学生发现一切事物的"新景象（new vision）"，以及与机械时代和所有生活设施的连接途径，而阿尔伯斯的训练则以强调材料、工艺和功能在根本性关联中建立新形式的可能。所以，这一探索过程，也是包豪斯经历从表现主义（Expressionism）向新客观性（Neue Sachlichkeit, New Objectivity）转变的过程[31]。

应该说，约大基础教学中的"pattern and texture"很接近阿尔伯斯的课程，而绘画训练又带有伊顿的教学特色。关键在于，黄作燊能透彻把握的是，包豪斯基础训练的根本，是离开风格的全新思维和操作能力培养。所以他很清楚，比如运用新技术是现代建筑的一大课题，但关键并不在于新技术本身，而是对于材料和工艺的开创性实验。他这样引导学生思考材料和建造问题：

学生们必须明白，建筑依赖于材料和建造本身的性质与特征，一幢房屋，无论是用木材、砖块、石材，还是用混凝土或钢材建造，都可以具备有机统一的品质特征。建造中使用的所有材料都应一视同仁；材料使用得恰如其分，是指它适合一定的建造目的，而绝非是这一材料本身的独特性质如何突显。任何对某种材料的偏见或抵触显

30　同 21，见本文集中钱锋、伍江"圣约翰大学建筑系历史及其教学思想研究"。

31　详见 Rainer K. Wick，Teaching at the Bauhaus，Hatje Cantz Verlag，2000。

然都是毫无道理的。学生们应当全面学习各种建筑材料的相关知识和适用途径[32]。

黄作燊设置的两个相关设计训练最有启发意义：一是"垒砖实验"，学生通过对于砖砌方式和墙体力学、墙体形式、质感表现以及空间围合效果之关系的推敲，既获得了材料特性的认识，又为熟悉的材料拓展了新的思维和形式，还将材料、建造与真实生活形成关联；二是"荒岛小屋"的就地取材设计训练，是一个既与固有建造经验保持距离，又与地域特性紧密关联的巧妙的课程设计。

设计教学

我们从"垒砖实验"和"荒岛小屋"设计课程中已经看到，黄作燊正有意识地将基础训练逐渐转换到学生面对具体建筑设计实践的职业能力的全面培养。这后一阶段的培养突出的是"建筑教学是试图从问题的本质入手寻找解决途径"的过程。这里希望通过对黄在哈佛研究生学习阶段几门代表性课程的回溯，使我们能够更好地认识其设计课程的教学组织和教学目标：

如，M. 瓦格纳（来自德意志制造联盟的建筑师）在哈佛主持的社会住宅设计课程，名为"场地与覆盖（Site and Shelter）"，要求学生理解人类生活空间的一般需要，包括通风、采光、采暖等舒适性的所有方面，学习如何使用大批量预制构件进行设计，如何离开"风格"思维、寻找技术和经济条件下的形式原型[33]。

又如，W. F. 伯格纳主持的课程名为"建筑设计的要素（Elements of Architectural Design）"，包括三个部分：1）建筑研习入门，2）空间和结构的构成，3）空间、结构和体量的整体规划。这是关于建筑设计创造性工作的拓展训练，引导学生通过一系列问题罗列和分析草图，教授他们用图纸和模型手段学习建筑设计的构图原则和表现方法。

还有，彼得（J. Georges Peter）主持的"房屋构造（building construction）"，是学习各种材料特性与建造可能的教学环节，包括建筑工地和建材店的材料类型和应用考察，强调训练学生关注材料特性和使用方式与建筑表达的关系，以及从技术角度如何运用材料的最佳途径。

而由格罗皮乌斯主持、布劳耶加盟并有其他教师参与的"建筑设计课（architectural design）"，则更全面地体现了研究生阶段的职业培养模式。这是关于建筑设计从问题研究到解决过程的综合训练，包括三部分：1）对项目中与各要素的功能问题相关的所有信息资料的收集；2）结构与设备的设计，包括计算和尺寸绘制；3）与资金和运作相关问题和解决途径；4）职业实践的相关问题和解决途径，包括设计文件准备和项目管理等[34]。

以此比照，约大设计教学中强调问题分析、过程意义和解决问题之能力培养的种

32　Henry J. Huang, The Training of an Architect, 1947～1948 年，黄植提供。

33　同10，P.140。

34　Harvard Register, The Graduate School of Design, with courses of instruction, 1939～40, GSD Archive, P42.

种意图，就能更加清晰地为我们理解：无论是"荒岛小屋"设计，妇产科医院设计，还是居住区规划甚至旧区贫民窟改造[35]，学生们要学会的是，如何完整而系统地调查、认识并列出使用者的各种需要和建造的所有可能条件，如何寻找最适宜而恰当的技术途径，形成合理方案，并如何通过职业人的社会组织和协调能力，使设计最终实施。而这个过程的背后始终贯穿的另一指导思想是，"种种限制，也正意味着一场对自己独创性和想象力的全新挑战已经展开"。

不过我们还是不能忘记，黄作燊是反对称现代建筑为"功能主义（functionalism）"的说法的，他认为"注重功能是建筑设计的一个根本出发点，而不是归结；是原则，不是手法"。他甚至对"把现代建筑称之为'国际式'（International Style）深痛疾恶"，认为"现代建筑摒除的是无为的装饰，只要它真实地反映了它的使用功能，合理地使用了当时当地的材料，符合了当地的环境等等，那么它一定是'本地的'而不是'国际的'"[36]。

事实上，黄作燊所谓的使用功能，既包含物质的，也包含精神的，无论是包豪斯的"新客观性"，还是美国的实用主义，都不能完全代替对他建筑思想的真正解释。至少，我们先用黄的老师、也是好友的 M. 布劳耶的话，来进一步探究他对现代建筑的认识。布劳耶在到哈佛任教不久的 1938 年，举办了他"独树一帜"的现代建筑作品展，他对作品的解释是，"现代形式并不依赖钢、玻璃、混凝土以及悬挑阳台，现代建筑基于一种心智活动（a mentality），是一种引向计划的途径（an approach to planning），而非依靠某种技术"[37]。不过黄作燊更有另外一种超越，这种超越既来自他的敏锐洞察，更缘自他的文化底蕴，并在他的空间思想中表现得尤为突出。

建筑的空间艺术

"空间是现代建筑的核心（Space is the core of modern architecture.）"[38]，这是黄作燊建筑思想的又一关键主题。空间概念既是现代建筑艺术的基本特质，也是其建构设计教学方法的思维工具，进而还是建筑跨文化交流的媒介。这些相关讨论或许在今天已不再是陌生话题，但黄在 20 世纪 40 年代就已经开始，并渗透到设计教学中，无疑是我们的思想先驱，更何况他以空间概念博通众艺，即使在今日的建筑界也少有这样的视野和睿智。因此，笔者特愿将这一话题作独立讨论。

黄作燊首先将"空间"概念从认识论推向设计方法，在将学生引入"由内而外进行系统化的规划和设计"的实践时，他强调设计在开始就要学会"考虑每个房间的目的和要求，并以科学的方式回应每一种需要，例如：空间容量、新鲜空气、通风条件、

35　同 19。
36　同 23。
37　同 10，P. 145。
38　同 29。

照明状况（包括自然的和人工的）、声音和声学效果。同时，各个房间的安排必须形成恰当的关联性"。那么，如何依据这些需要确定房间及其关联性？基本途径就是空间组织。他解释到，与历史上的建筑相比，现在的"建筑构思设计是以围成容积的形式（in terms of volume）——平面和表面围合而成的空间（space enclosed of planes and surfaces）——展开的，而不再基于体块和体积（mass and solidity）"。

这种对建筑的"空间认识"，应该来自当时西方建筑理论家对现代建筑的全新解说，尤其与希奇科克（Henry Russell Hitchcock）和约翰逊（Philip Johnson）对现代建筑形式原则之一"建筑作为容积（architecture as volume）"的描述十分接近[39]。当然要看到，围绕空间话题，现代建筑理论家的具体学说和现代建筑师的具体设计手法，是各有不同且十分丰富的。对于黄作燊，我们要关注更广泛的影响，首先是 G. 吉迪恩的空间理论。自 1938 年至 1939 年间，吉迪恩因格罗皮乌斯之邀在哈佛作系列讲学，两年后成就了他基于讲座整理出版的《空间、时间与建筑，一个新传统的成长》，迅速传播，甚至成为"每个建筑学生枕边的宝书"。我们无法确定黄作燊是否走进过吉迪恩的课堂，但他深受吉迪恩著作的感染是少有疑问的，他不仅将此书直接纳入约大的建筑理论课程学习中[40]，而且，吉迪恩以揭示现代建造技术和现代抽象艺术间的共同特征，引出全新的建筑体验——空间的渗透，黄对此一定是领会深刻，甚至应用自如。

在这个黄作燊接近而立之年为其兄长黄佐临的苦干剧团演出剧目《机器人》所做的舞台设计中（图 5），他的设计才华已显露无遗，而一种独特的空间渗透感，正是该作品中最夺目之处[41]：借鉴西方现代抽象艺术语言，舞台各要素的构成首先相互独立，然后通过离散、层叠或悬置，组合出该剧的特定环境。结果是，除了帷幕上可识别的世界地图外，传统舞美的具象场景、中心感、稳定性以及重力感均被一一消解，元素的并置和背景的深远还使透视学的逻辑不复存在。而最重要的是，当剧情和表演融入这个静谧陌生的场景时，空间的流动与渗透便会凸显，舞台因此充满寓意。或许，我们可以包豪斯的莫霍里·纳基（Moholy Nagy）所探讨的"建造练习（exercises in construction）"基础课，再来进一步体会《机器人》所隐含的空间设计语言："建造练习"依据对身体和空间的系统研究而建立，处理各种材料的训练指向一种"从静态处理到运动"的指导原则，其中要考虑到建造、考虑到稳定的和运动的因素以及空间和平衡等问题[42]。而且，与柯布强调形式秩序的原则以及与路斯的"空间设计（Raumplan）"不同，莫霍里·纳基事实上脱离了"体量"与"围合"的限制，因为在他看来，"如果一个体量的墙面向着不同方向离散出去，空间的模式或空间的关系就产生了"[43]。《机

39 Henry Russell Hitchcock, Philip Johnson, The International Style, Architecture since 1922, W.W. Norton, 1997, P.40.

40 此书被列入约大建筑理论课程的参考书中。见钱锋、伍江《中国现代建筑教育史（1920～1980）》中国建筑工业出版社，2008 年 1 月，P.110。

41 设计背景详见本书相关内容。

42 Rainer K. Wick, Teaching at the Bauhaus, Hatje Cantz Verlag, 2000, p154.

43 Adrian Forty, Words and Buildings, A vocabulary of Modern Architecture, Thames and Hudson, 2000, P.257～258。莫霍里·纳基的设计思想从他 1928 年出版的重要著作《新视界》(The New Vision) 中有更细微的阐述。

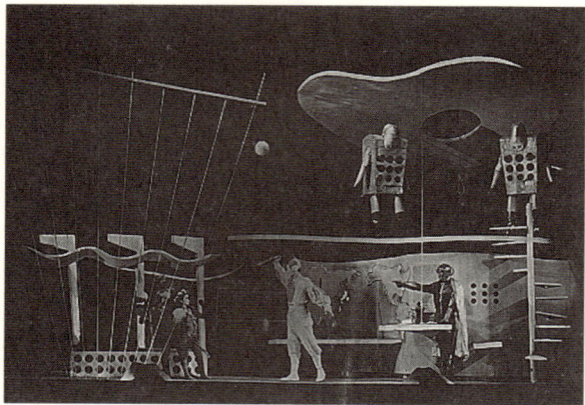

图 5　黄作燊为讽刺剧《机器人 (Robot)》的舞台设计，1944～1945

器人》让我们看到的，的确就是这样一个"身体和空间的系统"。

以吉迪恩的空间理论，密斯（Mies van der Rohe）的"流动空间"无疑也是现代主义建筑最有吸引力和启示性的。但需要看到的是，这种影响产生的作用是多样的。与 20 世纪 50 年代后期冯纪忠先生发展的"空间设计组合原理"相比，黄作燊并没有将"空间"问题的探讨综合成为一套比较系统的、可直接应用的设计方法论，对黄作燊来说，空间与其说是组织建筑的设计工具，不如说更是一种由设计带来的、引发情感体验的艺术。黄的独特性在于，他能善于将各种思想和设计吸收过来，并在他自己的历史知识和艺术认知中融会贯通，再以富于启发性和感染力的方式贯彻给学生们。

如果说，黄作燊以空间认知将建筑与各种艺术链接，仍是受到西方现代主义建筑空间理论的影响，那么，他以空间穿越历史文化的思考，进而使我们传统文化中的空间艺术"当代地"再现，则是他最富智性的贡献。在讲解密斯的巴塞罗那博览会德国馆时，他不仅引导学生欣赏"流动空间"，而且引出"spacious"这个概念，意指游向深远之境，并与他极为欣赏的中国山水画的"气韵生动"联系起来，因为正是"spacious"使它们彼此相通。此外，由于深谙传统戏曲艺术的语言，他还以"京剧表演中摹拟场景演员的活动，如'空城计'、'三岔口'，特别是盖叫天的表演"，来启迪学生"如何去理解京剧艺术是怎样去诠释空间的……深刻地认识一个建筑师怎样去借鉴，去体验……在我们对建筑空间的内涵和表达方面的意义"[44]。可以说，在《机器人》舞台设计中，我们既能读出西方现代派抽象艺术的空间语言，也能联想他所痴迷的京剧舞台艺术，因为在两者间，组织"身体和空间的系统"有着一样的简约、抽象和灵动。

不止如此，对黄作燊来说，空间既是博通众艺的概念，又是打通从室内、建筑、园林、城镇街道以及到自然景观甚至更大区域范围，使空间成为连接所有建成环境与自然环境的媒介。因此，在他眼中，北京天坛的轴线气势（approach），南京明孝陵既顺应山

　　44　见本文集中的"刘仲回忆黄作燊先生"。

图 6　同济教工俱乐部全景

势又充满威仪，以及明代文人园林中住屋之幽僻，都是中国空间艺术的杰作，而在现代人的生活中，又何以不能再将传统文人的空间情趣融入进来[45]？

　　在这样的语境中，我们可以再来阅读我们既熟悉又陌生的同济教工俱乐部设计。这座由黄作燊的第一届约大毕业生、当时已是同济骨干教师的李德华与王吉螽先生于1956年设计完成的、造价低廉且外观朴素的两层楼建筑，正是他现代建筑教育思想的直接实践成果，其中最突出的，就是其空间艺术的丰富呈现（具体见本文附录中的叙述与图示）[46]（图6）。两位设计师告诉我们，在教工俱乐部的设计中，平面选择了展开的布局，既是有利于功能分布和结构简化，但"主要是为了达到设计者对空间组合的意图"，"不论是平面的布置、或内部的处理都叙述了设计者对空间的认识和塑造"；而我们可以进一步阅读的是，这一"去中心"的自由布局，不仅隐含了西方建筑师空间流动与空间渗透的设计语言，更是把江南民居的灵动、江南园林的情趣融入其中，使现代人日常生活的诗意由此而生。对黄作燊来说，住宅归根到底不只是"居住的机器（a machine for living in）"，而应是融入文化记忆和生活意趣的现代空间，教工俱乐部正是在实践他的这一生活理想，就如李德华真切地说到，"我是他的手和口……我能领会老师的意图和思想"[47]。

建筑学的跨文化思考

　　毫无疑问，黄作燊的现代建筑空间认识论，不仅拓展了建筑艺术的范畴，更是引出了建筑学的跨文化讨论。而且，黄还以特有的对现代建筑的理解力和对传统文化的

45　黄作燊关于中国空间艺术的精彩讨论，详见本文集 Henry Huang, Chinese Architecture。
46　见李德华、王吉螽，"同济大学教工俱乐部"，《同济大学学报》1958年第3卷第1期。
47　见本文集"李德华先生书信"。

感悟力，将那种关于"中国与西方"、"现代性与民族性"的文化对立，在一种新的认知中开始消解。

我们并没有太多的史料得以了解黄关于中国传统文化的丰富认知和深厚情感是如何形成的，但黄独特的跨文化思考，在 20 世纪 40 年代末的"论中国建筑"的演讲中，就已有不少富有启迪性的展开。作为其同时代知识分子中的一员，黄具有极为深重的民族情结，明确指出建筑教育要响应当时的宪法精神，"始终如一地坚持民族性、科学性和大众化"[48]。面对外来影响，黄强烈批判"我们过于急切地将这些西方建筑艺术当成了进步的标志"，并"着实为我们抛弃如此众多自己的文化遗产而深深遗憾"。但同时，他却并不认同当时建筑界的民族主义表达，明确反对"中国复兴式风格"，认为"一种既能回应现代要求、又仍应忠实于我们文化传统的当代中国建筑，是无法轻易地以'中国外观'和'西洋室内'拼接而成的"。

黄作燊对中国建筑文化的思考有其独特之道。他喜用托马斯·杰克逊爵士（Sir Thomas G．Jackson）[49]关于"建筑学不在于美化房屋（beautifying buildings），相反，它应在于如何优美地建造（building beautifully）"定义建筑学，却又指出，"一座房屋（a building）通过建造诗学可以升华为建筑艺术（architecture）"是一个西方概念，而李诚的"不朽之作《营造法式》"也不能构成对中国建筑的完整认识。在他看来，是"两种彼此独立的力量在创造'中国建筑'"，一面是工匠建造，另一面是文人智性的融入；虽然我们的传统文人对建筑艺术的提炼"有一种不经意的特质"，未能成就西方阿尔伯蒂《建筑十书》这样的论著，然而，孔子应是"建筑艺术"大师，因为紫禁城正是他礼制思想下的建筑杰作，而李渔、程羽文和曹雪芹们也是，因为正是他们让园林成为充满诗性的场所[50]。

黄对历史的包容和尊重，既缘于他在传统文化的浸淫中塑就的文人情怀，也仍与他的西方学习经历有关。欧洲的历史文化氛围无疑为他着迷；在他所阅读的众多建筑文献中，几乎没有一个作者不是展开对自身历史文化的重新阅读再来思考建筑问题的。在当时的哈佛，院长赫德纳特的"当代建筑"课程，直接让学生看到了"一个现代主义者和历史学家并不存在冲突"，他的历史教学不罗列素材，而是"关涉广泛且耐人寻味（broad-based and ruminative）"[51]。黄对建筑学的跨文化视野以及对历史的"陌生化"观察，是否也来自这样的启示，而这于当代中国建筑，也是意义极其深远的。

48　Henry J. Huang，The Training of an Architect，1947～1948 年，黄植提供。"宪法"指民国时期的《中华民国宪法》。1946 年 12 月 25 日，国民大会通过，1947 年 1 月 1 日由中国南京国民党政府颁布，建立"民有，民治，民享"的"民主共和国"。

49　Sir Thomas Graham Jackson，1st Baronet（1835～1924），英国建筑师，其同时代英国建筑界最有影响的人物之一。大量作品建于牛津。与诺曼·肖（Norman Shaw）共同编著出版 Architecture，A Profession or an Art，对推动英国通过《建筑师（注册）法 1931～1938》起直接作用。

50　Henry Huang，Chinese Architecture，1947~1948 年，黄作燊之子黄植提供。

51　同 10，P.142。

结　语

本文的讨论已显冗长，但相关的历史追溯和思想解读还远未完成。黄作燊以特殊的经历，以超越常人的悟性、渊博和满胸抱负，将西方现代建筑思想和建筑教育引入中国，使其传播、发展并将其融入我们自身的文化记忆之中，这对于同济建筑教育的成长、对于推动中国现代建筑教育的进程，都有着不可替代的历史作用。

然而，从一个充满社会理想和创新活力的近代大学教学机构创办人，到一个谦恭温和的新中国大学的建筑系教授，再到一个遭遇时代政治运动和意识形态重压的中国知识分子，黄作燊无疑也是我们 20 世纪建筑史上的沉重一页。与许多中国知识分子在文革时代的遭遇一样，在新中国，黄作燊带着培养的新人的建筑教育事业刚刚开始，就被一次又一次的政治运动压抑了，而他的晚年，已充满了无法抹去的悲剧色彩；他的时代精神和爱国情怀伴其终身，他的悲剧色彩也就更加浓烈。据后代回忆，在生命的最后两年，当接到学校要求翻译英国人李约瑟编写的《中国科学技术史》任务时，其父亲"忽然精神非常振奋"，"工作热情就像铁树开花"[52]。可以理解，这是一位热情与理想已被政治运动重压得几近殆尽的人又看到了自己的才情和国家、社会之间还有最后一点维系时流露的兴奋，而这种兴奋带给后人的，却是更深的悲情。

黄作燊去世时离自己 60 岁生日还有两个多月，离文革结束只有一年多的时间。

（衷心感谢钱锋、黄植、李华、范凌、赵冬梅以及伦敦 A.A. 的 Edward Bottoms 为本文写作提供或查阅资料）

（卢永毅：同济大学建筑与城市规划学院建筑系教授）

附：同济教工俱乐部的空间艺术

1956 年，刚过而立之年的两位同济青年教师李德华和王吉螽，设计了这个为同济教工聚会活动用的，面积仅为 918 平方米的活动中心。应该说，这是黄作燊贯彻其现代建筑思想的最有代表性的实践成果，其中最需要认真解读的，就是其独特的空间艺术的丰富呈现。

两位设计师一开始就解释到，同济教工俱乐部选择展开的布局，既是有利于功能分布和结构简化，但"主要是为了达到设计者对空间组合的意图"，"不论是平面的布置或内部的处理都叙述了设计者对空间的认识和塑造"。具体来说，教工俱乐部的空间

52　参见本书黄次子黄渤济的回忆。

1. 入口
2. 门厅
3. 楼梯间
4. 门卫
5. 活动室
6. 舞厅
7. 小花房
8. 辅助用房
9. 弹子房
10. 小吃部
11. 休息室
12. 庭院

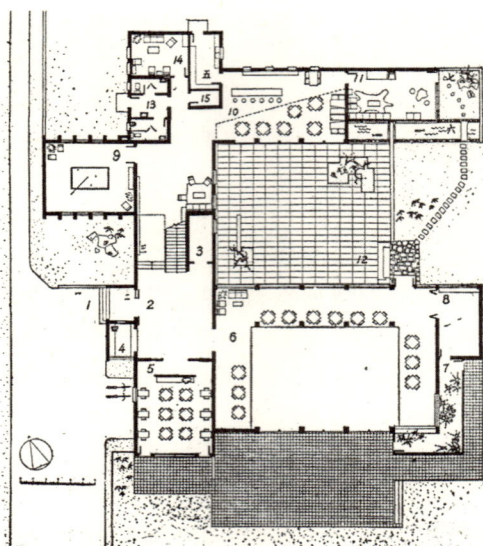

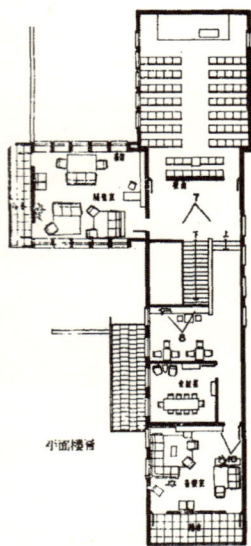

图 7a　同济教工俱乐部一层平面　　　　　　　　　　　　　图 7b　同济教工俱乐部二层平面

塑造是以这样一些设计策略展开的[53]：

首先是，从底层平面看，连接各个功能空间的门厅及延伸的交通空间是融为一体的，这使通常的"交通道"或"走廊"的感觉消失，目的不仅使"交通面积转化为有效面积"，更重要的是，使其起到"沟通建筑空间并引伸建筑空间的作用，使建筑物的内容更为丰富更有趣味"。因此，走进俱乐部，通常门厅设计中明确的轴线感和主次格局是不明显的，空间显得亲切而随意，呈现通往多个方向的可能性。门厅两个地方的处理突出地体现了空间的"沟通"和"引伸"关系，一是主楼梯的踏步做成透空，以使引向后面小吃部的视线与运动流线毫不遮挡（图 7～图 9），二是楼梯旁的墙，由底层垂直延伸至二层，但不到二层的顶，而是与二楼开敞交流空间的栏板墙连接（现在已被封成房间），这样，楼梯上下既贯通又开敞，以使"视线所及，就会感到四面八方均有无尽的空间"（图 10）。

其次是，由于俱乐部内部功能的多样性和使用的开放性，设计师巧妙地利用这个特殊性"使建筑物的空间并不停留限制在所谓'房间'之内而达到贯通流畅的目的"。这样，底层门厅与多个功能空间之间在最初的设计中是没有门框门扇相隔的，从入口进入门厅能直接引入舞厅和活动室。门厅与南面活动室的"密肋"天花是连续的，由不到顶的屏风形成空间的分隔与引导。门厅延伸至楼梯背后的空间与北面的小吃部之间的门框也取消了，以使门厅与此不在"感觉上中断"。而且，因为这种空间延续的处

53　以下关于俱乐部设计的引文，都出自：李德华、王吉螽，"同济大学教工俱乐部"，《同济大学学报》，1958 年第 3 卷第 1 期。

图 8a 门厅、楼梯现状
（段建强摄）

图 8b 透空楼梯细部
（段建强摄）

图 10 楼梯、墙面延伸至二层平
台（段建强摄）

图 9 门厅、楼梯效果图，1956

图 11 门厅转入小吃部的空
间引导透视图，1956

理仍"尚不够有力"，门厅与小吃部之间还采用同样材料、色彩和标高"来加强"空间
的联系（图 11、图 12）。

再有就是俱乐部与室外尤其是若干庭院的空间渗透关系。对于舞厅，南立面是大
片落地门，室外大平台与舞池同一标高，成为舞厅的延伸空间，舞会热闹时可从室内
跳到室外。东南端供教师们陈列花卉的曲尺形花房又是舞厅的另一个视觉延伸。庭院
与室内空间的关系更是设计师用心所在，他们吸收了江南传统民居的空间特征，使庭
院"各有它们隶属的室内空间，使这些房间的活动可以引伸到室外去"。这里可以看到，
一方面庭院体现了"从这些房间举目外眺，景致亦各不同"的传统手法，但同时，为
形成庭院空间的围墙设计及其与建筑的关系处理，又显然是有别于传统的。

建筑的入口处、西北面、舞厅与北向的休息室之间以及休息室的东端，都有围墙
形成庭院，这些围墙都设计成建筑墙体的延伸，既起到围合空间的作用，但同时又明

图12 小吃部室内透视图，天顶设计暗示了引向休息室的"过道"，通透的南立面可与庭院融为一体，1956

图13 休息室前的庭院围墙，围而不隔，创造内外有别的庭院景观，1956

图14a 内庭的空间沿着舞厅的北墙向外渗透，强化了空间的流动感（设计草图，1956）

图14b 内庭的空间沿着舞厅的北墙向外渗透，强化了空间的流动感（庭院现状）

显体现出从建筑中心向外延伸空间的趋向（图13）。如对于形成舞厅与小吃部之间内院的围墙，设计者并未开设漏窗或月拱洞，而是"采用了墙的尽端不与舞池相交接的中断方式；由于舞池墙面的向东延伸，而引起约束在内庭的空间沿着舞池的墙面向外冲出的感觉。如此，对于空间流动的倾向，可以更加强烈（图14）。"还有，小吃部东面休息室的内外空间设计是最为细腻的：东端的独立围墙"是休息室不可分割的一部分"，休息室"随时有向外引伸扩展的感觉"，而休息室南边以"一泓清水为界"，使其"虽无屏障阻隔，但亦会产生整片透明面的幻觉"（图15、图16）。这里，内与外、墙与院、水与玻璃以及通透与围合所形成的丰富感受，既让人感到中国传统园林的趣味，也明显看到了密斯巴塞罗那博览会德国馆的影子。

　　显然，在俱乐部中，空间的流动并非只是视觉的，而是与人的身体与视觉运动共同生成的，建筑师明确认为，建筑艺术"需要的是由外向内，由内向外，随着人的流动，视界的转换，来创造美的条件"。也因此，俱乐部的大部分功能空间都不是稳定的围合

图 15　休息室的内与外、墙与院、水与玻璃以及
通透与围合（一），1956

图 16　休息室的内与外、墙与院、水与玻璃以及通
透与围合（二），1956

空间，室内家具布置或者是门窗设置本身往往就暗示着一种空间的引伸或流动，这些构想也许在设计师的这几幅室内效果图中表达得最为充分。设计师有这样一个强烈的认识，功能布局和建筑形式的确定并不是设计的全部，只有将室内空间的使用方式和使用品质与其他设计方面同时协调完成，才是完整的建筑设计。

从一组早期校舍作品解读圣约翰大学建筑系的设计思想

钱锋

上海圣约翰大学建筑系（1942～1952）是中国近代建筑史上最早全面引进现代建筑思想的教学机构。建筑系创始人黄作燊曾师从现代主义大师格罗皮乌斯，1939 年追随其从伦敦 A.A.（Architecture Association）学校到哈佛设计研究院，深受新建筑思想熏陶。他回国后创建上海圣约翰大学建筑系，进一步宣扬现代建筑思想，培养了一批具有新思想的建筑师和建筑教育者（图 1），他们共同成为开辟中国现代建筑之路的先锋，为现代建筑思想在中国的传播、融合与发展发挥了重要作用。

但是圣约翰大学建筑系的设计思想具体情况如何，除了注重功能和结构等这些最为基本的现代主义的特点之外，是否还存在其他更为独特和丰富的思想？长期以来由于其相关设计作品不多，这方面一直缺乏深入全面的研究。目前已有的解析其设计思想的研究相对集中在该系师生并入同济大学后于 1956 年设计建成的同济教工俱乐部[1]。虽然这座建筑是当时这些开拓者的精心实验之作，集中体现了他们所追求的现代建筑思想，但仅此一座建筑对于全面深入地探索他们

图 1　上海圣约翰建筑系学生们（其中右四李德华，右一王吉螽）

1　卢永毅教授曾发表研究文章《"现代"的另一种呈现——再读同济教工俱乐部的空间设计》，笔者在拙著《中国现代建筑教育史（1920～1980）》中也曾有所提及。

的思想仍然显得不够。

其实在同济教工俱乐部之外，圣约翰师生还有一个不太为人熟知的早期作品，那就是 1951 年在济南建成的原山东省中等技术学校校舍[2]。笔者近期考察了该组建筑，查询了档案资料，并访谈了当年的设计人，发现这个作品对于探索圣约翰师生的设计和教学思想具有重要价值。它在某种程度上是同济教工俱乐部的前奏和实验。对于该作品的分析，不仅可以发现设计者丰富立体的现代思想，而且能进一步看清其思想发展脉络，并探明其中深层的西方及中国传统渊源。

山东省中等技术学校校舍概况

山东省中等技术学校于 1951 年成立，初名为"山东工业干部学校"，1950 年代筹建学校时，圣约翰大学建筑系师生为校园进行了整体规划，并设计建成了其中的食堂（图2）和两座宿舍楼（图3）。后来由于 1952 年之后"学习苏联"浪潮下追求民族形式的兴起，学校对校园规划进行了调整，其他建筑并没有按照原计划实施，因此该校只有之前建成的三座建筑为圣约翰师生手笔。

图2 山东省中等技术学校食堂

图3 山东省中等技术学校宿舍楼

从当年建筑设计图纸的签名及图章可见，其设计者为"工建土木建筑事务所"（图4）。该事务所 1951 年由黄作燊等人共同成立，其主要设计人员除了黄作燊外，还有圣约翰毕业生、时任该系助教的李德华、王吉螽（图1）等人。在设计图纸上也多处看到这三个人的签名。据王吉螽先生回忆，设计是他们集体讨论的结果。考虑到三人本来就有师承关系，因此本文将他们作为一个设计整体进行思想研究。

图4 "工建土木建筑事务所"图章

目前食堂和两座宿舍楼仍然存在，但是长年的不良使用和

---

2 后改为山东机械工业学校，现为山东建筑大学分部。

改建搭建，已使其面目全非。而且这些建筑不久将被拆除，因此又曾相当长一段时间处于废弃及部分拆除状态，无人问津，致使杂草重生、垃圾堆积，破败不堪。但所幸基本躯壳尚存，仍可依稀辨认出当年模样，为研究设计者的设计思想提供了宝贵线索。

校舍建筑丰富而独特的现代特点

整体来看，宿舍楼和食堂这几座建筑都具有注重功能、结构和经济、外形简洁等众所周知的现代建筑基本特征。设计者在接受笔者访谈，解释当年的设计意图时也往往从功能角度出发，可见实用性是设计的一个重要出发点。

先看宿舍楼，在总体层面上（图5），两座建筑主要入口都位于东南部位，迎向从食堂及教学区方向过来的主要人流，流线清晰顺畅；从建筑单体（图7）来看，内部设计也非常合理：串接主要房间的走廊分别在入口门厅处、转角休息处及盥洗间门前设置放大空间，符合这些节点人流交汇、具有暂时停留的特征；宿舍楼的每间寝室的长宽尺寸以及开窗的位置都是按照家具最紧凑的布置方式确定的（图6），体现十足的功能主义特点。同时，设计者还针对寝室和盥洗卫生间的不同要求分别设置了可引入充足光线的大窗和私密性良好的高窗。

寝室窗户的分隔和使用方式也十分独特（图8）。具有现代感的横长形窗玻璃的窗扇并非通常的矩阵状均匀排列，而是中间一列三扇较大，两边两列四扇较小。两边的下三扇玻璃组成平开窗，而中间一列的上、下两扇窗则为上弦窗，其余为固定窗（图9）。这样在晴朗的天气，可以开启两边平开窗，获得良好的通风；如果下雨，则可开启上弦窗，防止雨水溅入的同时，保持一定的通风效果。这一灵活的开启方式，对于实际使用考虑得非常周到。

食堂设计也十分注重功能，同时兼顾结构和经济性的多重考虑。建筑将就餐区大

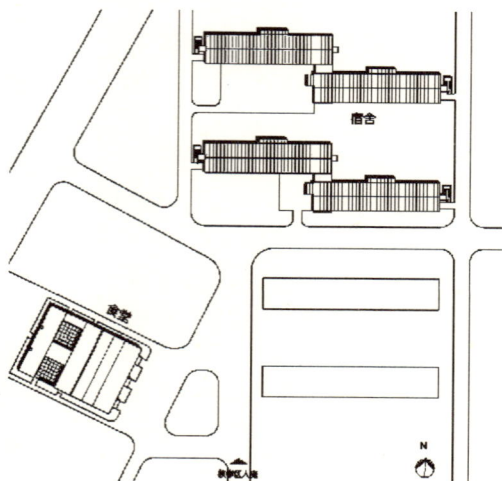

图5　山东省中等技术学校总图（左下为食堂，右上为两座宿舍楼）

图7 宿舍楼平面图

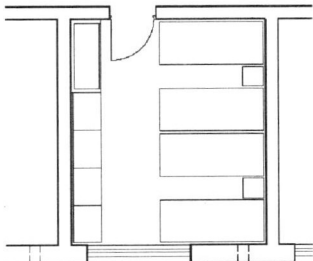

图6 宿舍楼寝室单元

图8 宿舍楼寝室窗户

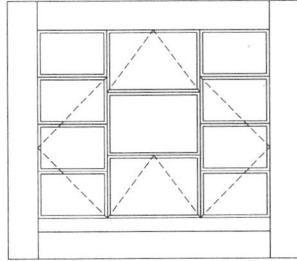

图9 宿舍楼寝室窗户开启示意

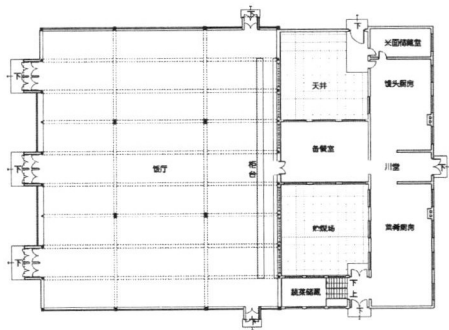

图10 食堂平面图

图11 食堂就餐区室内

空间体量与厨房备餐小体量部分通过天井分开，局部连接（图10），便于各种功能的顺利组织和运行。就餐区大空间采用钢筋混凝土框架结构，而厨房备餐区采用砖混结构，充分考虑了造价的节省。同时，为了解决大空间内部常会出现的通风采光不好的问题，设计者借鉴了厂房的设计方式，将中间一列框架升起，利用其两侧高窗采光通风（图11），使得如此庞大的空间内部十分明亮通透，通风良好，现代主义建筑所追求的健康的室内环境在这里得到了很好的体现。同时在造型方面，结构所采用的框架形式清晰地展现在侧墙之上（图12、图13），成为墙面肌理塑造的积极因素，体现了简洁而结构清晰的现代美学特征。

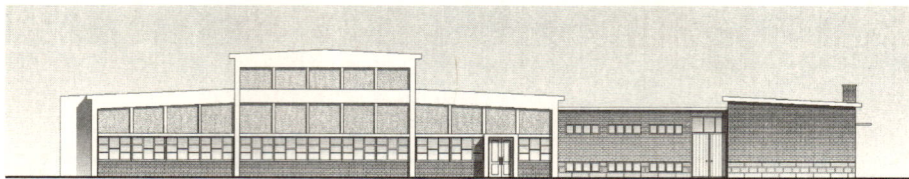

图 12　食堂北立面

图 13　食堂东立图

　　圣约翰师生所设计的这些校舍建筑具有注重功能、结构和经济、外形简洁等特点，不过这些都属于现代建筑的基本特点。在这些略显笼统和表层的基本解释之下，是否还有更为深入的角度来诠释建筑？是否能从中总结出黄作燊等人所探询的不同于同期其他中国建筑师的现代建筑手法？通过对建筑的进一步解读，我们发现作品具有流动空间、造型"风格化"和多种材质组合利用等丰富的现代建筑语言。

　　（1）流动空间的运用

　　学校宿舍楼具有"流动空间"的特点，这同时体现在楼群整体布局以及建筑细部处理上。从整个形体来看，长条形的宿舍楼在中间被打断，前后错置平移后形成"Z"字形体，在打破刻板的长条形立面而使建筑形体更活泼的同时，形成了几个交错的内院（图14），这几个内院空间恰好以角部斜切的方式相连，形成了流动的序列。

　　流动空间的手法还体现在建筑内部处理上。建筑入口门厅并非采用学院派常用的轴线正交处理方式——设置在南北短轴入口轴线上，而是从西南侧的前院进入西向门厅，一方面斜切连接前后两个交错的室外庭院（图15），另一方面斜切转入前后两个体块的室内主交通空间。这里所有的流线和景观序列都是斜向展开的，与古典学院派沿正交轴线布置空间序列的方式截然不同，体现了对现代空间序列的流动和渗透方式的实验探索。值得注意的是两个方向都将局部走廊放大，设置了没有门的休憩室，使得休憩室和交通路线之间的空间流动起来，丰富了公共空间的同时，也将室外空间景色引入进来。

　　此外，门厅东北部休憩室处让人看到了后面另外有一个院落，但是却没有设门让人走出去，人们若想到达后院需要绕北部走廊才能出去，这也是圣约翰师生所追求的

92

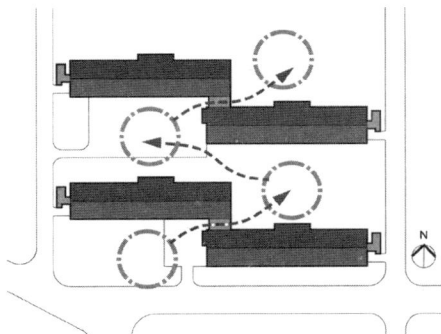

图 14 宿舍楼院落流动空间分析

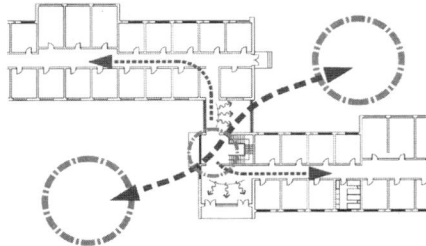

图 15 宿舍楼建筑内部流动空间分析

空间效果。王吉螽先生对此解释为：你可以穿透一些前景物体，看到或被暗示后面有更多的空间存在，引导你过去，但有时常常是无法直接过去的，需要转几个弯才能到达。人在这蜿蜒转折的过程中，视角不断发生变化时，可以体会到不同的空间效果[3]。这原本是中国园林的一种空间处理手法，圣约翰师生将之和流动空间理论相结合，塑造了多变而富有趣味的空间。

建筑"流动空间"的设想更集中体现在端部的室外楼梯和门廊处理上（图16～图18）。楼梯没有紧贴建筑，而是离开山墙一段距离，由一堵坚实的片墙凌空支撑起通透轻巧的梯段，二层走廊楼板成为一层出口的雨棚，与地面高起的几级踏步一起，共同营造出一个具有灰空间性质的底层入口。这个入口与后面的庭院在视线上是通透的，却由下面砌筑的矮墙在流线上进行了隔断，人在前面能看到后面的空间，却要从旁边绕过去才能到达。而在凌空飞跃的楼梯上则可以在几个转折处交错体会前后两个空间，使得在蜿蜒的路径中产生步移景异的效果。室外楼梯不仅形体空透轻盈，具有简洁的现代特色和抽象雕塑感，在空间渗透和流动处理方面也颇具特色，堪称建筑的点睛之笔。

为了更好地产生流动空间的效果，设计者在不少地方处理得十分独到而精心，例如为保持入口处雨棚和室内的顶棚连续无隔断，用顶面来引导流动空间，设计者将门上部的结构过梁上翻到二层楼

图 16 宿舍楼端部楼梯间

3　2009 年 11 月笔者访谈王吉螽先生。

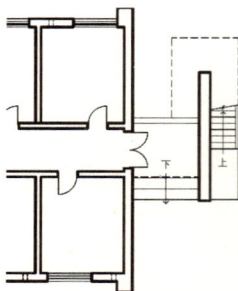

图 17　宿舍楼端部楼梯间平面　　　　图 18　宿舍楼端部楼梯间立面

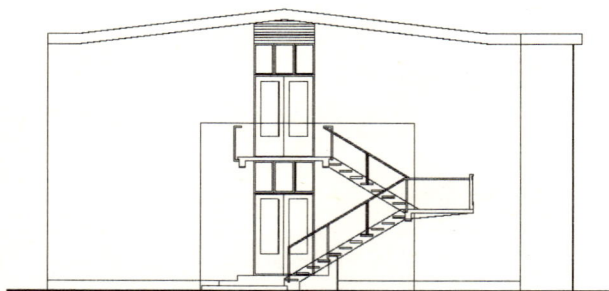

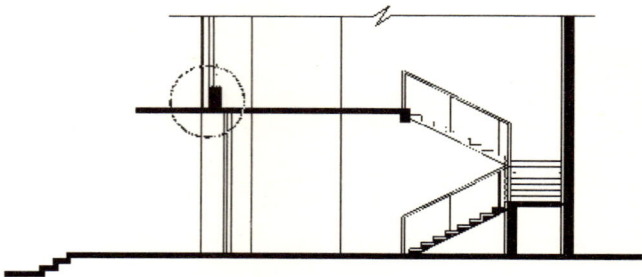

图 19　宿舍楼门厅结构细部

板之上，结合在墙体之中（图19），形成了一层平顶面一直向外延伸的效果。另外，南面休憩室支撑二层阳台的外沿过梁也采用了上翻的手法（图20、图21），减少射入室内的光线被遮挡[4]的同时，更使休憩室和平台空间顶部保持了面的延续。王吉螽先生解释说空间之间连续的界面可以引导空间的连续，因此他们常在两个相邻空间之间用墙、顶或地面连续的手法产生彼此空间的流动渗透。他还说如果这些面被隔断了，各个空间就会被封闭静止。可见设计者细致地解决局部的结构问题，其目的是为了追求不间断的，连续而平整的面与面的交接方式，以及与此同时产生的空间的连续和流动性。

（2）建筑造型"风格化"的手法

宿舍楼在形体塑造、立面处理等方面具有20世纪初荷兰"风格派"所开创的将"实体"消解为"面"或者"板"的手法。建筑体大多由片墙、片板进行看似松散的搭接，具有强烈的反古典实体的特色，体现出非稳定性、离散性和漂浮感的现代美学特征。

建筑主要由两个矩形体块构成，但设计者却故意在转角处将之处理成一个面的墙体微微突出于另一个墙面，同时屋顶也在主要立面上呈现为一片突出墙面的混凝土板。南面休憩室阳台部分板与板交接的构成方式尤其明显（图22），上下层的阳台和平台主要由两侧伸出的横墙限定，在离墙端稍稍退进的地方横插平楼板和阳台挡板，顶部则退离横墙端一段距离处延伸了屋顶的片状屋板，使二层休憩室在兼顾采光和遮阳的同

94　　4　王吉螽先生对建筑细部处理作了如此解释。

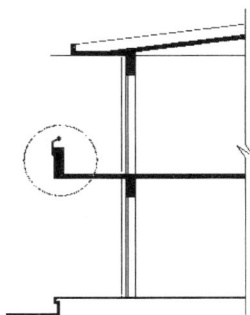

图20 宿舍楼休息室结构细部

图21 宿舍楼休息室处立面

时，在形体中突出了片状构件的交接方式。

这种片状构件相搭接的造型手法也进一步体现在山墙立面及宿舍单元立面的处理上(图23)。在这些立面中,设计者没有采用传统的在大片平整墙面上直接开窗洞的方法,而是将竖向窗带和竖向窗间墙用不同的色彩材质和空间层次区分开来。红砖清水窗间墙纵贯上下,再次体现出完整的板状构件特点;而灰色竖向窗带则微微退后于墙面,其中水泥材质的横墙与窗扇进一步构成几个层次面的组合效果。这些前后错置的竖向面层通过通体的三片水平向的板——屋面板、楼板、地板——而横向串织起来,使立面形成丰富统一的多层面板交织的视觉效果。

(3) 对"材质"的精心搭配及应用

建筑在造型方面还有一个特色,即运用多种质感的材料进行了精心的搭配和构图组织。设计者充分使用了当地有限的建筑材料:砖、水泥、玻璃、石材,将这些材料有机地组合起来,产生了丰富的视觉效果。

对于石材,设计者用乱石砌筑的方式做勒脚,用它粗糙的质感和其上承托平台的细腻的水泥抹面进行视觉对比;对于水泥,设计者分别将它分别做成抹平的细腻质感

图22 从南面休息室看过去的宿舍楼

图23 宿舍单元立面

95

图24 宿舍单元立面材质处理

效果和拉毛的粗糙质感效果，结合两种效果对一些构件表面进行精致处理。如宿舍竖向窗间墙部分在和玻璃统一灰色调的前提下，用拉毛水泥窗间墙和抹光水泥窗台、楼板外端相结合（图24），甚至在拉毛水泥窗间墙部分极细致地用抹光水泥的方式处理了其四个周边（图25），室外楼梯支撑墙体也采用了类似的拉毛水泥墙镶嵌抹光边框的方式（图26），食堂立面处理也是如此（图27、图28），体现了设计者对材料和质感效果的充分想象力和掌控能力。两种质感的水泥面层和红砖墙搭配在一起，共同强化了面板搭接构图的风格化的立面处理特色。

（4）现代美学特征的构件和比例的运用

建筑中还运用了不少具有独特而新颖的美学特征的构件和细部。食堂和宿舍楼的部分窗户采用了不太常见的错置的玻璃分割方式（图29），这一手法后来在同济教工俱

图25 宿舍窗部材质处理

图26 宿舍楼片墙材质细部

图27 食堂局部材质处理

图28 食堂山墙材质处理

图29　食堂模型（主立面具有两片倾斜玻璃窗）

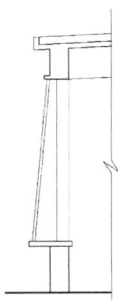

图30　食堂斜窗剖面　图31　食堂门廊顶部落水口

乐部的花房窗户上有所延续。食堂的主要立面中间设计了两片较大的倾斜玻璃窗（图29、图30），虽然设计者将之解释为功能的需要——在这个玻璃内侧的窗台上可以放盆花，成为一个小花房，但是主立面上所呈现出的斜玻璃的独特美学效果也是作者认可并欣赏的。

现代造型特征还体现在一些小构件上：食堂两个主入口门廊顶部的半炮筒状落水口具有独特的塑性感（图31），令人联想起柯布西耶一些作品如马赛公寓的上大下小的鸡腿柱、自由曲面形态的屋顶烟囱等。对此设计者解释为当时试图隐喻中国传统建筑中的石质"吐水嘴"。这是作者灵活地将中国传统元素嵌入现代建筑形态之中的积极尝试。

值得注意的是两组建筑主要窗户的玻璃分格看似随意，但仔细观察会发现这些大小不一致的玻璃都遵循了4∶3的基本网格（图32、图33）。这使得每组窗扇都具有很统一的视觉效果。虽然本研究中并没有进一步发现除此窗扇分格外，设计者在多大程度上关注了对比例的使用，但是据王吉螽先生回忆他们当时的教学，教师常会提醒学生采用一些比例较好的形体。他们当时认为现代抽象绘画作品是很注重比例关系的，特别是风格派的绘画，因此师生们在设计时也非常关注比例的使用。

97

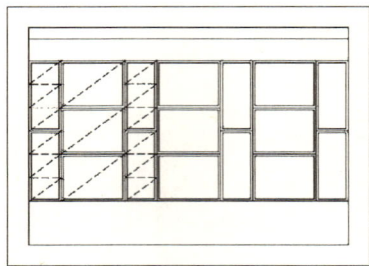

图 32　食堂大玻璃窗构图分析

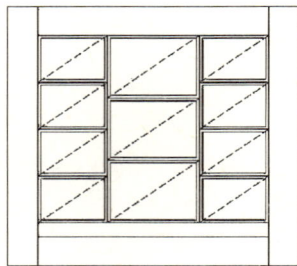

图 33　宿舍单元玻璃窗构图分析

建筑设计思想渊源的探讨

圣约翰建筑系设计校舍的现代手法来源于哪里？联系其主要成员的教育背景和圣约翰建筑教学情况，笔者认为其设计思想源自于包豪斯、风格派、密斯以及现代视觉艺术的综合影响，同时他们也融合了中国传统园林空间和建筑构件的某些特点。

（1）风格派和密斯的影响

圣约翰建筑系的直接思想渊源虽然来自格罗皮乌斯和包豪斯，但其设计很大程度上借鉴了密斯沿承风格派发展而来的系列手法。

20世纪初荷兰风格派的出现与当时的哲学思考有关，它所追求的是最为本质和抽象、最具一般性（generality）的视觉艺术形象，认为这是最高层次的人类智能（intellect）境界的反映，也是永恒的真理[5]。在这一思想下，风格派在视觉艺术方面探索用基本形态和色彩：点、线、面，红、黄、蓝等因素构成抽象作品。在绘画中，他们采用冷静理性的构图（图34），在建筑方面，他们打破和解析实体，消解其稳定沉重的感觉，代之以离散的板状构件搭接，使作品呈现不稳定及反重力的漂浮状态（图35、图36）。

风格派的基本思想后来由密斯、柯布西耶等人进一步继承和发展。其中密斯1923年的乡村砖住宅（图37）被认为是发展"风格派"的代表作品，这里他受赖特作品启发，

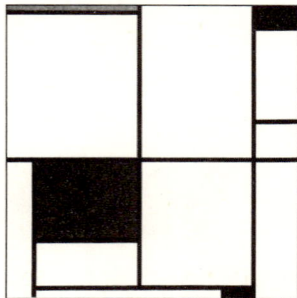

图 34　蒙德里安的绘画

独创性地在风格派的离散板状构件中融入了"流动空间"的手法。比较"砖住宅"与早期风格派代表作如范·陶斯堡的"俄罗斯舞蹈的韵律"（图38），后者主要是由不同长度的直交线段组成的韵律构图，并没有空间方面的考虑。而"砖住宅"平面墙体线条在类似于后者韵律的同时，着意考虑了墙体之间的空间，形成了类似于图39的"风车式"原型构图，由墙体分隔出几个空间，并形成了空间 A 向 B、C、D、E 的渗透与流动。这种空间的穿透方式大多是从角部斜切进入，与传统的古典空间

5　Richard Padovan，Towards Universality：Le Corbusier，Mies and De Stijl，Routledge，2002。

图35 范·陶斯堡的造型探索　　图36 里特维尔德设计的乌德勒支住宅

序列大多从中心轴线穿越有明显不同。

"砖住宅"的平面构图是在"风车形"原型的基础上由大大小小多个风车相嵌套的结果，因此使得所分隔的众多空间以角部相连形成一系列复杂而流动的空间系列综合体。通过这一作品，密斯将"风格派"发展到了结合空间的新层面。后来他在众多作品中不断探索了这一手法。

由此反观圣约翰师生设计的校舍，两组宿舍楼都采用了"Z"字形体，即两个矩形体块错位平移，角部相接的方式，而这种形态正是密斯"风车形"的变体。"风车形"若单轴两向发展，就会形成"Z"字形平面。"Z"形平面同时构成了斜切的室外空间，互相之间形成了空间的流动。而密斯在后来的作品中，也经常使用这一手法，如吐根哈特住宅上层平面（图40）、Robert住宅平面（图41）等，都是"Z"字形体的典型案例。

除空间组织外，这组校舍建筑在建筑形体上的实体离散、板状构件组合的处理方式，其直接来源也是风格派的影响。乌德勒支住宅（图36）是应用这种手法的典型，其矩形体块上突出面板的构成方式，与圣约翰设计的校舍建筑的立面处理手法在本质上是一致的。事实上有证据表明乌德勒支住宅确实对设计者有参照作用。设计人王吉螽先生回忆他们当时曾在书上看到过这座住宅，其设计手法被他们视作一种现代的造型方式而经常学习和使用。而这组校舍建筑的细部反映并证实了他的这一说法。

圣约翰建筑系在设计方面很大程度上借鉴了密斯和风格派的系列手法，这种影响应该与格罗皮乌斯的好友、CIAM的秘书长Giedion有很大关系。在黄作燊就读哈佛期间，Giedion曾在这所学校作了有关现代建筑的演讲，他1941年出版的《Space, Time and Architecture》一书更是对黄作燊有很大启发。李德华先生曾说当时黄作燊一直将这本书作为他们的重要参考书，可见他对书的推崇。这本书介绍了密斯的作品及其流动空间的特点，并且将空间看成为四个维度，在传统三维空间的基础上加入了时间这一纬度，认为新的建筑应该随着行进路线展现不断变化的空间，并借助爱因斯坦物理学上的四维空间理论将之提高至新时代特征的高度。且不去讨论爱因斯坦

99

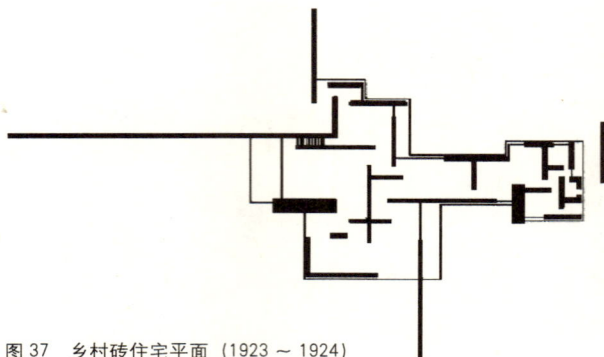

图 37 乡村砖住宅平面（1923～1924）

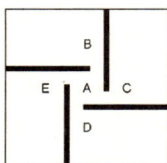

图 39 "风车式"原型构图

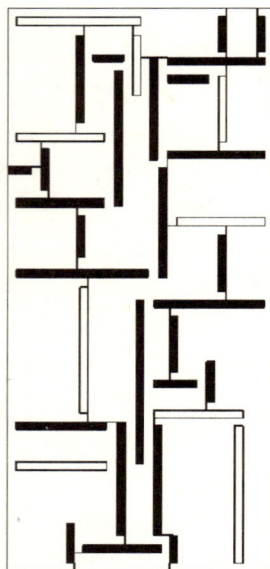

图 38 "俄罗斯舞蹈的韵律"

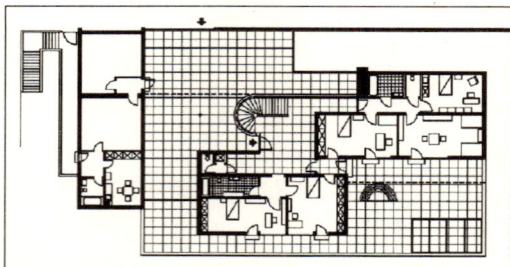

图 40 吐根哈特住宅上层平面

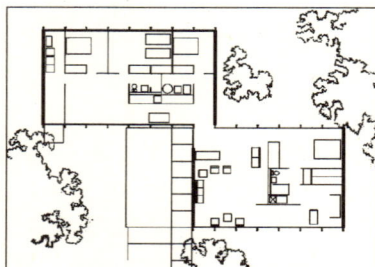

图 41 Robert 住宅平面

的理论是否和流动空间理论有密切相关性，当时 Giedion 对"空间"和"空间流动性"的推崇是显而易见的。考虑到格罗皮乌斯和包豪斯并没有在"流动空间"方面有较多追求，黄作燊对"流动空间"的关注和后来的持续探索应该和 Giedion 的著作有很大的关系。

（2）包豪斯教育中对材质的关注

对于圣约翰建筑系具有更直接影响的是格罗皮乌斯和包豪斯的教育。上述校舍建筑所体现的善于精心搭配和组合多种质感材料的特点来源于包豪斯教育。包豪斯的基础教学十分注重对材料的研究，有不少各种材料组合练习，学生要学会利用各种材料的不同效果进行创作。这种思想由格罗皮乌斯带到了哈佛大学，影响了他

100

在那里的学生黄作燊。黄作燊在圣约翰也十分重视学生这方面能力的培养，并且把它看作是设计现代建筑的基本手段。例如学生们刚开始学习时就有关于Pattern & Texture 一类的作业练习[6]，这培养了他们对建筑材料视觉效果的敏感和善于组合操作的能力。

（3）对中国传统园林空间的感悟与借鉴

圣约翰师生的设计思想渊源虽然主要来自于西方的现代建筑思想，但他们对中国传统建筑和园林空间的感悟与借鉴融合也不容忽视。

黄作燊所接受的早期教育中并没有太多关于"流动空间"的内容，他只是通过Giedion 的著作对此有所了解，相信他对这方面手法的热衷在某种程度上同时得益于他对中国传统园林空间的感悟。出于对中国传统文化的情感，他认为西方具有颠覆性的空间思想其实暗合中国传统建筑手法，也由此对其推崇备至。因此圣约翰师生对流动空间手法的探索，一方面来自于分析西方建筑书籍中的建筑案例——如密斯、风格派、柯布西耶等人的作品，正如上文所剖析；另一方面也直接来自于他们对中国园林空间的体验和感悟。他们所使用的手法之一："人能透过窗洞看到后面的空间，却无法直接到达，要从旁边绕过去才能到"的方式正是典型的中国园林手法，这种做法似乎在西方的现代建筑案例中并不多见。可见，他们的"流动空间"手法除了对西方的借鉴，同时也结合了中国园林的特色，呈现出自身一定的独特性。

总　结

黄作燊及其圣约翰建筑系的学生们设计的山东省中等技术学校校舍是他们在同济教工俱乐部之前的重要实验作品。设计者在注重功能、结构等现代建筑的基本特征之外，更深入探索了"流动空间"的处理、"风格派"的造型手法、多种材质的精心搭配等多重现代设计方法。这些手法源于西方现代建筑运动中的多条探索路线，包括格罗皮乌斯和包豪斯的教育中对材质的关注、密斯的空间处理手法和"风格派"的建筑形态操作方式等，同时他们也受到西方现代视觉艺术的综合影响。

通过作品分析我们可以发现，圣约翰师生在中国探索的现代建筑具有西方现代主义运动的深厚思想根基，其空间手法、离散和非实体化形体和对材质的重视都是运动中带有深层变革性的探索方向，在这些方面，圣约翰师生的探索与西方先锋者是比较同步的。而在当时的中国，其他大量建筑师对于现代建筑的探索仍多集中在追求箱体建筑表面的净化和加强关注功能和结构方面。与此不同，圣约翰建筑系的探索更多借鉴和融合了西方先锋探索的多条途径和手法，他们在更为接近现代主义运动本源的层面进行了建筑实验。

同时也很值得关注的是，圣约翰师生的现代建筑并非完全是西方的简单克隆，相

6　2002 年 1 月访谈罗小未先生。

反他们积极融合了中国的传统文化。设计者们深受中国传统园林空间启发，将之与西方的"流动空间"思想相融合，探索出一种兼具现代和中国特点的空间建筑作品。他们后来一直坚持追求这一方向，使之成为他们设计的核心特点之一；除关注空间艺术外，他们在设计中也试图唤起对传统建筑构件的记忆，但他们采用了现代造型手法将之陌生化，表达意象性的形态隐喻。因此无论是追求空间艺术，还是传统意象的表达，他们的关注点都并未停留在建筑形态和装饰的浅层层面，他们追求的传统文化更多体现在意境之中。这也是他们与同期其他建筑师借鉴传统手法的不同之处。

（本文原载于《时代建筑》，2011 年 3 月。钱锋：女，同济大学建筑与城市规划学院副教授）

1952年秋圣约翰大学建筑系部分师生告别校园合影

前排从左至右：
黄作燊，黄次耀，王吉螽
中排从左至右：
罗小未，笠士敏
后排从左至右：
王轸福，陈业勋，曾蕙心，翁致祥，周方白，李德华

1953年成立不久的同济大学建筑系教师合影

前排从左至右：

傅信祁，邓述平，吴庐生，王徵琦，金德云，哈雄文，史祝堂，董鉴泓，张佐时，钟金梁，陆轸

第二排从左至右：

王吉螽，陈盛铎，丁曰兰，朱亚新，何启泰，黄作燊，吴景祥，臧庆生，何德铭，陈从周，钟耀华，杨义辉，陆长发

第三排从左至右：

乔燮吾，吴一清，王轸福，陆传纹，朱耀慈，谭垣，唐英，周方白，朱保良，唐云祥

第四排从左至右：

黄家骅，王淑兰，张忠言，李德华，赵汉光，董彬君，金经昌

第五排从左至右：

黄毓麟，葛如亮，杨公侠，冯纪忠

实践篇

黄作燊创作实践概述

黄作燊 1941 年回国来到上海，在 1942 年创办圣约翰大学建筑系的同时，也从事了一些建筑实践活动。起初他经常到他哥哥黄佐临的"苦干"进步剧团协助剧场和舞台设计，1945 年带领学生一同设计了话剧"机器人"的舞台。1946 年他参加了陆谦受任科长的中国银行建筑科的设计工作，虽然没有正式成为该科成员，但是实际承担了不少设计任务，如 1946 年的中国银行宿舍以及 1948 年的中国银行高级员工住宅等。1946 年 9 月至 1947 年 9 月，他成为上海市都市计划委员会计划委员，参与了"大上海都市计划"的制定，并且带领圣约翰建筑系部分学生在计划委员会协助工作。1948 年 5 月 5 日，黄作燊和陆谦受、王大闳、郑观宣、陈占祥共同组成了"五联营建计划所"，完成了复兴岛渔管处冰库、嘉兴民丰造纸厂锅炉间等工程。1951 年 6 月他和圣约翰大学工学院的一些师生共同组建上海工建土木建筑事务所，为负责人，设计了山东济南中等技术学校校园建筑等。1952 年院系调整后他进入同济大学建筑系。1956 年他的学生李德华、王吉螽等合作设计完成同济工会俱乐部，建筑采用了民居形式和流动空间等手法，是他设计思想的再现。1958 年他和王宗瑗主持建筑系部分学生参加上海三千人歌剧院方案竞赛，参与讨论的教师有郑肖成、赵汉光、王吉螽等人，作品获最佳方案，但由于各种实际原因项目未实施。1962 年他和王吉螽等合作参加古巴吉隆滩纪念碑方案，尝试以空间手法营造纪念气氛，但校领导不理解其设计理念，因而未将方案选送。

附：1948 年成立的"五联营建计划所"组成成员（按事务所排名）

陆谦受　　　　黄作燊　　　　王大闳　　　　郑观宣　　　　陈占祥

黄作燊创作实践年表

1945	带领圣约翰建筑系部分学生去他兄长黄佐临创办的"苦干"进步剧团进行剧场和舞台设计；设计话剧《机器人》的舞台
1946.2～1948.5	加入上海陆谦受中国银行建筑科的工作，设计中国银行宿舍、中国银行高级员工住宅等建筑
1946.9～1947.9	上海市都市计划委员会计划委员，参与"大上海都市计划"
1948.5～1949.7	与陆谦受、王大闳、陈占祥、郑观宣共同组成了"五联营建计划所"，完成了复兴岛渔管处冰库工程、嘉兴民丰造纸厂锅炉房等
1951.4～1951.6	上海市土产展览交流大会场地建筑设计委员会委员
1951.6～1952	上海工建土木建筑事务所负责人，设计山东济南中等技术学校校园建筑等
1956	学生李德华、王吉螽等设计完成同济工会俱乐部
1958	和王宗瑗等教师带领建筑系部分学生参加上海三千人歌剧院方案竞赛
1962	和王吉螽等合作参加古巴吉隆滩纪念碑方案竞赛

《机器人》舞台布景设计（约 1944 ～ 1945 年）

  黄作燊于 1944 ～ 1945 年间为兄长黄佐临创建的"苦干剧团"[1]的演出剧目《机器人》设计的舞台布景。

  《机器人》是捷克小说家、剧作家卡雷尔·恰佩克（Karel Čapek）于 1920 年用捷克语编写的一出讽刺剧，原名为《罗素姆万能机器人》（Rossum's Universal Robots, R.U.R.）。描写从工厂生产出来的机器人如何与人类共处、为人类工作，又如何发生叛乱导致人种灭绝的故事。剧中的机器人并非后来的机械式科幻人，而是有生物特性，与人类无异。该剧当时很快译成英语并在伦敦和纽约持续上演，而作品中创造的"机器人（Robot）"一词，后为欧洲各种语言吸收而成为世界性名词。

  黄作燊为该剧设计的舞台布景采用了抽象形式，在当时极富创新意味。舞台上各个独立元素通过离散、层叠或悬置组合出该剧的室内场景，其结果似将传统舞台的中心感、稳定性以及重力感一一消解，元素的并置和背景的深远使透视学的逻辑不再，却形成很强的空间流动与渗透。整个布景中只有片段帷幕上的世界地图十分具象，场面静谧陌生，充满寓意。

1　"苦干剧团"是著名戏剧、电影艺术家、剧作家、黄作燊之兄黄佐临在 1942 年与黄宗江和石挥等人以"齐心合力，埋头苦干"为信约创办的剧社，成为当时具有强烈创新意识的职业剧团之一。

中国银行宿舍 （1946 年）

　　黄作燊设计的中国银行宿舍楼建成于 1946 年，是"中行别业"的组成部分。"中行别业"是中国银行的职员住区，位于极司非而路（今万航渡路），南靠开纳路（今武定西路），始建于 1923 年，由中国银行上海分行出资分批建造。中行别业的房屋分别有花园、公寓等不同类型，按照职员的职务高低分类居住。1946 年新建了混合结构 5 层楼公寓，由黄作燊设计。当时陆谦受担任中国银行建筑科的科长，黄作燊在他的建筑科中协助工作，设计了该建筑。

　　建筑 5 层，平屋顶，立面简洁，以突出的阳台形成体块和阴影关系；白色墙面，横向窗带和屋顶女儿墙挑出压边强化了立面的水平线条；阳台采用板片状墙体搭接方式，视觉效果新颖；底层设置支撑圆柱，转角屋顶设有屋顶花园和透空构架，不少手法具有勒·柯布西耶的作品及"新建筑五点"的特点。

　　图 1　中国银行宿舍

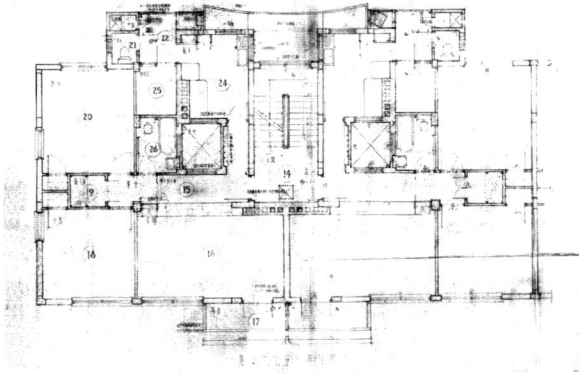

图 2　中国银行宿舍单元平面图

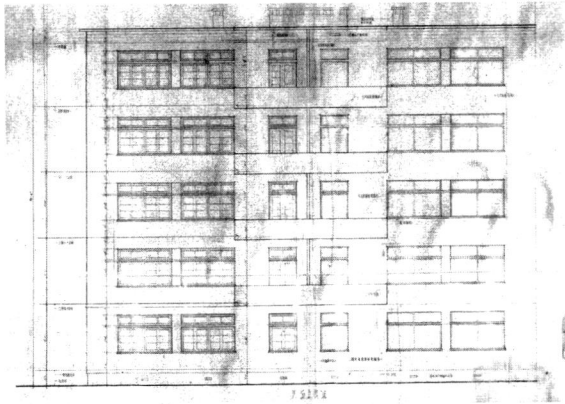

图 3　中国银行宿舍单元立面图

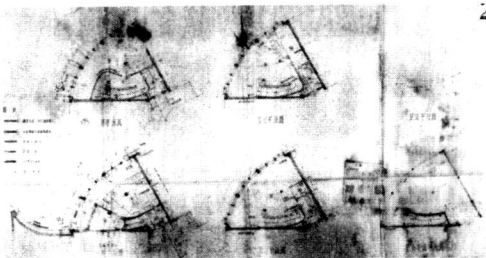

图 4　中国银行宿舍转角平面图

图 5　中国银行宿舍设计图纸图签

111

中国银行高级员工住宅（1948年）

抗战胜利后，黄作燊为中国银行设计了几个工程，这幢中国银行高级员工住宅也是其中之一。建筑位于今延安中路南侧，正对铜仁路的一条里弄内。该里弄原有的多数是二三十年代建造的双联式住宅，有花园和车库，供中行高级员工住。抗战胜利后黄先生设计的这幢独立式住宅位于总弄西侧。

建筑总体处理得很好，门房车库沿着总弄，住房后退，有个院子与总弄隔开；住房坐北朝南。平面布局合理：主房居中，服务用房在西侧；主要房间都南向，各室通风良好；前面有宽大的平台和阳台。建筑的形体简洁，采用片状屋顶，二层平台上设有透空构架，具有柯布西耶作品的一些特点，其处理手法与之前中国银行宿舍有相似之处。

建筑图纸的图签表明其出自陆谦受任科长的中国银行建筑科。据黄作燊的自我小结讲述当时他虽没有正式进入中国银行建筑科，但一直帮陆谦受做设计，之前的中国银行宿舍也有类似情况。在这个项目图纸中，他没有签字，可能因为不是正式职员，或者因为这是施工图，只需列设计公司即陆谦受的名字。据其子黄植回忆："父亲在1970～1975年之间多次带我去看这栋楼房，说这是他比较满意的设计，而且施工比万航渡路中银宿舍公寓好。"

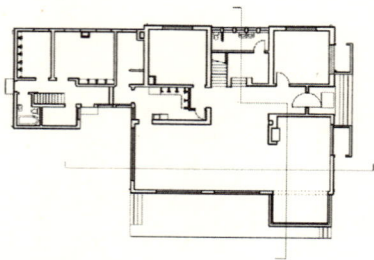 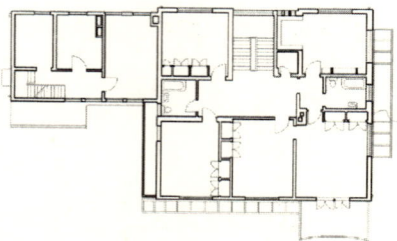

　　　图1　中国银行高级员工住宅底层平面图　　　图2　中国银行高级员工住宅二层平面图

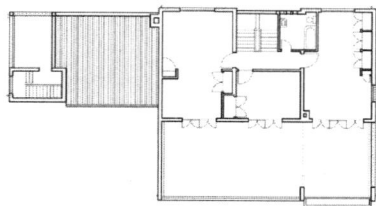

图 3　中国银行高级员工住宅三层平面图

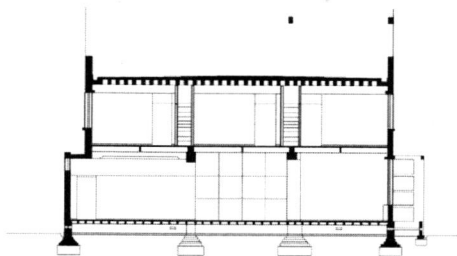

图 4　中国银行高级员工住宅 1–1 剖面图

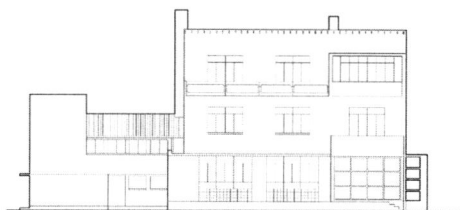

图 5　中国银行高级员工住宅南立面图

图 6　中国银行高级员工住宅东立面图

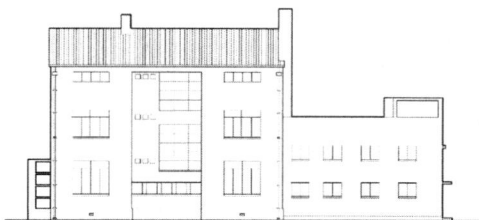

图 7　中国银行高级员工住宅北立面图

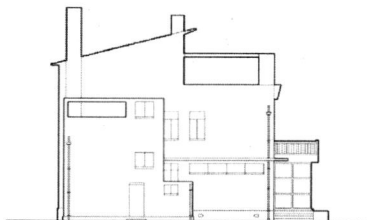

图 8　中国银行高级员工住宅西立面图

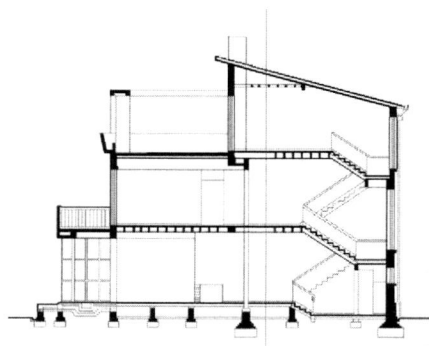

（感谢王秉铨先生提供文字信息）

图 9　中国银行高级员工住宅 2–2 剖面图

113

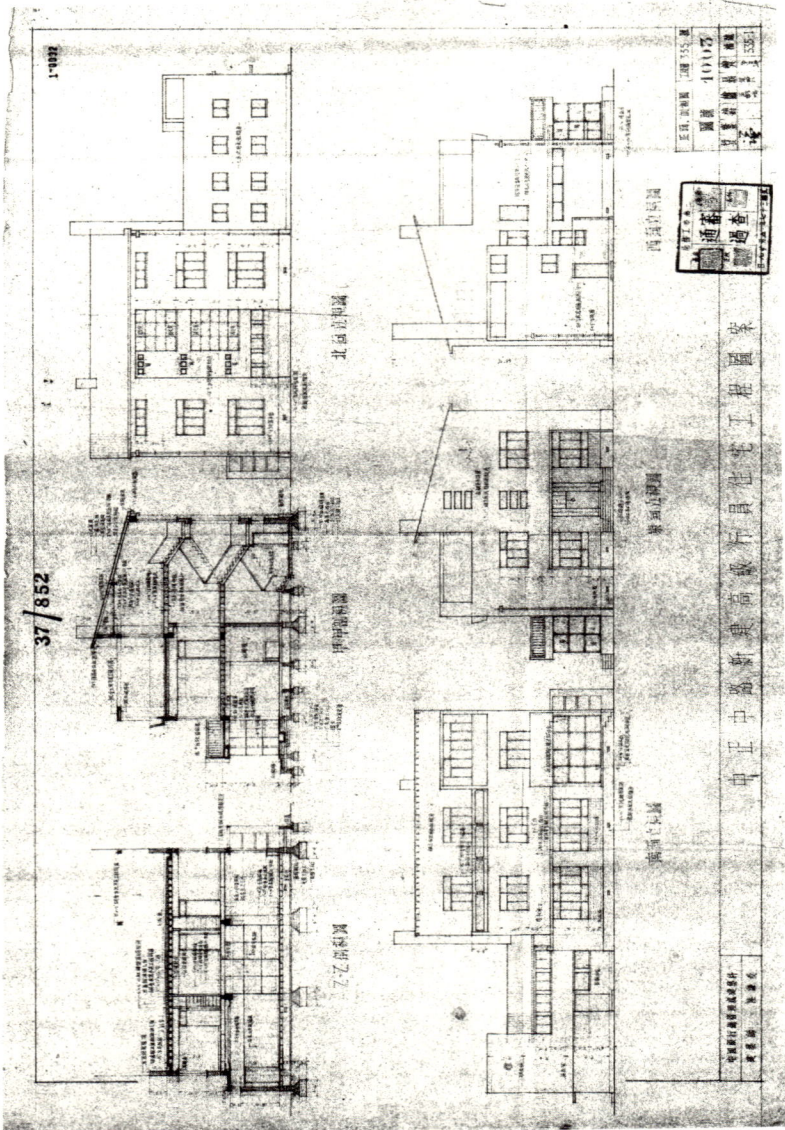

图10　中国银行高级员工住宅档案施工图

（黄植注：感谢卢永毅老师、钱锋老师、李燕宁博士以及同济工作人员通过不懈的努力，将我父亲在上世纪40年代后期设计的这幢VILLA式的房子的施工图找到了。这栋房子在80年代被推倒，在上海的成千上万的档案里找到这些图纸，有如大海捞针，难度是非常高的。）

山东济南中等技术学校校园建筑（1951 年）

图1 "工建土木建筑事务所"图章

山东济南中等技术学校（初名"山东工业干部学校"）1951 年成立，其部分校舍由黄作燊及其学生共同设计。当时黄作燊及圣约翰建筑系助教李德华、王吉螽等成立了"工建土木建筑事务所"，为校园进行了整体规划，并设计建成了其中的食堂和两座宿舍楼。

食堂的主体餐厅部分借鉴了厂房的做法，采用了框架式大空间结构，并将中间一列框架升起，利用两侧高窗采光通风，使得庞大的内部空间十分舒适。框架结构形式还直接清晰地展现在侧墙之上，使之同时成为墙面肌理塑造的积极因素。此外，餐厅主入口立面设置了两片倾斜的玻璃窗，颇具新意。

宿舍楼采用了"Z"字形平面布局，形成了内部和外部的斜向流动空间；建筑同时运用了中国传统园林空间处理方式：能看见而无法直接到达，需要蜿蜒转折地接近某个空间。由此可以看出作者将现代建筑的流动空间和中国传统园林手法相结合的意图。建筑端部的室外楼梯处理很出色，视觉通透而流线曲折，空间层次丰富，形态轻盈。

在材料处理方面，两座建筑充分运用了红砖、石材、水泥（包括拉毛和磨光）等多种当地材料的精致搭配处理，营造了丰富的肌理，体现了包豪斯建筑教育注重材料质感和搭配训练的基本特点。

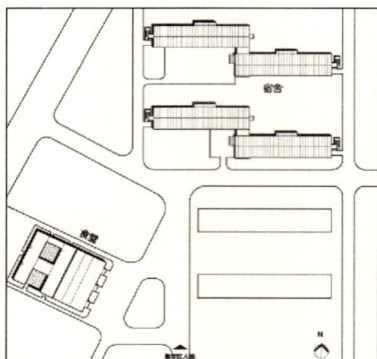

图 2　山东济南中等技术学校局部总平面图

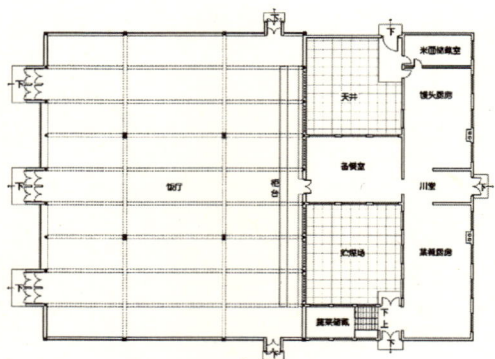

图 3　山东济南中等技术学校食堂一层平面图

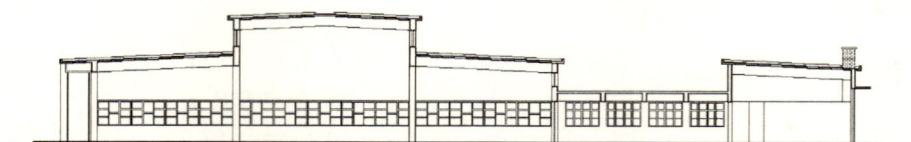

图 4　山东济南中等技术学校食堂剖面图

图 5　山东济南中等技术学校食堂北立面图

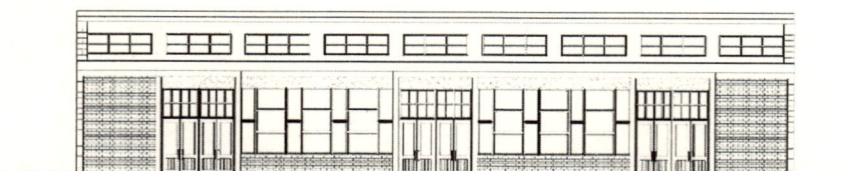

图 6　山东济南中等技术学校食堂东立面图

图 7　山东济南中等技术学校食堂餐厅入口

图 8　山东济南中等技术学校食堂透视图

图 9　山东济南中等技术学校宿舍一层平面图

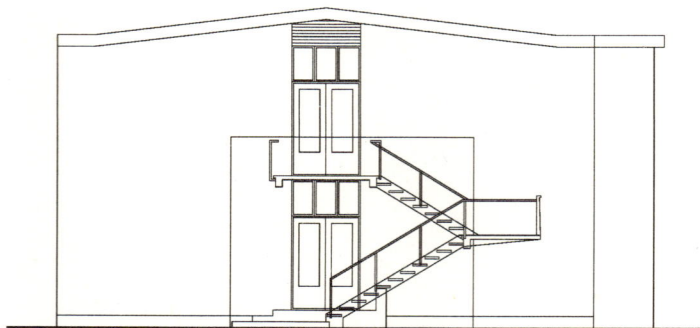

图 10　山东济南中等技术学校宿舍东立面图

图 11　山东济南中等技术学校宿舍端部楼梯

图 12　山东济南中等技术学校宿舍立面局部

图 13　山东济南中等技术学校宿舍透视图

118

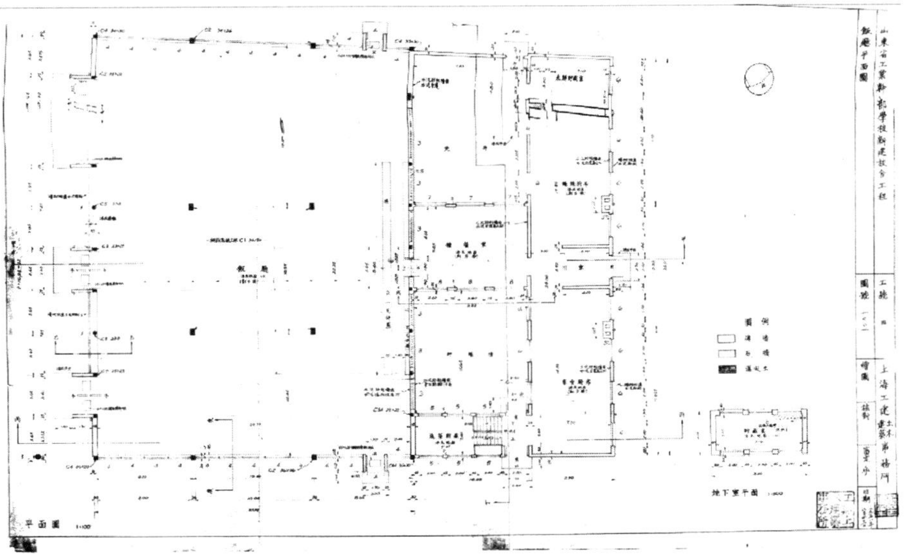

图14 山东济南中等技术学校食堂的档案图纸一

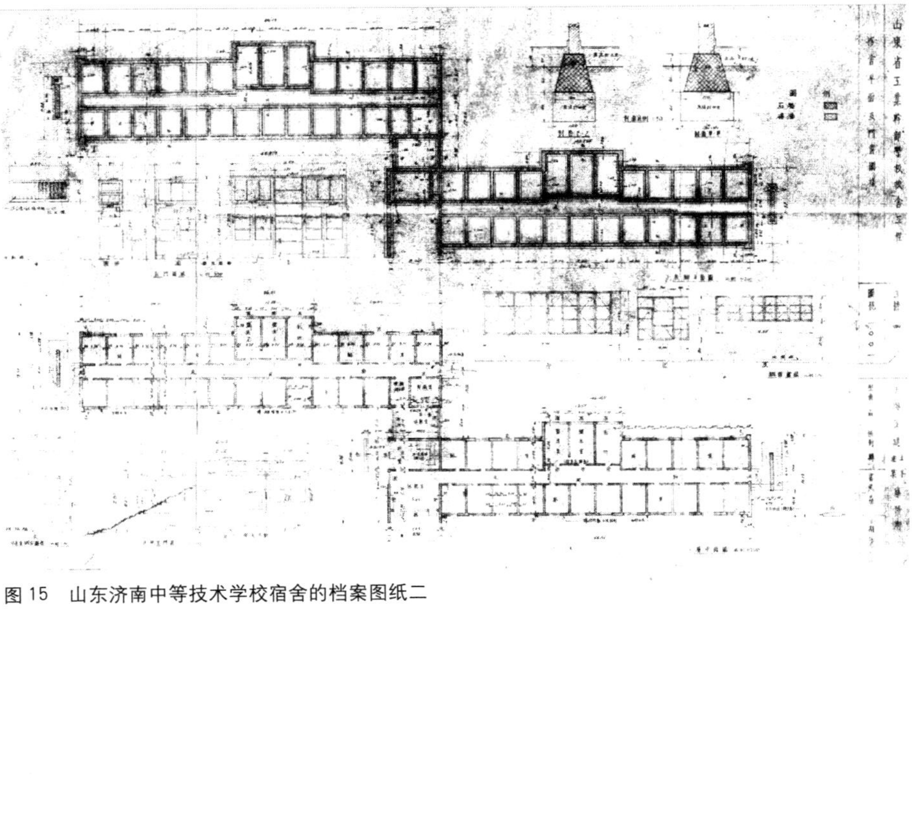

图15 山东济南中等技术学校宿舍的档案图纸二

嘉兴民丰造纸厂锅炉间工程（1948 ～ 1949 年）

嘉兴民丰造纸厂锅炉间工程为"五联营建计划所"设计完成的项目。该锅炉间为厂内原动力车间加建建筑，简单明确的功能和厂房建筑对效率的要求，使这一作品简洁而实用。设计采用钢筋混凝土框架结构，坚固而便于安置设备。外立面立柱和窗清晰体现结构特征，并传达建筑特性。屋顶的两个烟囱采用了不常见的上大下小的形式，某种程度上具有柯布西耶作品的一些构件特征。

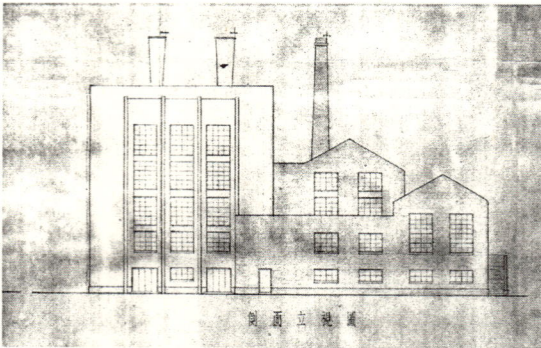

图 1 嘉兴民丰造纸厂锅炉间立面图一

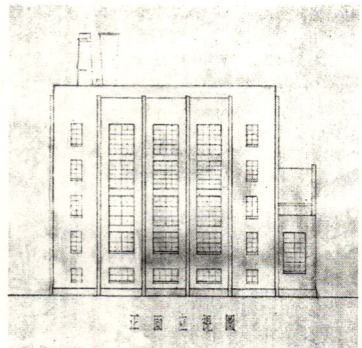

图 2 嘉兴民丰造纸厂锅炉间立面图二

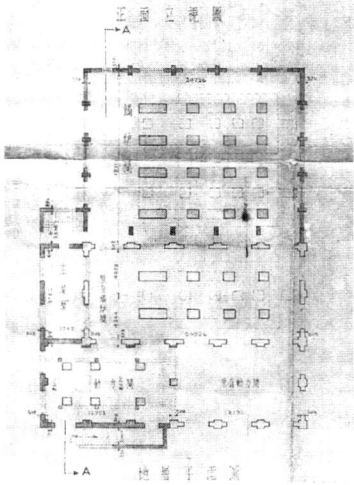

图3 锅炉间底层平面图

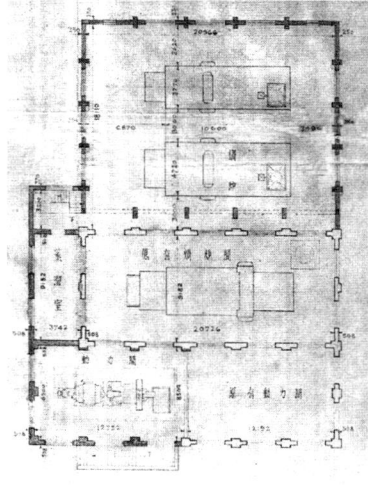

图4 锅炉间一层平面图

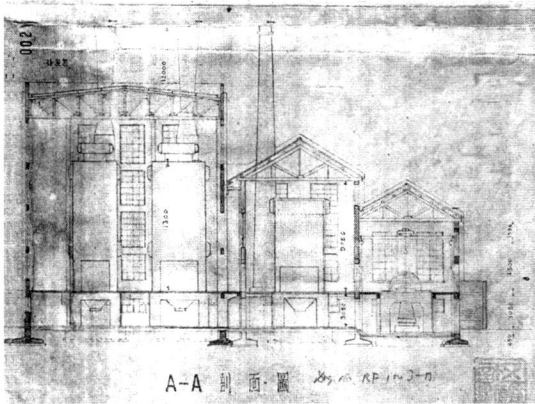

图5 嘉兴民丰造纸厂锅炉间剖面图

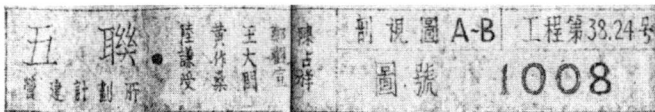

图6 嘉兴民丰造纸厂锅炉间图纸标签

上海三千人歌剧院方案（1959 年设计）

　　1958 年在北京国庆"十大工程"的影响下，上海也准备建设迎接国庆的工程，拟设计建造三千人歌剧院、历史博物馆，火车站等项目，同济建筑系师生组成了设计小组参与竞赛。其中三千人歌剧院由黄作燊和王宗瑗主持建筑系部分学生参加，共同讨论的老师还有郑肖成、赵汉光、王吉螽、王季卿等人，结构由朱伯龙设计。

　　歌剧院设计方案很好地解决了功能技术难题，观众席处采用跌落式两层挑台，外加两侧小包厢，使数量众多的座位都能拥有良好的视线。设计者为了减小观众席俯视角，压低两层挑台之间的空间，创造性地采用了悬索挑台结构，很有特色。此外建筑还采用了悬索屋盖及装配式钢筋混凝土结构，使得方案在功能和结构上受到一致好评。但是在当时"民族形式"思想的影响下，师生们设计的现代风格的形象遭到了文化局评审人员的冷遇，被认为没有表现出中国的传统特色和巨大成就感，并要求同济修改设计形态。

图1　上海三千人歌剧院方案模型一

对于文化局人员的批评,黄作燊很无奈,决定由学生们自行去调整形态设计。设计组的一些学生因为评审人员的批评而受影响,自己前往上海歌剧院向舞台绘图师学习了民族样式,赶制了一个具有传统特色"第三方案",与另外两个方案和另两个方案一起参加了评比。如果在评比中第三方案立面受到文化局领导的青睐,加之其原本完善的功能和技术指标,被评为最佳方案,确定由同济建筑系与民用院协作实施。后来由于多方面原因建筑并未建造。

图2　上海三千人歌剧院方案模型二(最终指定方案)

图3　黄作燊指导学生进行上海三千人歌剧院方案设计

追忆篇

·回忆文·

圣约翰大学最年轻的一个系——建筑工程系

罗小未　李德华

圣约翰大学的建筑工程系成立于 1942 年，到 1952 年院系调整前的 10 年中，共培养了 30 余名本科毕业生。1952 年秋全系约 10 名教师与 100 余名在读学生随着约大的工程学院调整到同济大学，参加到同济大学新建立的建筑系中。

早在约大建筑工程系成立前，圣约翰大学的施肇曾工程学院（Sze School of Engineering）院长杨宽麟教授便早已有要在工程学院中设立建筑学专业之意。直到 1942 年，曾受国际现代建筑的先驱者建筑大师格罗皮乌斯教授（Walter Gropius，1883 ~ 1969）亲传的黄作燊先生从美国哈佛大学设计研究生院（Graduate School of Design, Harvard University）学成归国，两人志趣相投，这个愿望才得以实现。当时上海正处于日军占领下的孤岛时期，办学条件十分苛刻，在上述两位先生的积极努力下，建筑工程系总算艰辛地创办起来，并由黄作燊任系主任。

约大建筑工程系是上海第一个设在正式大学中的建筑系。在此之前，只有上海美专设有一些关于建筑风格方面的课程，并不是正式的专业。约大当时这个系命名为建筑工程系，可能就是要突出建筑既是艺术又是工程技术的特点。由于条件关系，建筑工程系的课堂最初就挤在位于科学馆底层工程学院的土木系中。学生上设计课时用的图板则放在楼梯间里一个有扁平格子的大橱里，每人一格，每格可以上锁，上下课时要搬进搬出。系的教务行政工作亦由土木系的办公室兼管。好在建筑系第一期的学生只有五名，由于成立之前没有做宣传，也没有对外招生，学生都是从校内其他专业转过来，其中有四人就转自土木系。圣约翰大学的学分制使当时及后来那些既修建筑又修土木的学生得到了双学位。以后学生逐渐增加，至 1944 年

图 1　1952 年圣约翰建筑系师生在自己设计的旗杆前（下左—黄作燊；中排左—罗小未；后排右—李德华）

图 2 鲍立克 (Richard Paulick)

增至 20 余名（当时第一届学生已经毕业），建筑系搬到斐蔚堂二楼，才开始有比较像样的教室与设备。但教务行政工作始终挂在土木系中。好在建筑系有一个好传统，那就是师生爱系如家，无论系里的日常事务或开学时的注册、期终的成绩登记等，都由青年教师兼管；如要搬动或者布置些什么，学生都会热情参加。

在师资方面，整个系在成立之初只有一位专职教授，这便是系主任黄作燊。他主讲建筑原理、建筑理论、指导建筑设计并兼教美术课。翌年聘到了德国人鲍立克（Richard Paulick）任教，教授城市规划与室内设计。鲍立克曾就读于德国德累斯顿工程高等学院，是格罗皮乌斯在德国德绍时的设计事务所骨干，参加了包豪斯（Bauhaus, Dessau）的建校工作。据说他到约大是格罗皮乌斯向杨宽麟介绍的。与鲍立克几乎同时就任的还有画家程及与匈牙利籍建筑师海吉克（Hajek）。程及后来到美国留学与定居，获得美国国家艺术院终身院士的荣誉称号。海吉克教西方建筑史，当时没有教材，他每次上课就在黑板上把建筑史的主要实例或部件画出来，往往在两个小时的课时中把黑板画得满满的。在园林方面有我国著名的园林专家程世抚。程先生除了讲园林设计外，还讲许多关于树木与种树方面内容。1945 年抗日战争胜利后，又有英籍建筑师白兰特（A.J.Brandt）来教建筑构造。白兰特是黄作燊在英国伦敦建筑协会建筑学院（A.A.School of Architecture, London）的同学，他的父亲是当时上海一大地产商泰利洋行的老板，可能从小便与房屋构造打交道，上课时不用看稿便把构造详图画在黑板上。与此相近的时候，建筑系还把早期的毕业生李德华、王吉螽、翁致祥等留校当助教。可能由于经费，也可能由于可以认同的专职教师不容易找，约大建筑系从一开始便建立了一种特殊的，后来证明是十分有益的师资制度，这便是结合系里不同的教学环节，经常请一些有理论修养或实践经验丰富的学者、建筑师来做报告、参加评图、短期或较长期地指导设计或讲学。常被邀请的有 Nelson Sun、Chester Moy、王大闳、郑观宣、Eric Cumine、陆谦受与城市规划方面的陈占祥、钟耀华等等，其中王、郑、陈、钟是黄作燊在英国与美国留学时的同学与好友。他们性格开朗，爱好中国京剧，对西方音乐与绘画，特别是现代艺术有较高的修养。他们的为人素质与文化修养对学生影响很大。1949 年新中国

图 3 教师评图（左一白兰特、左二钟耀华、左三郑观宣、左四黄作燊、右一王大闳）

128

成立后，外籍教师纷纷离沪，师资队伍有了很大的改变。一方面是早期留校的助教已成长为系里的教学骨干；同时还吸收了几位刚从国外学成归来的青年教师，如陈业勋、欧天恒、王雪勤、李滢等。王雪勤在出国留学前是中央大学建筑系的毕业生，除了建筑外还绘得一手好画。李滢原是约大建筑系第一届毕业生，后到哈佛大学设计研究生院师从格罗皮乌斯，又在另一位大师阿尔托（Alvar Aalto，1898～1976）门下研究建筑设计；任教后在教学中发挥了很大作用。与此同时，还聘到了从比利时归来并获比利时皇家大奖的画家周方白来教美术，以及自学建筑历史文献成才的陈从周教中国建筑史。此外，毕业后在校外工作了数年的白德懋、罗小未、王轸福也回校参加教学，于是形成了一套完整与固定的中国人自己的师资队伍。除了后来少数人（如白德懋、李滢）工作有变动外，1952年都随着约大建筑系调整到了同济大学。

由于杨宽麟与黄作燊认为建筑学应文科与工科并重，故在教学计划中安排了相当学时的数、理、化、中国文学、英国文学、画法几何、工程制图、材料力学、结构力学、工程结构、机械工程等等，并规定学生必须选修一门经济学课，鼓励学生多选一些人文科学方面的课。关于文科与理科的课，学生可以到校内文、理学院专为外系学生开设的课程中选修；工科的课则直接参加到土木系的班级中。他们还主张把学生"放出去"，例如暑假时把学生介绍到需要建筑学知识的地方去，做几天或几个星期的工作。1945年抗战胜利后江南造船厂的修复规划与后来厂房的扩建设计与施工，和当时著名的进步剧团"苦干剧团"的演出基地（辣斐剧场）的改建及演出时的舞美设计、布景搭建等等，便有约大建筑系的学生参加。此后英国人业余戏剧社（Amateur Dramatic Club）的舞美设计也是全由约大建筑系的年轻教师担任。比较正式的"放出去"，是1946～1948年派出一队高年级学生每星期两个半天到上海市都市计划委员会去参加"大上海都市计划"的工作。此外，派一些低年级学生到市都市计划委员会去帮做模型（当时没有专门的模型公司）或到某些单位去帮几天忙是常有的事。学院与系里的领导认为学生接触社会，通过业余工作而认识的人与学到的知识是学校无法给予的。学生对这些安排很感兴趣，虽然大多没有报酬，但乐于参加。

约大建筑工程系的建筑观点是一个值得认真回顾的问题。建筑由于兼有文科的性质，免不了会有学派之争。约大建筑工程系在当时我国建筑学术界以学院派为主导的情况下，被认为是现代派，属于另类。其实，这是很自然的，只要看它成立之初的两位发起人便可想而知了，杨宽麟是一位思想开放的结构工程师，黄作燊来自当时处于国际现代建筑运动漩涡中心、富于叛逆性的伦敦A.A.建筑学院和美国哈佛大学设计研究生院。同时由他们请来的一批志同道合的教师也起着推波助澜的作用。在建筑美学上，约大建筑系不同于当时学院派的艺术至上观，而是推崇现代大师格罗皮乌斯所说的"建筑的美在于简洁与适用"，并特别强调与生活密切相连的"适用"。在建筑教育上，他们引用英国建筑评论家杰克逊（Thomas Jackson）的话："建筑学不在于美化房屋，正好相反，应在于美好地建造"，并指出建筑技术与材料在美好地建造中的作用。在对待祖国的建筑遗产中，他们一方面盛赞北京故宫在反映帝王体制与帝王威严上的艺术成就，同时十分欣赏那些优雅而谦虚的文人住宅与简朴、纯真的民居。他们认为这是中国长期的建筑文化积淀，即把建造提升到像"诗"似的成果。黄作燊多次带着学生去感受故宫与天坛空间艺术的"迫人气势"与江南民居因地制宜、就地取材的艺术成就。他在上课时还喜欢用幻灯片和教学生自己做模型来加强学生对建筑的感受。这在20世纪40年代我国的建筑教育上可以说是先行的。

他们的主张与做法明显地带有现代建筑派的烙印，但在理论上他们并不承认自己所追求的就是现代建筑。他们认为所谓"现代建筑"（Modern Architecture）已经成为历史上某个阶段的建筑标志，是静止的，应该追求的是能随着时代发展、动态的、"当代的"（Contemporary）新建筑。这个观点在1951年学校在交谊厅举行的建筑系教学成绩展览会的前言中明确申明。这就是"新建筑是永远进步的建筑，它跟着客观条件而演变，表现着历史的进展，是不容许停留在历史阶段中的建筑。"为此，在教学方法上，约大建筑系反对形式主义与因循守旧的抄袭，提倡设计"创意"（originality）。所谓"创意"并非凭空而来，而是对客观要求与条件认真调查研究、广泛观察、广泛参考，做出判断后，再自己制定设计任务书、设计方针与经过构想而进行的设计。教师要实行的是启发式教育，不是给答案，而是引而不发，充分发掘与发挥学生的无限潜力。高年级的题目常是假题真做，有真正的业主、明确的基地与明确的要求。这些业主实际上是教师中乐于为教育事业助兴的朋友，他们亲自到学校来交代任务，为学生的参观访问、调查研究创造条件，参加指定任务书与跟踪设计过程中的讨论。设计完毕后在学校举行一次可向业主、同行与公众汇报的既有图纸又有模型的展览会。其中1944年为在约大医学院任教的王逸慧医生（Aoms Wang）设计的私人妇产科医院，1948年在上海市都市计划委员会鼓励下的南市区改建规划和1951年的教学成绩综合展览会（当时在读学生已有近百人）就特别成功。

图4 1948年上海南市规划汇报展（背影：鲍立克）

图 5 建筑系教师参加校教师球队（后排左四：李德华；右三：王吉螽；右一黄作燊）

在圣约翰大学建筑工程系攻读过的学生，无论是哪一届都对当时的学校生活有着无限的回忆。年轻、精神饱满兼极有"创意"的教师（特别是系主任黄作燊）与朝气蓬勃的学生相互无间地使学校生活丰富多彩。无怪院系调整至今已越半个世纪，不论是国内、国外，只要有建筑系同学的地方就会有经常聚会的约大建筑系同学会。首先，当年到黄作燊先生家里看书曾是学生生活中一件最重要与最感兴趣的活动。当时在教学中最感缺匮的是图书参考资料。在黄先生的安排下，学生形成了每星期五晚饭后到黄先生家里去看书的习惯。黄家有顶天立地覆盖着两个墙面的书。据说黄作燊在回国时极力劝阻家人少带东西，而自己却把很多书带回来了。这些书都是最新出版的建筑学书籍，成为学生精神食粮的源泉。其次，课余的体育活动是建筑系一大特色，每天上午第二节与第三节课之间的课间长休息常是教师带头到室外去打排球；下午下课后则到运动场去打垒球，会打的打，不会打的也会在旁边助兴。这种风气使建筑系师生在全校运动会中总是名列前茅。最不能忘怀的是上海解放后的几次大活动，它们使师生之间、同学之间建立了亲同手足的友谊。第一件当推"系服"。建筑系的师生本来在衣着上便喜欢有些特色。这些特色不在于样式时髦或材料考究（须知约大当时被视为贵族学校），而是比较休闲与潇洒。上海解放初期，有几位师生出于接近群众之心，共同发起并设计了一件收到全系师生欢迎的，用当时称"毛蓝布"的土布制成的上装，这件上装看上去有点像中山装，但口袋、纽扣与剪裁均经过精心设计，使之在功能上能更适合经常弯着腰在图板上画图的特点。由于它的价钱便宜、穿着方便，看上去既普通，又个性突显，大家都喜欢，很快便成为约大建筑系的"系服"。这件"系服"在

131

院校调整后还一度在同济大学建筑系广为流传。新中国成立后，对新中国未来的美好希望使约大建筑系的师生经常处于热血沸腾的欢庆浪潮之中。凡是市里或学校发起的活动，建筑系的师生总是精神饱满地全力以赴。在全市的抗美援朝大游行中，约大建筑系别出心裁地组织了一个大鼓队，全队约四十五人，穿着"系服"，每三人一组，每组一个大鼓，游行时队伍整齐、鼓声震天，吸引了路上许多人的注目，表达了坚决抗美援朝的心声。此外，建筑系在演"活报剧"中也有独到之处，并从"活报剧"发展到演正式的戏剧。最成功与最难忘的是配合推动参军与声援抗美援朝而演出的活报京剧《投军别校》（借用京剧《投军别窑》之名）与《纸公鸡》（借用京剧《铁公鸡》之名）。前者鼓励学生参加抗美援朝，后者讽刺美国是一只纸老虎。全剧采用京剧的形式演出，生旦净末丑俱全，配以西皮、二黄唱腔，由平素喜欢京剧的师生重新填词。出场有龙套、起霸、亮相、唱定场诗、报名、唱做念打，全部京剧程式。台上场面亦由师生们现学现奏，居然长槌、纽丝、急急风，像模像样地敲打起来。这两出京剧在学校进行公演，获得极好的效果。后来《纸公鸡》还在圣约翰与之江两个教会大学在杭州举行的联欢会中代表圣约翰大学演出，获得好评。是什么使存在只有十年的约大建筑系具有那么大的魅力与凝聚力呢？除了有睿智的领导、具有教育热情与人格魅力的教师、鲜明的学术观点与有效的教学方法之外，便是联结与发挥师生智慧的课外活动。建筑系无论是办一个展会、组织一次游行或策划一次演出，都是师生共同磋商的结果。每次系里有活动时，全系就像一个大工场，热闹非凡。

图6　约大和之江两教会大学联欢中演出《纸公鸡》后

1952 年 10 月，院系调整后，约大建筑工程系的在校师生带着对未来的美好憧憬欣然离开校园，奔赴各自新的工作与学习岗位。

（本文原载于《上海圣约翰大学（1879～1952）》，上海人民出版社，2009 年 5 月。罗小未、李德华: 1947 届、1945 届圣约翰大学建筑工程系毕业生，后曾在该系任教，现为同济大学建筑与城市规划学院教授）

怀念建筑家黄作燊教授

陈从周

我的朋友黄作燊教授，逝世已八年多了。我每当静下来的时候就想到他。这位有才华有思想的建筑家，不应该如此早地离开人世，因为我们国家与人民需要他啊！

他对我是良友，也是益师。他有惊人的慧眼，他有爱朋友的美德，这一切无需我再费笔墨了。贝聿铭先生是他在哈佛研究院的同学，贝先生初次遇到我，就询问了他的近况。我告诉了他已去世的不幸消息，大家默然了。朋友，你在九泉之下知道吗？

我记得，他最后与我相见一面是在他家附近的路上。他骑着自行车，精神很好，下车和我寒暄了几句，含笑地上车了，留下一个永不磨灭的背影给我。不久，噩耗传来。他夫人正在重病中，我陪她上殡仪馆。那

陈从周先生

清瘦的弱体，如何能担负如此惨重的巨变！不久他夫人也下世了。虽然他们在地下已经会见，但在我们朋友的心中，却留下了一片难以描绘的痛感。

作燊原籍广东番禺，1915 年 8 月 20 日生于天津。他父亲是洋行高级职员，少年又接受过海军教育，因此思想比较新。作燊与戏剧家的哥哥佐临，以及两个姐姐都出国求了学。作燊在十七岁那年通过天津市的留英考试，直接赴英国求学，成绩斐然。他的设计思想活跃，有新意，英文水平也高，为中国留学生争得了很大的光彩。五年后他毕业渡洋去美国哈佛大学研究院进行深造，随建筑大师格罗皮乌斯学习。他与贝聿铭先生同学，两人都是格氏的得意门生，一位在世界建筑界成了大名，而另一位勤勤恳恳为新中国建筑教育事业献出了毕生，都是值得我们敬仰的。

在哈佛的岁月中作燊认识了他的夫人程玖。那时她在美国念书，专攻英国文学，因为她与作燊同长在天津，在文学艺术、音乐上的嗜好又相当，她佩服作燊的知识广博，他们结合了。1942年，在"知识救国"潮流影响下，他们双双归国。那时正值战争时期，民不聊生，他们暂借住哥哥佐临先生家中，生活十分清贫。

不久，他由圣约翰大学工学院院长杨宽麟教授推荐，应聘任教该校。他开创了建筑系，培养了出色的人才，如同济大学建筑系主任李德华教授等。我就是那时为他所赏识，成为他主持系中的一员。他平易近人。循循善诱，我待之如兄长，敬之如老师。他是一位有才学的人，而不是凭技的人。他如一位乐队指挥，善于发现人才，又能培养使用人才，这一点是很多人所不及的。我们演戏，他做导演。我们运动，他做领队。我们看戏，他请客。我们聚餐，他为首。在圣约翰校园中，我们建筑系的师生最活跃。他如一团火，有热量，使每一个成员得到温暖。

1945年抗战胜利了，陆谦受从重庆回到上海任中国银行建筑部主任，又成立了"五联营建计划所"，作燊是其中主要成员。上海梵航渡路中国银行宿舍就是他当时的作品之一。新中国成立以后，1950年左右，陆谦受从香港到上海，邀他到香港去。但他离不了祖国和身边的朋友，我们也不放他走。我们始终团结在一起，为新中国培养建设人才。

1952年院系调整后，我们一同到同济大学建筑系。这个系由若干大学的建筑系合并成的，作燊是系主持人之一。在比较复杂的人事关系中，他能团结人，看问题比较全面公道，因此此系是欣欣向荣的。他很谦虚，不争权，而是踏踏实实地做了不少的教学工作。他如一朵淡雅而不夺目的鲜花，蕴藏了高贵的品质。他的设计思想来自生活；他具有广泛的爱好，丰富的知识。他对剧院设计有着独特的见解。他自小爱京剧，除收藏唱片外，还收藏戏单、戏谱，对演员的生活亦了如指掌，因此他讲授剧院设计比人家讲得深、讲得透。还有其他一些冷僻的设计，他都能讲得上，这是多么不容易啊！

他夫人程玖1952年前也在圣约翰大学教书。我们常到他俩家作客，总觉得他俩的家明洁恬静，有一种难以形容的建筑味与文学味，能留客，可清谈，显示了主人翁的身份。程玖比作燊小四岁，虽长于官宦之家，但她那件蓝布旗袍，却没有丝毫富贵之气眩目，因此同学们很尊敬她。我的长女胜吾在上海第一医学院读书，是受过她辛勤教育的。

作燊的死是比较突然的，他虽血压高，但精神与体质还是正常的。不料噩耗传来，我真感到如梦如幻，真耶非耶？等我赶到他家中，一切证实了。我不知从何启口，双泪纵横而已。这些如今快十年了，灯下忆及，还是宛在目前。我的拙笔无以志大德于万一，这短短的篇章，仅表示我对作燊的怀念。

（本文原载于《建筑师》第19期，1984年6月。陈从周：原圣约翰大学、同济大学建筑系教授，中国古建筑、古园林学家）

约园浮梦

陈从周

　　每逢圣约翰同学会开会，忝为顾问的我，总是举步迟迟。般般往事，盈我白头，有些隔世之感了。我青年的一段岁月，就是如诗一般度过在约园中，我常在思忆，有时清泪渐湿了我双颊，历史就是这样无情。

圣约翰大学怀施堂

　　怀施堂的钟声响了，告诉我们该起身了。窗外的初阳斜照在树丛草地上，传来了几声鸟语，平静中点出了生意，同学姗姗地来了，生意更浓了。接着又是钟声，我就进了课堂，开始了弦歌的生活。当时班上的同学不多，也亲切，一周十几小时的课，也愉快恬适地上了。当时的同学，如今相见都是白发苍苍！但他们都与我一样留恋着约园。

　　院落式的西方古典建筑，宽阔的外廊，折射的阳光，起了变化的影子，加上扶疏的花影、树影掺杂其间。老教授在廊间谈诗，建筑系学生在写生，礼拜堂中传来缥缈的赞美诗声，一切是那么超逸，没有一点尘俗气，古人所说书卷气，也许这也算吧！

　　我是住在约园内，窗外有一弯流水，从树隙中可望见一片田畴。田畴外是铁路，每天有很多班次火车开往杭州，我的丰儿出生在这里。他童年时爱趴在窗台上看火车。后来我移居同济园住，当他去国外之前，还要我与他去看约园的出生地。他徘徊久之，谁也不信这是永别了，谁会料到他会惨死在异国。与我在这里共同生活的他母亲，也走向天国去了。

　　忆约园，又要想起了我的亡友黄作燊教授，那时他是建筑系主任，是一位博通众艺的建筑家。我们围绕在他身边，精神文明是活跃的。我们演过京剧、昆剧，是师生

135

作主角的。因此在他熏陶下的师生，思想活泼，我至今时时想念他。一位与世界建筑师同过学的人，受过很久的西方教育，同样爱京剧、昆曲，对祖国的文化是那么热情，可能是一些假洋鬼子们所不理解的。我想作为一个中国学者，绝对不可能忘怀祖国文化的。我这样期望着。

约园是个大家庭，有文化、有感情，有园林之趣。每当夕阳西下，人影散乱，住在校外的同学离校了。淡黄的草地，浓郁的树影，传来同学宿舍的胡琴声与洋琴声，点破了沉寂的校园，既有诗意，又有画意。老教授有的在推敲吟诗，年轻人也有在默默地看书，老牧师趁机在稀散的人群中说教，一切止于至善。我爱那满漫藤萝的小礼拜堂，它蠢立而又安详凝重地卧在草坪之侧，似乎予人以劝世之慨，这是静。它前面有个草地网球场，很多人在拍球，又是一幅动的插图。如今再也不见了。秋晨浮起了这零星梦，是幻梦，是秋梦，薄得如秋云样。

一九五二年秋，我离开约园，正如徐志摩再别康桥（剑桥大学）诗一样，"悄悄的我走了，正如我悄悄的来，我挥一挥衣袖，不带走一片云彩。"康桥想来仍是康桥，约园呢？留梦而已。

(本文原载于《解放日报》副刊《朝花》，1991 年 12 月 22 日。陈从周：原圣约翰大学、同济大学建筑系教授，中国古建筑、古园林学家)

亦师亦友　缅怀建筑系主任黄作燊　铭记约大的良好教育

白德懋

圣约翰大学建筑系的第一届毕业生只有五位：李德华、李滢、张肇康、虞颂华和我。第二届只有卓鼎立一人，之后几届同学才逐渐增多。同学们在系主任黄作燊的带领下，开展了既认真又生动活泼、丰富多彩的学习生活。

黄先生刚从海外学成归来，带来了现代建筑学的新风。在国内建筑教育界率先引进包豪斯（BAUHAUS）学院的教育方法，体现了理论联系实际、教育与实践的紧密结合，使同学们受益匪浅。

他在讲授现代建筑理论中，着重介绍了几位先锋人物的学说及其代表作品。主要有包豪斯创始人格罗皮乌斯的"形式服从功能（Form follows function）"，强调建筑设计要反映建筑物的使用性质和功能要求，反对华而不实和形式主义；勒·柯布西耶的"住宅是居住的机器（House is a machine for living in）"，将住宅比作机器，部件缺一不可。但绝无多余部分；密斯·凡·德·罗的"少就是多（Less is more）"，认为建筑物必须抛弃繁琐无用的装饰，建筑本身就存在丰富的内涵，简洁才是美；还有赖特的"有机建筑（Organic architecture）论"，强调建筑物应根植于自然，与环境混为一体。

他在课堂讲解之余，还带领我们赴实地考察现有建筑实例，并进行现场分析评论。其中有当时较为先进的摩登派建筑吴同文住宅（因外墙饰有绿色面砖，俗称绿房子），以其功能齐全、设备新颖、立面适型和装修材料现代化而闻名。与此对比，参观了新落成的浙江第一商业银行，体验为追求外立面效果中的横线条，在窗户中部加了一条非结构需要的横梁，它的位置正挡住了从室内向外眺望的视线。

为使同学们进一步体会理论与实际的结合，提高创作能力，在做建筑设计题时，将各自方案做成模型，代替传统的渲染图，因而更能表达出设计的意图和实际的效果。

在系统地讲授建筑课程之外，还请来包豪斯学者 Paulick 执教城市规划与室内设计，Hajek 教西洋建筑史、Brandt 教建筑构造，现代派画家程及教水彩画。期间还邀请陆谦受、陈占祥、Wellington 和 Nelson 兄弟等各方建筑师前来讲学、指导。

最后一学期还请来不同学派的名建筑师李锦沛指导我们班的毕业设计。他指导我的设计是一座两面临街的电影院。

黄先生不但学识渊博、思想开放，且和蔼可亲、平等待人，与同学打成一片，课余时间我们常去他家中阅览他从国外带回的建筑藏书。由于比我们年长不多，他视我们如朋友，与我们谈他的爱好和生活活动。

我们有幸遇上如此良师益友，得益于工程院院长杨宽麟这位"伯乐"。建筑和土木两系同属工学院。杨先生建立起建筑系后，聘请黄作燊前来主持，并给予充分的支持，使后者得以一展宏图。得益最多的是我们这一届学生。由于人数不多，师生接触更为密切，得到杨、黄两位老师的关怀也更多。

杨先生是我国当代土木工程界的代表人物之一，素有"北朱南杨"之称，即北方的朱兆雪和南方的杨宽麟。如同建筑工程界的代表人物"南杨北梁"，即南方的杨廷宝和北方的梁思成。他比我们大一辈，但童心未泯，为人风趣，没有"架子"。我们在课余时间常去他的办公室听他讲笑话。在我步出校门后仍得到他的照顾。是他推荐我去福州工作；福州工作结束后，又为我安排了在上海的工作。

愉快的校园生活和在良好的学习条件下获得的宝贵知识，为我后来的人生道路奠定了坚实的基础。是约大的教育制度和教学方法，使我学有所好、学有所长、学有所用。

我相信。约大的教育经验对当前国内的教改是有参考意义的。

（本文原载于《圣约翰大学第九届世界校友联谊会特刊》，2011 年 10 月。白德懋：1945 届圣约翰大学建筑工程系毕业生，北京市建筑设计院总建筑师）

忆黄作燊老师的启发式教育法

王吉螽

　　黄作燊老师是第一位在上海的圣约翰大学新设立的建筑系中，将当时西方现代建筑理论及格罗皮乌斯创办的包豪斯式的现代建筑教育方法引入中国的创始人。他在建筑设计课上进行"动口不动手"的启发式教育方法，通过提问，启发学生主动地通过调研、亲身体验及参考资料等手段来解决设计上的问题。在设计的过程中，他分阶段地从不同建筑的使用功能，人在建筑内部及外部活动时在生理、心理、物质及精神诸方面的空间组合方式的认识，对流动空间的科学性及艺术性的塑造等方面，启发学生对现代建筑理念的理解。他也在设计中不断鼓励学生的创新思想，使每个学生最后都能做出各不相同、引以自豪的设计方案。

　　我在约大土木工程系毕业的那年，看到教学楼的走廊墙上挂了很多建筑系学生的设计作业，引起了我很大的兴趣，于是决定再进建筑系学习。我的第一个设计题是黄老师出的"乡村河边诊疗所"，其他要求什么都没有，真是无从下手。后来问了老师后，他说设计题目的内容要自己去思考充实。这就引来了一大堆的问题：这个建筑的性质及用途怎样？是供哪些人使用的？他们的活动方式及相互的功能关系及空间大小如何？这些问题启发了我自己去寻找答案，自编设计任务书。通过去图书馆收集参考资料，以及去医院当了一次病人，我亲身体验了从挂号、候诊到诊病、配药、打针各个环节的功能关系，测量了各环节所需的空间面积、形状，充实了设计任务书的内容，并做了第一个方案草图。黄老师看后认为此方案只考虑了建筑内部的功能是不够的，还应考虑到它的周围环境、地形、朝向、风向等这些建筑使用上的外部功能要求。题目是河边乡村诊所，就应除了考虑陆上道路外更要考虑水路的来人；如果晚上有急诊的病人，也要考虑医生、护士的食宿问题等。这些问题，又进一步启发我去扩充了习题的内容。老师一再强调要学会从内到外，又从外到内，反复补充及修改方案来充实自己的思考能力、设计能力。最后老师又提出了这个建筑采用什么结构及材料，如何认识这些材料的结构特性，及材质组合的自然美和组合美，如何依功能安排门窗、墙面及屋盖，并在这基础上不断创新，才能创造出一个与众不同的建筑造型。最后，老师为了让学生能真实地表达设计方案的创新意图，又要求做一个屋顶可以掀开，能展示内部空间设计意图的模型，组织大家讨论，进一步组织学生从不同的视角及不同的视点来理解建筑的立体造型及内部流动空间组合的功能性及艺术性，帮助同学增加对现代建筑艺术的认识。

　　黄老师的"动口不动手"的启发式教育方法，使我不单学会了设计一个小小的诊疗所，更重要的是学会了现代建筑的设计方法，使我的设计思路受益匪浅。可惜的是院系调整后，由于种种原因，未能实现这一先进的教学方法。

图1　王吉螽先生指导学生制作三千人歌剧院模型

　　1958年，为了庆祝建国十周年，由上海市委委托市文化局组织，工业院、民用院及同济参加了"上海三千人歌剧院"方案设计竞赛。黄作燊老师很感兴趣，亲自领导了建筑、结构、声学有关的王吉螽、王宗瑗、朱伯龙、王季卿及部分建筑系毕业班的学生，上了一堂真题真做的设计课。

　　首先黄老师为了设计人员对剧场有较全面的认识，请了他的哥哥，我国著名戏剧家黄佐临来校介绍了不同剧种、不同体系、不同的表现形式，特别介绍了歌舞剧对剧场舞台在演出时所需的较宽敞的空间及置景所需的机械设备及三千人观众厅在视线、音响、灯光上的要求。同时又分别组织大家访问歌剧院、舞蹈学校、戏剧学院以及当时上海最大的天蟾舞台及大舞台，亲自体验观众在不同座位上对视线质量和音响效果的认识及演员对舞台、后台设施的要求，增强了对剧场功能的认识。

　　经过实际调查及分析，认识到大型剧场在舞台及后台的尺度和设施上较易解决，但设计一个三千座的大型观众厅，要将三千观众合理安排在视距大幕33米以内、俯视角在20°以下、两侧座位的观众水平控制角在60°以内这样一个楔形空间中，有相当大的难度。经反复比较，用二层挑台，并在观众厅两侧上部另加小包厢的方案，才能保证观众厅的视线及音响质量。但是，现用的钢筋混凝土梁架出挑结构本身太大，无法保证挑台下观众席的空间高度，因此，矛盾的焦点在结构上。黄老师提出挑台下的结构要创新。当时结构老师朱伯龙想出依观众座位形式设计一个倒薄壳，可以大大减薄挑台下的结构厚度，再将此薄壳挂在观众厅两侧的回廊结构上，形成了一个新型

139

的吊挂式倒薄壳结构，解决了二层挑台的利用，可使三千观众场具有良好的视线和音质效果。在舞台设计上除给予足够深、宽、高的供歌舞剧演出的空间及设置全套升降台、转台、推拉台及可升降的乐池外，又设计了一套可上下左右伸缩的台框，及活动的面光和侧光设施，可满足不同剧种的功能要求。剧场的造型，黄老师认为剧场是欢乐的场所，剧场的正面是观众的入场大厅及二、三楼的观众休息厅，主张要通透明亮，多采用玻璃，尤其在晚上能反映出大批人群在璀璨的灯光下，和平欢乐的景象。

该方案在接受专家的评审时，功能、技术受到一致好评，认为三千人观众厅的视线质量指标在一般设计中尚属少见，采用吊挂式薄壳的挑台结构实属创举。舞台的设计，灯光的创新设想更受到舞美工作者的欢迎。

方案经文化局送上层领导审评后，认为同济方案在功能及技术上与其他方案比较，具有很多优点，但在立面造型上太西洋化，与前面的中苏友好大厦不协调，没有体现出"新中国的巨大成就感"。因此，要求重做立面，并在一周内修改后，做好模型交领导再审查。

这个审批决定好似给黄老师当头浇了一盆冷水。他听了后摇摇头苦笑着，他心里很喜欢这个符合时代的造型，不愿违背自己的建筑理念。但校领导要求再出立面方案，黄老师对我说了一句非常幽默的话："歌剧院是演歌剧的，就给一个现代人穿上古装吧！就让毕业生来完成这一任务吧。"最后在大家的努力下，三千人歌剧院的方案最终得了标，并在59年上海群英会上获得了"上海市先进集体奖"的荣誉称号。后来三千人歌剧院因三年自然灾害、经济影响及文革而停建。

图2　1958年校长王涛接受建筑系喜报（左二：王涛；左四：王吉螽；左五：黄作燊；右一：冯纪忠）

黄老师在设计的教育过程中不单是指导设计的方法，而且通过设计、调查研究及资料收集，整理了"上海剧场调研资料"、"国内外大型剧场观众厅视线质量比较表"、"国外实验性剧场"、"舞台面光侧光研究"、"观众厅视线的简易计算法"……，培养了大家的科研能力及创新能力。

　　黄老师苦心组织大家设计的一些创新设想，例如朱伯龙的悬挂式倒薄壳的观众厅挑台后来在上海的中兴剧场改建中试建成功。王宗瑗的桁架式活动面光也在上海戏剧学院的实验剧场中采用了。更有讽刺性的是，在中苏友好大厦背后原给三千人歌剧院建造的基地，现已由美国波特曼建筑师建造了一座西式的"上海商城"及现代化的大楼。这些实现，也可慰老师在天之灵。

（王吉螽：1947届圣约翰大学建筑工程系毕业生，曾在该系任教，后为同济大学建筑系教师、同济大学建筑设计研究院总建筑师）

追忆黄作燊先生

王秉铨

　　我们求学时以先生称呼老师。不分男女老师，都叫先生。所以这里还是以黄先生称呼黄作燊老师，这样回忆时比较自然。

　　进建筑系时就知道我们有个长着孩儿脸的系主任，看起来不严肃、易亲近，但真正近距离接触他，还是到1957年做毕业设计时。那时我们的毕业设计分工业建筑和民用建筑两大类。工业建筑有水泥厂、纺织厂和发电厂三个题目，民用建筑有高层住宅、图书馆、体育馆、美术馆和剧场。我喜欢戏剧音乐之类，就选了剧场。指导剧场设计的是黄作燊和罗维东二位先生。

　　我进建筑系时正值第一个五年计划开始，一边倒学苏联。文艺上倡导的是所谓社会主义现实主义，反映在建筑上看到的建筑物就是对称布局，重要的加柱廊门斗，

图1　1958年的黄作燊先生

141

再加个民族形式，一时大屋顶风起云涌。不过同济那个时候还可以。我记得做设计时只要平面布局合理、立面造型清晰协调，就可以有好的评分。不需要做飞檐翘角，或搬斗栱漏窗以示民族形式的。到1956年时，大屋顶已因经济上的浪费被批判掉了，加上百花齐放、百家争鸣的方针，建筑学报和同济校刊上登载了多篇介绍西方现代建筑大师的文章。记得有清华周卜颐介绍格罗皮乌斯、同济吴景祥介绍勒·柯布西耶和罗维东介绍密斯·凡·得·罗。系里还办了几次学术报告。那时的外国建筑史课就教到文艺复兴、巴洛克时期为止，工业革命后建筑发展的情况就没有了。所以这些文章和报告引起了学生很大的兴趣。像流动空间、密斯的名言"少就是多"等似乎一下子在同学中广泛流传。

得悉毕业设计是这二位老师指导，心里就很高兴。那时已知道罗维东先生是密斯的学生，才回国不久。但对黄作燊先生知之不多，学报上没见过他的文章，系里也没听过他的学术报告。学生喜欢打听，从青年教师那里知道黄先生很年轻时就去英国念书，所以传说他的英文比中文好。还有就是他回国后办了圣约翰大学建筑系，和学院派的建筑思想不一样。不过对学生来说知道这些也够了。大家期待着学习中有些变化。

毕业设计的剧场组还分三个题目，一是可演京剧、歌剧、地方戏的综合性剧场，一是儿童剧场，再一个是实验剧场。我想实验性的会要求多样，挑战性强些，就选了实验剧场。课题发下后黄先生告诉我们这是个真题假做，上海戏剧学院现有剧场很简陋，他们想建个新的实验剧场。当然那时候不会大手大脚地拆建，他们希望旧的还可以留着用。能否保留，怎么保留，如何利用，就看你们做的设计了。他就带着我们去见戏剧学院院长，听院长的介绍，踏勘现场，回来后就开始着手做。

———— 一 ————

这时黄先生向我们介绍了无框舞台。我以前的概念舞台和观众厅是两个分开的空间，虽然演员演出时希望观众能随着剧情有喜有悲，要感动观众、教育观众。黄先生提出了过去的京剧等地方戏舞台都是观众三面围看的，演员也不是一定要面对观众、斜着身段横进横出的。他赞赏当时的京剧演员麒麟童（周信芳），说周演的四进士（一出京剧名），即使背对观众也有戏。当时国内戏剧界推颂的是苏联的斯坦尼拉夫斯基体系。我为此查阅了一些资料，知道了还有德国的布莱特体系等。也知道了英国莎翁的戏剧演出，观众不仅三面，也有四面围看，演员穿过观众上下场。使我的眼界和思路开阔了不少。当然黄先生还介绍了剧场的其他方面情况。

黄、罗二位老师指导设计的方法方式和老一代的老师不同。他们不动手，不是一张透明纸蒙在你的草图上作修改。他们看你的图，听你说明。如果没意见，点点头，叫你做下去。否则会提出问题或意见，让你再去思考、分析、修改。整个过程就是学生自己不断地想和画，从总体到局部，到细部，做不同的方案比较，选自己满意的给老师看，还加说明，然后听取他们的意见再修改。这种指导设计方法可以充分发挥学生自己的思考力、想象力和创造力。

那时候不少同学对现代建筑的空间流动、空间延伸、室内外空间一片等词语和形式很着迷。戏剧组有位同学很善画，出手也快，一次在做前厅设计时就画了一张草图，一片砖墙从厅内穿过玻璃墙面伸到室外，沿着室外砖墙一片水池又蜿蜒地流回厅内，再配些绿化，就像图片上看到的摩登住宅一样，同学们都赞许。第二天上午是罗维东先生来指导，他问了些问题后就严厉地批评了这种形式上的抄袭。围观的同学都不敢出声，聆听教导。黄、罗二位都是接受现代建筑思想的教育，但是他们反对不甚了了或一知半解的去抄袭一些形式。后来工作时，与黄先生有了更多的接触，这方面的感受就更清晰。

1959年在北京的十大建筑之后，上海也准备建三千人的大剧院。同济接受了这个任务，系里由黄先生主持，王吉螽、王宗瑗负责设计。当时逢到节日常有献礼、挑灯夜战之类，赶图赶模型等事，黄先生总是和年轻师生一起，到晚上十一点搭末班公交车回家。但各种原因使该项目拖了几年也没定下来，后来就把它作为毕业设计和科研项目同时进行。"文革"开始，大剧院也就无声而终。"文革"后戏剧学院的实验剧场却真的实现了。1978年戏剧学院来找同济，这时黄先生已不在俗世，设计由史祝堂和王宗瑗二位负责。它的规模比五十年代提出的大多了，舞台深，吊杆、升降台等机械设施齐，是当时上海最先进的了。观众席也增加，需设楼厅。设计中把楼厅的观众席沿着侧墙一直斜落到下面舞台，可以给导演编排戏剧时有更多灵活性。由于两侧有斜下的观众席，大厅池座每排观众座位就减少，可以做成大陆式，即大厅。中间没有一条宽的走道把观众席分成左右两块。台上面对的观众厅是全满席，不是看到中间一条空空的通道。我记得这些内容在做毕业设计时都听黄先生讲过，或分析过请教过。黄先生对戏剧和剧场是很有研究的，可惜时运不济，没有用武之地。

二

五十年代学建筑历史时，老师发讲义。1961年时教育部和建工部要求编写统一教材，由南京工学院编写中国建筑史，清华编写外国古代史，同济编写外国近现代史。记得1959年的一次政治运动中有所谓火烧文远楼，即大字报贴满了建筑系的文远楼。其中有大字报说同济建筑系是八国联军占据，因为同济建筑系的一些教授曾留学英美德法日等刚好八国。人才来源丰富，所以下面传说，不知是否是因素之一，由同济编外国近现代史。反正1961年起我跟教我外建史的老师罗小未先生编写外国近现代建筑史，一方面是编教材，另一方面也作为建工部的一项重点科研项目。黄作燊先生作为系领导对这工作常关心，会问起做些什么。我们的教材中有相当篇幅论及现代建筑的四位大师：格罗皮乌斯、密斯·凡·得·罗、勒·柯布西耶和弗兰克·劳埃德·赖特，及他们的建筑思想、言论和作品。我们那时主要的参考书之一是基迪翁（Guidion）的"空间、时间和建筑"（Space，Time and Architecture），那里也介绍这四位大师，所以四位大师的观念是很普遍的。我记得和黄先生谈到这些大师时，他的观点很明确。他说赖特不是现代运动的，他认为赖特的设计思想、设计风格和形式都不是大工业的产物，是手工艺运动的，包括赖特的教学方法也是学徒式的。黄先生不是反对把赖特写进去，因为在现代建筑史中不可能不提赖特，他主要指赖特不是现代建筑运动的大师。所以他对现代建筑运动的概念是很明确的。

由于要编写教材，又是部的重点科研项目，所以我们系有经费可以多订些国外建筑期刊。那时新来的书送校图书馆，期刊就送系资料室。管资料室的一位陈老先生在新的杂志到后，就会把英文的给黄作燊先生，德文的给冯纪忠先生，让他们带回家先看，第二天上班时还给他。他把新到的杂志锁在玻璃橱内，要看时需开锁拿出。那时因为搞第二次大战后的倾向和思潮，我对一些新的建筑和评论更注意，常去翻阅。老先生知道我工作需要，所以我有需要提出时也同意下班后让我带回去看。黄先生在看到好的内容时就会跟我谈。有一次他叫我去看杂志上登载的美国建筑师路易·康（Louis Kahn）设计的原巴基斯坦，现为孟加拉国首都达卡的国会大厦。他说路易·康有创意。包括之前设计的美国圣地亚哥附近的索克研究所，他也觉得很好。路易·康很早从宾州大学毕业，受的是学院派的教育，直到后期五十年代时走出了自己的风格。黄先生对这不纯粹包豪斯风格的也欣赏，他没有僵硬的现代派观念，不赞同所谓的国际式，而更看重有发展，有创造的东西。

我们教材中对第二次大战后的建筑拟选一些当时期刊上登载多，有影响的建筑实例作简要的介绍。我还记得黄先生对这些建筑的看法。如朗香教堂、悉尼歌剧院的方案等他很欣赏。对纽约机场的环球航站大楼，就觉得只是做个鸟形的薄壳。对那时巴西的新都巴西利亚的政府建筑群的设计也不觉得怎样。黄先生不对人家扣帽子，什么主义什么主义的。他就是觉得后面两个例子只是搞些形式上的奇特，没有什么深度。所以他不赞成同学盲目地抄袭杂志上的时髦形式。

悉尼歌剧院选址在海湾一块突出的岬地上。丹麦建筑师伍重（Utzon）把几个大小剧场构筑成一个高台，上面勾画几笔风帆似的薄壳屋顶，坐落在港湾中，很美。

三

黄先生告诉我伍重曾去北京访问过，对天坛有深刻印象，做这个方案时对他有启示。我们谈到天坛的建筑，走在那高台上，蓝天白云，两旁柏树低沉，一片绿海，真有与天呼应，天人合一的感觉。不过对我来说这还是 1952 年在北京求学时游访的感觉，那时游人稀少。后来再去北京重访天坛，人头攒攒，已找不回那种感觉了。但天坛始终不失为一个完美的建筑。建筑还要受到结构、材料、施工、经济等的制约。悉尼歌剧院尽管请了一家著名的英国公司做结构设计，还是没法做出初选方案图中的薄壳形状，最后的薄壳不像风帆，而像几块切开的橙子竖立着，没有了初选方案的那种感觉。不过它还是成为了悉尼的地标，旅游的重点。

黄先生对新的东西很敏感很有兴趣。大概 1963 年时英国的一份建筑期刊 The Architectural Journal 登载了一篇用穿孔卡片方式编汇档案、查询资料的文章，这是电子计算机技术前身的一个内容。他看到了，叫我看。他知道我数理基础比较好，也能动手制作些东西，他问我，我们能不能设一个科研项目搞这方面内容。我说可以，但还要多看些资料，因为这还是首次在建筑杂志上看到这方面的文章。这个内容和建筑没直接关系，而是一个应用技术。现在大家都知道计算机在建筑中的应用了，黄先生那时就敏锐地看到这篇文章，并想试搞。可惜那时风云变幻很快，一些事情还没着手搞，情况又变了。

1971 年九一三事件后，虽然文革还在搞批林批孔等，但老百姓对此已疲惫，绷紧的弦松了。后来黄先生因高血压休息在家，我隔一段时间会去看望他。很幸运他家里的唱机唱片在文革抄家时没被抄走或砸碎。他收藏的都是古典音乐，我们会关着门窗，听上一段。后来我有了个磁带录音机，那时还是很新鲜的东西。一个机只附二盘磁带，每盘正反面各可录三十分钟。我就带到黄先生家去录喜欢的乐曲。他对这个新玩意儿也很感兴趣，要我试试把它接到他的低音大喇叭上，发现效果不差，他很高兴。后来他也有了一个，听他孩子说最后两年他常把玩录音机，给了他很大的乐趣。

1975 年我在安徽五七干校劳动，那里以前是一个劳改农场，里面以梨树为主，也有部分水稻田。我妻子那时检查出甲状腺肿瘤，需住院动手术。校方通知我回来安排孩子，照顾她住院。还好手术后切片化验结果是良性的，不久后出院，我也要回干校劳动。去了干校，已有几个月没见黄先生了，回去之前一个晚上我去看望他。

四

那时已是文革后期，小道新闻和政治笑话在民间遍传。那天晚上除了谈些干校生活，就是交流听到的小道和笑话了。这些事在工作场所传言还要注意些场合，但在家里就不拘束了。所以那天谈得很兴奋，笑得很高兴。没想到我告辞回家后黄先生就中风而仙逝。从现在的医疗环境和保健知识看，一甲子就走算是早了些。唯可告慰的是黄先生走得没有痛苦，而且走之前谈笑风生，这不是多数人能修得的。

后　记

文革结束后，1978 年高等教育有了很大改革，恢复高考，招研究生、派学者出国进修等，以追赶失去十多年的科学技术。我则将以访问学者身份赴美进修。当我去看重病卧床的黄太太时，她为我而高兴，也希望她的孩子有机会出国留学。当时我们的出国事项都由高教部统一联系安排，1978 年启动的，到 1979 年十一月才成行。这时黄太太已随黄先生而去，他们的小儿子黄植也已先我而赴美留学，后来其他二位也都前后出去留学。时光一闪这已是三十多年前的事了。现在黄先生的长子黄太平已从纽约

图2　王秉铨夫妇与黄植一家人（后排左起：黄植、Kristin A.Bagne、王秉铨、王宗瑗）

州政府的建筑部门退休。文革中黄先生被隔离审查时，挤55路公交车来同济领生活费的小不点儿老三，那时只有十二三岁，前一阵和他通话时，他说再过几年也就到他父亲活着的年龄了。和黄先生的师情友谊就还这么联系着。

（王秉铨：1957届同济大学建筑系毕业生，原同济大学建筑系教授，后赴美）

梦系黄作燊

赵汉光

　　黄作燊先生于20世纪40年代创办圣约翰大学建筑系，总共不逾十来届，每届学生人数不多，最少一届共三名学员。两位学员为地下党员，与上海美术学院院长汪亚尘（著名画家）之子——汪佩虎，连同老师共四人。其他社会名流后裔，如樊映川之子樊书培，上海名建筑师范文照长子范政，上海市儿童医院院长——富文寿医师长子富悦仁，祥生出租车公司老板之子——周文正等等。

　　当时中国天南地北建筑师大多系留学美国宾夕法尼亚大学建筑系，如梁思成、杨廷宝、陈植、赵琛、董大酉、谭垣、哈雄文皆是。吴景祥留学法国巴黎艺术学院建筑系，黄家骅则是美国麻省理工学院留学。

　　黄作燊乃英国伦敦 A.A. 建筑学院（Architecture Association）高材生。他与留

146

图1 1999 年赵汉光为黄作燊
先生绘制的素描

英的陆谦受、陈占祥等共事于香港与上海的五联建筑事务所。陈系利物浦大学建筑系
留学。

20 世纪 30 年代以后，世界现代建筑正如雨后春笋般发展。沃尔特·格罗皮乌斯
在魏玛和德绍成功地创办了包豪斯，后又受聘于哈佛大学建筑系。包豪斯的布劳耶
(Marcel Breuer)亦随同受聘来美。他们分别于林肯(Lincoln)和康乃狄克(Connecticut)
设计并建造了各自的私人住宅，积极地为现代建筑的理论与实践进一步推向世界"现
身说法"。法籍瑞士建筑师勒·柯布西耶已有相当建筑先后实现，如萨伏依别墅、巴
黎大学城的瑞士学生宿舍以及而后的郎香教堂和昌迪加尔城等等。

黄作燊于英国学成旅欧之际曾与柯布西耶会见，深感荣幸。后再赴哈佛就学于格
罗皮乌斯门下。当时哈佛建筑系仅四名中国学生：黄作燊、邬劲旅与贝聿铭等。

20 世纪 30 年代上海建筑代表中国，首屈一指。匈牙利建筑师邬达克(Ladislaus
E.Hudec) 当时设计的国际饭店，不仅在中国，包括远东，"无出其右"（香港或东京
当时均尚无二十四层高楼大厦）。沿黄浦江畔的沙逊大厦、汇丰银行、百老汇大厦与
中国银行大楼形成上海外滩独一无二的城市风景线。国际饭店右邻的"大光明电影院"
是邬达克的"装饰艺术派"建筑设计。哈同路吴家的"摩登"住宅也是邬达克的手笔。

147

贝聿铭的祖上是经营银行的，吴宅临近的贝宅，高大的马赛克立面在上海也绝无仅有。独家经销劳力士手表的珠宝商安康洋行 20 世纪 40 年代已就位于沙逊大厦楼下。

兰心剧院座位不多，音响最好。除演出话剧外，还是意籍指挥家梅帕器（Mario Paci）[1]主持的上海交响乐团等古典音乐的演出基地。

居民住宅多半为石库门或里弄房子。吴一清所住的溧阳路菜场边的住宅即为一例。租界住宅也多欧美款式，罗维东回国时曾逗留于西班牙式住宅。吴景祥是我所知道的唯一自己设计、自己出资建造住宅的建筑师，建筑规模不大，但"麻雀虽小，五脏俱全"，而且"别具一格"。城市近郊蝴蝶瓦空斗墙尚不鲜见。

我 1949 年入圣约翰大学建筑系，在黄作燊屈指可数的几代学徒中已属近末代弟子矣！刚留英回国黄教授那时才三十四、五岁，我入学两年没有机会受到他亲自指导。约大建筑系设斐蔚堂,高班同学眉飞色舞向我描述斜倚二楼窗口，英式小肩膀上装的"黄亨利"主任……英语如何流利，但可惜"中文勿是老来事"。建筑学生作业有海报设计（Poster Design），需要表现"Time 嘞，Space 嘞，Vision in motion 嘞"或者"Organic Texture"等等，尚未入门的我一方面"丈二和尚摸不清头脑，"另一方面感到现代建筑颇有些学问。需要振作精神认真学习。

启蒙阶段教授基础制图技能和基础理论。我当时的授课老师是李德华，他同时用中文及英文授课，故受"形式追随功能"（Form follows function）、"住宅是居住的机器"（A house is a machine for living in）等等现代建筑的"格言"影响较深。李先生课外时常介绍如外滩公园历史丛书等给我们参考，他自己亦勤于毛笔书法，对日本建筑、家具、餐具、服装设计多多介绍启发。随后数届同学由归国老师李滢授课。她在海外留学时，除格罗皮乌斯外还师从阿尔瓦·阿尔托，她的启蒙教学更能启发学生创新、思索，如"孤岛栖居"设计。

黄作燊麾下建筑系师生共同"设计系服"。综合方案选毛蓝布为材，中山领、二侧边叉，新装上身后，全体师生在"黄亨利"主任亲自带领下绕约大校园慢跑一圈，校园里充满了欢呼声。

学生为数不多，数年级同一教室，代代师生教学相长，逢时逢节常有较大的欢庆活动。如富悦仁钢琴独奏"布吉乌吉"（Boogie Woogie）[2]，罗小未演唱"萨姆森和黛利拉"（Samson 与 Delilah）[3]中的咏叹调，以及郭丽容表演芭蕾"天鹅"（Swan）。

抗美援朝，热火朝天。黄作燊带领全系师生共赴杭州之江大学表演，他自编自导，人人上台演出。此乃首度认识建筑系主任在表演艺术上的才干与热情。浩荡大军，锣鼓轰天。黄作燊编导，李德华打鼓，王吉螽敲锣，大家有唱有跳……

1　梅帕器（Mario Paci），意大利钢琴家、指挥家，是李斯特的再传弟子。他 1919 年巡回演出到上海，被上海工部局聘为"上海工部局交响乐队"指挥。"上海工部局交响乐团"即"上海交响乐团"的前身。
2　布吉乌吉，一种钢琴演奏的爵士蓝调舞曲音乐，1930 年代至 1940 年代在美国流行。
3　1949 年美国电影"萨姆森和黛利拉"，是一部根据圣经的旧约故事改编成的影片，曾获 1951 年奥斯卡最佳布景和服装奖。

"从上海滩到大上海"

"上海呀，本来呀，是——天堂"上海的电影事业好比是中国的好莱坞。张善崐、吴祖光的大名充斥场场电影的序幕，赵丹、李丽华、舒适、白光、王丹凤、周璇等等更是家喻户晓。电影"乌鸦与麻雀"、"家"、"春"、"秋"以及"雷雨"均系经久不衰的节目。

国际饭店不仅其建筑堪称典范，"丰泽楼"的北京烤鸭也毫不逊色，与北京"全聚德"并驾齐驱。今天的人民公园及图书馆，当年是跑马所。

西区亚尔培路有跑狗场，就近梧桐树下有座乡村风味的住宅，门上有 R.V.Dent（登特）[4]铜牌，偶尔可遇登特绅士（Dent Esq）持杖漫步，英籍"老番"（也可能是犹太人）弃大英帝国而逍遥上海滩，此中定寓有深奥的缘由。

"一日为师，终身为父"

恩师逝去已快四十年头。"京都欲留留不住，决意投身黄浦滩。"[5]这一点作为弟子的我始终不解。恐怕他过喜欢看戏，而当时只有上海滩有大舞台、共舞台，还有天蟾舞台……

大上海已建成的建筑还有董大酉设计的江湾体育场。陈植、赵琛、童寯组成的华盖建筑设计事务所当时非常活跃——大上海电影院设计就出自"华盖"。梁思成这时在北京清华也已根基扎实，他曾代表中国出席联合国大厦的设计。杨廷宝是"政府建筑师"，南京博物馆及多座影剧院由他经手。上海外滩中国银行大楼为陆谦受设计，同时兼职执教约大建筑系。为时不久，扬长离去。大量设计书籍资料均盖有陆谦受印章，黄作燊全部接收。

位于上海西区武定路的中国银行宿舍公寓当属黄作燊手笔，设计布局造型显示出柯布西耶的影响和风格。静安寺庙弄弄口的 Art Scope 照相馆设计是李德华的代表作。店面室外装修、色彩、室内家具设计、灯具、壁画都标志着现代建筑的异军崛起与当时传统店面"老介福"、"蔡同德"、"雷允上"或"大三元"、"五芳斋"、"杏花楼"等颜鲁公字体招牌形成鲜明对比。Art Scope 所采用如此大的立体英文字与建筑的结合，除在世界博览会建筑上曾有所见，在新上海可谓"前无古人，独一无二"。

我于初期就学时曾经参观过白德懋、李德华、王吉螽、曾坚的室内与家具设计。曾坚此后专门研究家具设计，作品遍及各大建筑如北京饭店、人民大会堂。2003 年于北京与曾坚、白德懋、周文正等同叙后，曾将一件他设计的扶手椅照片赠我留念，此乃他最精彩最心爱的作品。他于 2011 年病逝，愿他与黄作燊共九天揽月。

4　近代寓居于上海的某英国商人。
5　1949 年梁思成曾邀请他前往北京工作，他没有去，但推荐了不少圣约翰毕业生去了北京，如樊书培、华亦增、籍传实等，后来白德懋、李滢、周文正等也先前去。

后来有机会参观龙华水泥厂老板（姚有德）的住宅及室内设计，他于起居室内引进一曲线水池。王吉螽遂就室内设计引进绿化。王吉螽的室内水彩画透视成为此后设计奋斗目标的典范。

Life——时代杂志相当风行，加利福尼亚州建筑师 Charles Alden Dow 设计的住宅有相当篇幅的图片介绍斜坡屋顶泻近水面，通透的玻璃室内外空间与绿化的连接。其构思、手法与赖特的罗比住宅或尔后不久的东、西塔里埃森遥遥相望，似乎不那么遥远，但其实不然焉！

上海市西藏路口的工人文化宫改建，"黄亨利"的建筑系亦积极提供设想，方案体现了现代建筑材料的形象。但最后入选的方案还是画家张充仁的"宾式"[6]方案。在上海以外地区，如山东淄博等地他也积极争取。那时正值彼次子诞生，故取名"渤济"。

上海圣约翰大学建筑系"别具一格，渐露头角"，在上海市内乃至国内异军崛起。但是九九归源，终究只是后起之秀跃跃欲试，而"望尘莫及"。

从斐蔚堂到民主楼

经过初期发展，黄作燊的建筑系队伍好像从"重奏乐队"摇身一变成为大型"交响乐队"了。

托斯卡尼尼（Toscanini）[7]曾经有名言曰："只有坏的指挥，没有坏的乐队。"比喻

图 2　新成立同济建筑系的教师们在民主楼前合影

6　指"宾夕法尼亚"大学教授的带有学院派特点的建筑样式。
7　阿图罗·托斯卡尼尼（Arturo Toscanini，1867～1957），意大利指挥家，世界十大指挥家之首，是现实主义指挥学派的奠基人。

指挥对乐队演奏的关键作用。约大建筑系教师班底主要由代代师生组成，基本队伍为李德华、王吉螽、罗小未、王轸福等，再加上白德懋、陆谦受、陈植、陈业勋等客座教授。

五十年代初，在民主楼的同济建筑系队伍已有圣约翰大学、之江大学、同济大学、震旦大学、大同、交大教师组成，还有北京、天津参加的美术教师，阵容强大。北京、天津、南京实力雄厚的师资源源不绝，包括戴复东、吴庐生、陈宗晖、樊明体、蒋玄怡等等。

冯纪忠后出任同济大学建筑系主任。曾留学奥地利维也纳的他，是同济大学对面公交汽车场的建筑设计师，此前他在陶铸领导下设计了武汉医院以及东湖风景区的高级休养院。他在俞森文的领导下曾为杭州市的园林绿化多有贡献。俞森文与李国豪常有交往。

冯纪忠的家传与他的国学根基为他出任偌大教师队伍的"总指挥"提供了坚实基础。他思路清晰、善于辞令，师生对他均刮目相看。他设计并亲自绘制的中心大楼方案，展现了他建筑设计和表现艺术方面的深厚功底。

我于1953年春季毕业留校任教，毕业前不久黄作燊为我班主导教师，为期不长。

冯纪忠上任后我有机会帮助他预看学生作业，每看他改图，与黄作燊侧重不同，然都成为我进一步学习的机会。建筑系后来荣膺"八国联军"雅号。除担任冯纪忠、李德华助教之外，我时为工民建或施工毕业班指导建筑。

吴一清担任民用教研室主任期间，我曾轮流代担任过谭垣、哈雄文等教授的设计课辅导，亦有参加构造课的辅导。谭垣、哈雄文留学美国时，均赴宾州大学建筑系。陈植、赵琛、董大酉也都就学该校。哈雄文时时提及保罗·克瑞[8]（Paul Cret）。宾州大学建筑系作为学院派建筑的重要基地，水墨与水彩渲染为其重要的基本功。保罗·克瑞的水彩画根底厚硕，造诣颇深。谭垣的教学深受同学的欢迎。他改图速度快，功能分区、交通枢纽、布局接联、建筑体积的交接与高低错落、门窗大小、虚实、墙面的对比几乎程序化。谭老渲染配景快速熟练，"即兴上身"，经地下"拾泥为彩"，师生均张眼咋舌，叹为观止。

吴一清师承画家张充仁水彩画，彼甚勤奋。珍藏一册法国水彩画家维尼亚尔（Pierre Vignal）画集，我曾数度求仿珍品，温故知新。苏联归国留学生张耀曾尝任教于同济建筑系，常嗜问吴于溧阳路旧居。

自然灾害期间，我曾被派随谭垣与安怀起去徐州设计革命英雄纪念碑。笑叹当年谭老一行辛勤跋涉完成方案，深受当地层层礼遇，谭老亦深表欣慰。

哈雄文在同济建筑系期间，我亦曾有幸同他赴杭州一行。正值全国昆曲在杭州巡回演出。哈先生对昆曲素有研究，昆曲是京剧的基本功。此行几乎每晚陪伴观演。我初出茅庐，能有此专家启发观赏顶级名角俞振飞、盖叫天，以及多位专家辈名角的演唱，

8 保罗·克瑞（1876～1945），出生于法国里昂，毕业于巴黎美术学院。20世纪20至30年代在美国宾夕法尼亚大学建筑系任教，其学院派设计思想主导了该系30年左右时间。当时恰逢中国近代主要一批建筑学留学生留学宾大，因此他的设计思想深刻影响了这批学生，并进而影响了中国。

是为我此生一大荣幸。

哈雄文是回族，深爱收藏宝贵印章，寿山、青田、鸡血皆为搜索珍藏之例。他"猪肉照吃，而且津津有味。"不久他被调任哈尔滨工业大学主持教学。七十年代初我同张耀曾和南京工学院同行，在桂林旅店中与哈先生再次重逢，此后作别。诗云："我见黄河水，凡经几度清。水流如激箭，人世若浮萍。痴属根本业，爱为烦恼坑……"[9]愿联军[10]哈雄文与黄作燊在天重逢。

乐队指挥、联军司令黄作燊常常与各级部下平起平坐，于复旦大学附近的"四川饭店"共赏名菜"鱼香肉片"。周末的网球活动，每周绝不缺席的有黄家骅、庄秉权、郑肖成、王季卿……黄佐临时亦参加。我常为四川饭店座上客，并数度参与福州路大闸蟹酒局，哈雄文、黄家骅、庄秉权、唐英在座……共嚼"真正"的清水大闸蟹（阳澄湖）。

我不会打网球但醉心古典音乐

我与老师共同欣赏古典音乐或赴音乐书店搜寻唱片景况较多。舍弟赵汉庆（已故）于上海音乐学院钢琴系学习期间有"福"拥有两张鲁宾斯坦（A.Rubinstein）[11]演奏的（R.C.A新版）肖邦作品，特别是e小调第一钢琴协奏曲（E Minor）[12]，动人心弦，深切迷人，曾反复倾听。老师深佩欣赏之余，道起他海外期间尝亲自聆听鲁宾斯坦演奏格拉纳多斯（Granados）[13]作的"Fire Dance"（大神午）时，在舞台上"故意卖弄技巧"，双手举得"奇高"敲响琴键。20世纪30年代上海有英国与德国两大电台转播古典音乐。每晚午夜前BBC（英国）及Berlin（柏林广播）至少一、二小时的音乐节目。英国多由John Barbirolli，Thomas Beecham，Adrian Boult指挥伦敦交响乐队。柏林乐队多由Felix Weingartner或Wilhelm Furtwängler指挥。作品多系莫扎特、舒伯特、贝多芬、巴赫、舒曼、勃拉姆斯、门德尔松作曲。

20世纪50年代斯堪地纳维亚国家如芬兰、瑞典、丹麦的建筑、室内与家具设计已经在世界有深远影响，圣约翰赴海外留学在阿尔瓦·阿尔托门下学习过的李滢在此方面深受影响。我在波士顿时曾在住所附近的Newberry街遇一位名为布朗的老太，她提起李滢时大大夸奖。

亨内伯格兄弟（Witold & Jacek von Henneberg）乃自华沙劫后余生来到美国，曾就职于协和事务所（The Architects Collaborative，简称TAC）——格罗皮乌斯创始的设计室。

9　出自北宋诗人黄庭坚《书寒山子庞居士诗》，为该诗前四句。
10　当时同济建筑系被称为"八国联军"，因为教师们有着多国教育背景。
11　阿瑟·鲁宾斯坦（Arthur Rubinstein）（1887～1982），波兰钢琴家。
12　e小调第一钢琴协奏曲，是肖邦一生仅创作的两首钢琴协奏曲之一，写于1830年他20岁时，为华沙时期作品，具有热情、朝气和富有活力的特点。
13　恩里克·格拉纳多斯（Enrique Granados，1867～1916），西班牙作曲家及钢琴家。

对于两位享有盛誉的建筑师贝聿铭和张肇康，黄作燊曾经亲自出示刊物中对他俩的作品——台湾东海大学中国式方案鸟瞰和教堂透视图的报导。

黄作燊除对阿尔瓦 · 阿尔托的建筑作品倍加崇扬，还特别欣赏芬兰作曲家的 D 小调小提琴协奏曲。画家丰子恺曾经翻译并译注挪威画家奥纳夫 · 古尔布兰生（Olaf Gulbransson）的作品《童年与故乡》[14]（别具风格的漫画）。学生与老师均很喜爱……非常地喜爱。

"建筑是所有艺术之母"（ Architecture is the mother of all Arts.）， 格罗皮乌斯的这句箴言在进入约大建筑系之后非旦夕而有所体会。新中国成立初期北京和上海先后建造了中苏友好展览馆，波兰、捷克、匈牙利、罗马尼亚等东欧国家都在上海交流展览，包括画展。稍后西欧如英国水彩画及法国农村画展加上苏联，当然都在苏联展览馆展出。英国水彩画以及法国画展是偕黄作燊一起观看的。使我惊奇的是建筑老师对英法各家的创作均深熟谙。我幼时常随家父参观中西画展，对洋画稍有关注，却不懂国画，颇感乏味，常没精打采。家父身为马利颜料厂董事，亦颇热衷于油画，且少事国画，师法张聿光笔法。父谆谆教诲："不可以画谋生，以致饿煞！"奈何我自幼喜爱字画。张充仁的水彩画集以及颜文樑的意大利油画写生与程及画集为当时仅有的几本专集。《星火》杂志时刊列维坦（Levitan）或希施金（Shishkin）[15] 插页，每裁下收藏，作我样板。入圣约翰前后，得见建筑系课室墙上悬有周方白在重庆所作水彩写生和他夫妇旅欧之际单色调（Sepia）人像写生习作，丝毫不逊色于张充仁。内心深深为将师承周老门下而振奋。在捷克、罗马尼亚、匈牙利展览会中能看到路德维希 · 库巴（Ludwig Kuba）、柯尼利尔斯 · 巴巴（Cornelius Baba）、尼古拉 · 格利戈雷斯库（Nicolae Grigorescu）以及陈盛铎高度赞赏的米哈伊 · 曼卡斯（Mihaly Munkacsy），都深受感染启发，大开眼界。天津大学的樊明体初抵同济时上课教室还是茅草棚，美术教师阵容又增加了蒋玄怡、王秋野、齐子春、刘克敏以及朱膺。我经常和他们共同作画，受益匪浅。冯纪忠夫人师从林风眠，使建筑系对林以及关良的画带来较深理解。黄作燊对我画作常有箴言。我常向启蒙老师李德华求教，必受启发，时或警戒。20 世纪 60 年代始日本展览会产品与艺术对社会的振动更大。其油画进展及变幅甚速。

延安东路河南路有上海博物馆，我曾多次参访。有一次请黄作燊共行拜赏。自顶层渐次层层往下参观展品画作，陶瓷青铜，及至底层书法不敢遗漏。我当时时而流露贬褒之意，老师却表示，"都好！都好！"促弟子一思，三思，再思，深思。

对马蒂斯（Henri Matisse）的画，他说："多像风和日暖午后困思濛泷半醒半困时的印象。"

---

14 《童年与故乡》初版于 1934 年，当时作者 61 岁，他在书中以 40 篇散文和 200 幅图画交互错综，生动有趣地描述自己的童年、家庭、初恋等生活故事，同时涉及北欧的大自然、动物以及纯朴粗野的农民生活。

15 伊萨克 · 列维坦（Issac Levitan，1861 ～ 1900）、希施金（Ivan Shishkin，1832 ～ 1898） 均为俄国画家。

花瓶式教学大纲

这个教学大纲象征着同济大学建筑系的诞生。大纲命名"花瓶式",是冯纪忠的贡献。当时正值罗维东回国,加入同济建筑教学大军,罗被任命筹备建筑的初步教学。赵汉光协助筹划同时担任助教,郑肖成共同助战。罗在美国曾就职于密斯·凡·德·罗门下。密斯与格罗皮乌斯共为现代建筑运动先驱,他的名言"少就是多"以及名作"巴塞罗那德国馆"等早已问世,在同济更非新闻。罗维东在同济为时不长,但他的介入将密斯严谨的设计作风、细心琢磨、精益求精的设计细部有更新的推广与介绍。有限几届主持的初步教学给师生留下的印象颇深。迄今已有半个世纪,张为诚、赵秀恒等回忆当年犹叹有感为"一曲难忘"——包括取笑密斯"斗鸡眼"的故事。

初步教学仍有别于宾夕法尼亚大学的办法,而继承了约大的建筑系训练。虽然同济当时对密斯的学说和作品已不生疏,但是当时中国的建筑材料和工业与欧美仍有天壤之别。

吉隆滩方案

全国征集吉隆滩纪念方案,同济大学整个建筑系几乎天翻地覆,人人动手。

与老师共同研究的时刻大有增长,从构思的探讨、设计制图到模型制作分分秒秒形影不离。郑肖成、王宗瑗、王秉铨都是积极分子。王吉螽住复兴路,距安亭路黄宅不远,亦数度参加。北欧、苏联、东欧如德、法、瑞士建筑杂志参考堆得满室满地。为纪念英雄而设计。裴多芬(贝多芬)的英雄交响乐几乎轮番地放送。反复研究的方案构思深受玛雅金字塔的文化影响,布局层次空间顺序地标升降,视野景观随行转景。除模型外,尚有数轴大幅油画棒景点透视。柯布西耶的昌迪加尔总体或尼迈耶的巴西利亚在设计者头脑里印象甚深。

为时不久古巴吉隆滩得奖方案公布,波兰建筑师方案夺标。

事后回顾,我们的设想"不太现实"或谓"太不现实"。"艺术性"不差,超越现实的"痴心妄想"。

黄作燊在英国学了建筑,长兄黄佐临与嫂嫂丹尼均就学于英国皇家戏剧学院(Royal Academy of Dramatic Art),也许因此老师对于剧院建筑、"演戏"、"看戏"、观演建筑始终有极大的兴趣。英国的老维克莎士比亚戏院(Old Vic Shakespeare)、中国绍兴船戏、故宫戏台、皇室观演,老师均津津乐道。

20世纪50年代英国已建成皇家节日音乐厅(Royal Festival Hall)。丹尼斯·拉斯登(Denys Lasdun)设计的英国国家剧院(National Theater)其构思从建筑与泰晤士河畔城市节日活动与剧院建筑观演的渗透、观演所的分隔与联系、观众与演员的一体化"如入其境",乃至舞台最新的变换与升降技术均已发展到新的境界。从兰心剧院到英国国家剧院已经逾半个世纪。黄作燊对于观演剧场的设计理想与热情也已经数度反复。

1977 年 Architectural Review 专集介绍了图文并茂的国家剧院，实为最精辟地反映了黄作燊对观演建筑的终极理想。1977 年老师已经离世两年，余精读笔录以志纪念。20 世纪 80 年代初我带领毕业班同学赴北京实习期间，正值拉斯登向北京建筑学会介绍英国国家剧院，此行逢陈占祥。1988 年陈占祥夫妇访波士顿，为再次重逢。

黄作燊对中国建筑和戏剧常提及午门建筑与空间的气魄和声势。对京剧中的八大锤情有所钟与深切的感染。遗憾的是剧院设计乃南柯一梦。

分中有合　合中有分

同济建筑系比起圣约翰是大大扩大，不久，同时成立同济设计院，吴景祥任院长。建筑系正副两位系主任的分工我并不清楚，"空间"一词由来已久，但"空间原理"又分"排比空间"、"序列空间"、"大空间"之类别是冯主任的"创举"。时值学位、职称、研究生、博士生的选拔。教授选拔中意的研究生助阵。我参加了罗维东的建筑初步课后继续担任二、三年级设计指导，多为中小规模的建筑课题，以训练学习思考建筑设计的方法和步骤。

杭州市拟于"花港观鱼"经典景地筹建花港茶室，"美差"落到冯纪忠名下。两位主任商讨后问我是否愿意参与设计，我选择留任教学班中指导。丝毫没有预料，为时不久，大字报在文远楼"满天满地"，兴起"革命的批判大浪"。我心中暗感庆幸。

"教育革命紧鼓密锣"

自从同济成立了建筑系，记忆中，一年四季教育革命从未中断。"教育在世先受教育"、教学大纲、教材、"教必教人"、"教学相长"、"教学方法"、"少而精"、"勿以学生当敌人"、"郭兴福教学法"等等，时刻不停地好像老和尚敲木鱼一样，一时一刻也不放松。建三教学小组被抓得很紧，"抓而不紧等于不抓"，一时建三在校系校园声名雀噪。"老葛"[16] 为小组主将，他充分发挥了他组织和领导的特长。黄作燊紧紧地关注教学、教师与学生的动向与进展。我能清楚地想象他"摒息敛气"地倾听教师向他汇报班级的各项活动详情。

阵容强大的建筑系增添了木工工厂，任命制作精细木工教学模型，精确的古建筑斗栱细部屋顶结构栩栩如真。建筑系设有专用的资料室，书籍杂志可由建筑系主宰订购，陈老为资料室主管。黄作燊对这份信息的流动非常及时和敏感。格罗皮乌斯的著作《全面建筑观》（Scope of Total Architecture）是老师亲手授我仔细阅读。这本书包括了我进圣约翰大学建筑系及至同济接触到的所有格罗皮乌斯的箴言、理论、主张和学说。

16　指葛如亮。

图3　1985年的赵汉光

我连读带抄将此小册子狼吞虎咽地统读一遍，对格罗皮乌斯的理论、实践——包豪斯所掀起的影响全球的国际现代建筑运动（International Modern Architecture Movement）有了进一步深切的理解，这场运动是必然的趋向。

从进约大追随黄作燊代代师生的指导和感染，清楚其一脉相承格罗皮乌斯的思想传统。曾有人询问李滢对黄老师的理解，李滢认为他"不全Gropius，而对其有所超越"。

与老师前期研讨"国际式"（International Style）形式的共性。他提示格罗皮乌斯着重建筑师追索寻"根"。张肇康与贝聿铭设计的东海大学方案可为探索一例。我于20世纪90年代中访问贝先生时，聆听他替日本设计美秀美术馆（Miho Museum）时构思如何寻启示于陶渊明的"桃花源记"，包括馆址附近的钟塔如何受中国古乐器的启发。综观贝先生"香山饭店"、"香港中国银行"，其设计思想与实践均无可挑剔，贝不愧为"建筑大师"，他以实际行动追索寻"根"。

亨内伯格兄弟（Witold & Jacek V. Henneberg）都称赞贝聿铭、张肇康为卓越的建筑师。看来他们并不倦对中国和中国建筑师鼎力夸奖。

"中国文化"、"中国建筑"、"中国传统"精益求精，臻善臻美。师从老师四分之一个世纪，"亨利"始终被认为系深受英国与欧美的"熏陶"，殊不察他心底深处对中国艺术文化的真忱热爱。他对京剧、昆曲、绍兴大板、广东戏无不赞扬（唯独对"的笃板"[17]嗤之以鼻）。任何艺术表现毫不例外，"长年累月"、"百折不挠"的持久功力才能到达完美的境界。"双刀削梨"的故事是从他口中传来的"神话"，十分精辟。中外无不褒扬日本建筑，引为至宝，但老师认为"小气"。再重温他对午门的气势，八大锤的威严的评价，他道出中日建筑"貌似神异"的微妙差异。遗憾老师壮志未就身先亡。陈植曾赞"黄作燊是爱国的"，但究竟对中国为何热爱，二十五年亦难成共识。他对中国建筑文化艺术的卓见，恐怕即其区别于格罗皮乌斯之处，青出于"蓝"，而胜于"蓝"。

"交响乐指挥"、"联军司令"孜孜不倦、任劳任怨，上自两级教授（同济大学唯李国豪为一级教授），下及龚阿毛、王德贵，他一视同仁、先人后己，俯首甘为孺子牛。在家中曾有几次训斥老二"渤济"以致他眼泪鼻涕……但在学校，为充分发挥众人的潜力，我未尝有一度见他脸红脖子粗。教授之间亦难免为争取级别而争论不休，身为副系主任他被评为三级教授，从未流露丝毫怨气。文革期间，红卫兵进行革命行动之后，教授（包括底层大众）的家底，谁家富裕，谁家转移！谁一方面报告红卫兵"娘舅家有黄金！"，同时告诉娘舅"快点将宝贝藏妥，红卫兵马上要来抄家了！"大家都开始

　17　指越剧，越剧早期有一个阶段被称为"的笃板"，后也用该词代指越剧。

知道黄家没有"金银珠宝","储蓄现钞",咖啡要烧两次再扔掉，他连一个像样的相机也没有。家中最心爱的，只是老城隍庙购得的"明代制造的"太师椅（二手货），对此爱不释手。

师从黄作燊，建筑、艺术、音乐始终是师生热爱崇仰的目标之一。舒曼与勃拉姆斯、或埃尔斯纳教授与肖邦无私、互爱、互敬的友情，始终是不容磨灭的学习风范。学术权威各式各样，或是将学生徒弟当敌人、或私有财富，甚至作交易买卖，中国有，外国也有！黄作燊"出淤泥而不染"，"大公无私"，"俯首甘为孺子牛"。文化革命人人得受考验。家破人亡，四分五裂，最后红卫兵小将告诉我："黄作燊是个好人！"

格罗皮乌斯在哈佛大学并非"一劳永逸"，不久，即让位于泽特（Jose Luis Sert）——他在哈佛设计的科学馆、查尔斯（Charles）河畔的高层住宅以及在西班牙巴塞罗那设计的 Juan Miro 博物馆均取得很大成绩（泽特自己为西班牙后裔）。格罗皮乌斯的影响是全球性的，贝聿铭以他超人的聪明才智、丰富的实践经验攀登了建筑"大师"的顶峰，他的成就是世界公认的，虽然他自己非常谦虚："全靠运道"。

瑞典演员 Max v. Sydow 师从 Ingmar Bergman 演艺，Max（1929- ）梦中常与 Bergman 交谈。汉光时亦梦见老师，遗憾"无语"。圣约翰到同济建筑系向全国输送建筑设计力量，自建校系开始，从未中断。白德懋、曾坚、周文正、樊书培、寿正华等在北京以及章明、魏敦山等在上海承担了不少有名的建筑，如体育馆、博物馆等等。而我对于看戏演戏与剧场建筑的热情与理想也是永远无法改变的。七三年从安徽回校在安亭路走访留影，有如梦中。离开一九七五年老师去世不到两年。

Vanity of Vanities. All is vanity,

I have seen all the works done under the sun & behold all its vanity and vexation of Spirit.

For in much wisdom is much grief. He that increased knowledge increased sorrow. Therefor I perceive that there is nothing better that man shall rejoice in his own works. For that is his portion.[18]

——King Solomon

（编者译：）

虚空的虚空。凡事都是虚空。

我见日光之下所作的一切事，都是虚空，都是捕风。

因为多有智慧，就多有愁烦。加增知识的，就加增忧伤。故此，我见人，莫强如他经营的事上喜乐。因为这是他的分。

——所罗门王

（赵汉光：1953届同济建筑系毕业生，同济大学教授，后赴美。文中所有注释均为编者注）

18　这几段文字出自《旧约》－传道书(Ecclesiastes)中部分章节。

我记忆中的黄作燊老师

翁延庆

图1　圣约翰建筑系所在的斐蔚堂（Graves Hall）

我进入圣约翰大学读书是在20世纪40年代末。我们是人数最多的一届，有各年级的学生。当时我们的教室在约大的斐蔚堂（图1），一个两层楼的建筑。一层是学生上建筑设计课用的，有几个房间，共有两个班级。我们读了一年后，就只剩下一个班级了。我的启蒙老师是王吉螽先生，后来还有樊书培、翁致祥、李德华、罗小未和李滢等。李滢老师后来离开上海去了北京。这些老师们都是黄作燊先生的学生。

黄先生给我的印象特别深，我第一次见到他时，觉得他像一位家长，好像一个父亲那样。我高中开始就在圣约翰中学读书，那时的先生都很有先生的样子，总会有点架子的，可黄先生一点架子也没有。别的先生几乎都穿西装，打领带，但他穿着很休闲，总是面带微笑，待人很和善。他认识我们每一个学生，总是笑着和我们打招呼。那时李德华、罗小未、王吉螽先生毕业也不过两、三年，老师们都很年轻，和我们关系很接近。我上的是春季班，大概有二十个人左右，包括曾蕙心，郭功熙，江天筹等一些同学。

我第一次接触黄先生是在教师休息室里。从我们的教室出来后上到二楼，中间有个房间是给老师们休息用的。当时没有专门的教师办公室，建筑系的老师们平时就在这里讨论和工作。我进去的时候，正好看到黄先生坐在里面。本来我是有事想请教李德华先生的，他是我们的设计老师，但李先生恰好不在。黄先生问我有什么事，我说我做了一个草图，想请先生看一看。黄先生说让他看看吧。他看了以后说："你的这个形体做得很不错，有点像密斯·凡·德·罗的作品。"我知道有这么个建筑师，但对他并不太熟悉。黄先生继续说："你要知道，一个建筑是否成功，不是仅由外形来决定的，有许多方面，如结构等等。"说着他就开始用拷贝纸帮我改图，去掉了不少东西。我做的许多大立面都是玻璃窗，而且用悬臂梁挑出来很多，他说这样的构件有时候是做不出来的。他非常用心的帮我改，让我很感动。黄先生是系主任，应该说是个高高在上的人，但我感到他丝毫没有架子，人非常随和。我还记得在新生欢迎会上，他给同学们的讲话很富有幽默感，而且普通话说得很纯正。

20世纪50年代初，我们系里就没有外国老师了，所以上课也改用了中文。在这之前，我们在圣约翰上课都用英语，平时讲话也常夹英语，因为从高中起，就有不少外国老师。在约大中学就教过我的陈从周先生，就在那一年从圣约翰中学转到了建筑系任教。

黄先生很善于做自然体图形（freeshape）的设计，做得非常好。有一次我设计一个厂房，总平面图中间做了个池塘，我想采用自然体，因为房子都是方的，感觉应该配合一个流线型的形状。我跟黄先生说："黄先生，我想麻烦您件事，可不可以教我怎么做自然体？"他说这个东西是凭灵感的。他看了我的图纸以后，随手拿了一张绿色的纸，用剪刀剪出了一个自然体，把它放在图纸上，非常漂亮。他说这个地方，如果你不做池塘，做草地也可以。我感觉很受启发，觉得这个老师真好。

在学校的时候，黄先生常和我们一起玩。

图2　黄作燊在圣约翰校园大樟树前的草坪上

他的哥哥黄佐临和他的嫂子丹尼有时候也带着他们的两个孩子，黄蜀芹和黄海芹一起过来。我们常在校园里的一株大樟树下或是斐蔚堂门前一片大草地上玩，他们待我们就像自己孩子一样，从来没有架子，有时候还玩排球。有一次下雪，黄先生和我们玩打雪仗，有一个同学（这个同学后来去了加拿大）拿了一个大雪团，往黄先生的背心后面塞，一下就塞到了他的背上，他的衣服全都湿透了。我们以为这次黄先生要发怒了，但他一点不生气，仍旧和我们一块儿玩。结果他因此着了凉，生病咳嗽了一个月，但他还是一点也没有责怪我们。

我毕业以后，分配在了水电设计院工作。大概1957、1958年左右，我参加了新安江水电站的设计。那是周总理要我们中国人自己设计、自己制造的一个水电站，我们设计院所有的工程师都参加了这个项目。当时我还是一个五级技术员。项目开始的时候，每个人都做一个方案，因此出了很多方案，然后请专家们评论我们的设计。从同济来的是黄作燊、吴景祥先生、还有一位在同济工作的苏联专家克涅亚席夫教授，专教工业建筑的。我们的设计都不具名，贴个带号码的纸条。黄先生问我是否参加，我告诉他参加了，他很高兴，连连说"应该参加"。结果我的方案竟然被选中了。我本来是读建筑学的，大都做民用建筑，工业建筑占少数。进了设计院工作后，做的全都是水电站，自己一点也不懂。幸好有克涅亚席夫教授教我们。单位派了我和另外两个人半脱产去同济学习，一个星期去两个半天。

我们还有一个项目是三门峡水电站。第一个方案是苏联专家设计的，大坝上面有两个桥堡，采用了中国古典建筑的样式，据说是因为我们的组长关照一定要用中国建筑。当时国内流行大屋顶，大概百分之八九十的建筑都用大屋顶。但我觉得这是一个工业建筑，不应该用大屋顶，就做成了平顶。我做了两三个方案，评比结果，我的几个方案得票比较集中，喜欢的人较多，因为实用一些。我想黄先生应该会投我票的，还有那几个苏联专家大概也会投我的票，因为他们也觉得大屋顶不太适合放在这类建筑里。不过遗憾的是黄先生不知道这是我的方案。

1957 年以后，就难得碰得到黄先生了。如果在路上见到他也只点点头，话不多了。他不像在圣约翰时那样开朗，似乎变成了另一个人。

最后一次看到黄先生是在文化大革命期间，大概是 1968 年。我的工作单位在外滩，一天我上了 49 路公共汽车，看到他也在车上。他样子完全变了，戴了一顶解放帽，两边耳朵盖上的，穿了一件布棉袄的套衫，脖子上围了一条破旧的围巾。我记忆中的黄先生虽然不怎么讲究打扮，但衣着总是很舒服、很休闲的，并且很有风度。可当时的感觉完全不一样了。他仍旧还戴了一幅大家熟悉的黄边眼镜，对我笑了笑。车子很挤，我赶紧挤了过去，因为我觉得这个机会太难得了。我料想黄先生当时一定不得意，其实我自己的情况也不太好，因为我的家庭出身不好，在单位里处境不佳。我挤过去叫了一声："黄先生！"他认出了我，低声说："你好吗？"，他的意思很含蓄。我回答说："我还在工作。"意思是我还没被打成牛鬼蛇神。我想他的情况一定也不好，于是问："黄先生你身体好吗？"他说："还可以吧"，接下来是沉默。他比我先到站，准备下车。我想送送他，就跟他一起往外走。车子挤，下车不容易，我那时候年轻，拼命在人堆里挤出一条窄路，让黄先生跟在我后面。到了车门口，他下了车，向我招手，说："保重！保重！"没想到这竟成了他跟我说的最后几个字。车开了，我从车门的小窗里一直目送他，他还站在那里回头看我，似乎有点依依不舍，再次向我招招手，又招招手……

几年后，就听说黄先生去世了，我感到很遗憾。至今我还时常会想起他。

(本文根据 2012 年 3 月对翁延庆的访谈改编。翁延庆：1953 届同济大学建筑系毕业生，原水电设计院总建筑师)

忆黄作燊先生两三事

沈志杰

大学的第一个学期开学了，虽然选择了建筑这个专业，却对它不是很了解。怀着慎重和带有一些好奇的心情去上第一堂建筑理论课，黄先生戴着领结进了教室。课是用中文讲的，普通话中夹杂了一些英文。

黄先生说这一班有十七个学生，是一个很难教的班，其中一个原因是有一个学生的父亲是一位成功的建筑师，他对建筑会有他的认识，如果老师出一个设计电影院的题目，出现在他的脑子中的就是他父亲设计的美琪大戏院。黄先生说老师们的首要任务是要去除这些 preconceived ideas，设计时应该从最开始地方着手，白纸好画画。

第一堂课下来，黄先生说的话，我都能理解，可是在心中不能解决的问题是，明明有着先人的经验，放在一边不用，却要从头再来一遍，对我来说，解决这一个问题的过程，几乎是整个的大学经历。快毕业了，黄先生问全班的同学，这几年中学到了些什么？我的名字在点名册上排在后面。同学们一个个在回答问题时，我在苦苦思索。轮到我了，我告诉黄先生我回答不出，能不能给我一点时间好好想一想？黄先生同意了我的请求。过了几天，在课室的走道上，黄先生问我想出点什么没有？我用英文回答他的话："APPROACH TO DESIGN." 他微笑了一下，没说什么。毕业前的最后一堂课，他说有学生回答他在建筑系这几年学了 "APPROACH TO DESIGN"，这听来是这么少，却是很多。他把这事写信告诉了格罗皮乌斯，格罗皮乌斯在回信中称赞了黄先生为新建筑在东方所作的努力。

每一个学建筑的人，在考建筑师执照上都有不同的经验。中国学建筑的学生在国外考到执照以前什么都不是。取得执照的那天起，便成了社会支柱。回忆自己考执照的过程，很奇妙地获得了黄先生的帮助。1972 年在纽约申请建筑师执照，按规定我不具有参加考试的资格，但我报了名。在考试之前，有一个面试，审查资料决定能不能参加考试。面试时，一位官员和我面对面坐着，看了几遍我的申请材料，很长的沉默。他抬起头来问我："Henry 还好吗？知不知道他的情况？"我回答说："1962 年离开中国后，一直没有听到黄先生的情况。"又经过了一段沉默，他站起来和我握手说："好吧，你去考，祝你好运！"我走出了他的办公室，一块压在心头 20 年的石头落了地，谢谢，黄先生。

(沈志杰：1952 届圣约翰大学建筑系毕业生，纽约 School Construction Authority 资深建筑师)

怀念黄作燊先生

吕承彦

在圣约翰中学高三将毕业的那一年，大学建筑系在校内开办了一个建筑设计展览会。我参观了这次展览会后，决定进大学时选读建筑系。那时，我对建筑并没有什么了解，而是被那些展览的图纸和模型深深地打动了。我亦不知道这个建筑系是由黄作燊先生所创办，而这专业的选择却决定了我之后的前程，而我也默默地感受到黄先生对我的影响。

进入圣约翰建筑系后，我接受了系统的建筑教育：从绘画技巧、表现方法，到建筑理论、设计手法，以及与建筑相关的科学、技术知识和美学教育，使我初步掌握了这一专业所需的知识。黄先生非常强调建筑设计的创新意念，绝对不允许在方案和构思上去模仿和抄袭他人，要求同学们的作业必须是前所未有的、符合现代科学技术且和当今时代相融合的。如果发现哪一位的方案是类似曾经在某本杂志上出现过的，黄先生必将严厉批评，说他是个 magazine architect，毫无价值。黄先生很重视培养学生的三度空间感，有一学期的设计课中出了一道题，为建筑材料展览馆，要求我班同学分成几个组，每组设计一种建筑的展出位，如木材、RC、玻璃、油漆、钢材等等，并要求做出模型，然后拼装成一个完整的展览厅。这个设计题，一方面可以让同学了解各种材料对建筑物的影响，做成模型后，可以让同学从立体效果、三度空间加强认识。

除了这些基本知识以外，黄先生给我们讲授大量现代建筑的理论、作品和手法。他在外国受到过这些创导者和先驱大师的教导，并拟将这一主导当今时代的建筑理念和革新意识介绍到中国来，以期振兴中国的建筑业，使之朝着正确的方向发展。他也有意将圣约翰的建筑系向 Bauhaus 的方向走去。

黄先生是现代建筑学说的忠实传播者和竭力的推崇者。可是当时中国国情不能接受这种从西方国家引进的学术思想和设计手法。我从圣约翰大学毕业参加工作的年代，正是建筑界推行"社会主义内容、民族形式"，以及苏联专家帮助中国建设的时期。建筑物大大小小不是顶上一个宫殿式大屋顶，就是放上几个古典园林小亭子。西方古典的三段式设计（檐部、柱式、台基）贴上中国式的花纹也极盛行。对于深受黄作燊先生设计理论教导而做出的方案，虽然有时也会有少数人的赞赏，但也就仅此而已，很少为人们理解和推荐而付诸实施。无怪乎黄先生在同济创作的几个方案，也遭到摒弃，甚至还受到批判。更加令人痛心的是，黄先生还受到巨大的政治冲击和不公正的待遇，过早地离开了人间。

20 世纪 80 年代后，中国逐步进入世界，各方面都有明显的改变。我的人生也曾受到过扭曲，但之后也得到了应有的纠正。黄先生却未能等到。他所推崇的建筑，已陆续在中国大地上频频出现。当年黄先生所传播的现代建筑也已有很大的发展，我想也许已经超过了当年黄先生的预期。愿黄先生能在九泉之下感到欣慰！

（吕承彦：1952 届圣约翰大学建筑系毕业生，武汉市建筑设计院总建筑师，王董国际有限公司深圳代表处总经理）

黄作燊先生教学中的一句话

盛养源

我在圣约翰大学建筑系学习时曾做过一个设计题。当时由罗小未、李滢两位先生指导。题目是："去学校相邻的中山公园内拾取断枝落叶，制作一个住宅模型"。要求不能折断新树枝，破坏现有公园绿化。其他大小、形式、内容等均可自定。

有一天设计课我正在做模型，突然黄先生站在我背后，亲近温和并轻声地问了一句："How to scale？"我回过头和黄先生对视了几秒钟，他其他什么也没说，走了。

对黄先生的这句问话，我一时不知所措，也觉得有点莫名其妙。这句话是指出我运用不熟悉的英制比例尺有误呢？还是模型大小选材不妥？或是其他问题呢？当时两位指导先生不在，我就只能求助于同教室的师兄师姐（当时我们是和三年级同学同一教室的），他们的指点也不一样，模型尺度不对了吧！比例不妥吧！构造材料不对吧！……就这样过了几天，我逐渐得出了一个"结果"。问题还是在"scale"上：住宅模型首先要有一个能合适人的尺度，其次是它的组成要有正确的比例，是一个合适尺度和正确比例的建筑空间，可供人生活、学习的居住空间。

对这个问句进一步思考，我认识到，使一个初学设计的学生在制作模型时能主动去认识功能空间，首先是要他掌握尺度和比例的空间，然后在拓宽和发展的同时，会认识各类功能空间、造型形态、序列、分隔等等。

这种独到的、很有分量、很有深度和启发的"问一句"教学方式，或许就是黄先生的一切均要独立思考的启发式教育。

在我后来从事五十多年的教学工作中，我经常用这句话问我的学生。当我看到他（她）们能主动而勤奋的去推敲各类建筑空间的尺度与比例时，我觉得这句话又外加了一个效果，推敲建筑物的"scale"后会使建筑愈加完善和精彩。而这句话更变成为学生主动学习的推动力。

"How to scale？"

（盛养源：1951级圣约翰大学建筑系学生，现郑州大学建筑学院教授）

回忆黄作燊先生在圣约翰的教学

李定毅

我是从1948年秋季开始在圣约翰大学建筑系读建筑设计课程的。大约在1949年秋季的课程中有一次是食堂设计，黄作燊先生特别关注，不断启发并帮我改图。在改图过程中，使我有如下一些得益：

1. 建筑设计的要旨为"COMMODITY, FIRMNESS AND DELIGHT"；
　　　　　　　　　　"FORM FOLLOWS FUNCTION"。

2. MIES VAN DER ROHE 如何在建筑设计上力求简练，对材料质感的要求，及不同材料交接的细部处理等。

3. 制作模型所用材料及处理方法：模型飞机用木片，软木片（不同厚度）表示毛石墙面，塑料片做窗户，砂纸（按模型比例用不同标号）喷绿成为草地，用海绵及槟

163

图1　1951年建筑系教学展览会中，李定毅在自己的绘画作品前

椰片（中药药材）布置绿化，瓦楞纸（不同比例用不同标号）做坡顶屋面等等，同时利用生活中的废旧物品模拟模型中的各种部件。

4. 不断创新发挥，勇于设想并参与社会实践。

1951年建筑系在交谊厅二楼举办"新建筑展览会"。李德华、王吉螽先生等用漫画形式讲述了建筑历史，我就设想把食堂设计中的厨房工艺用绘画表示。初稿完成后，两位先生均没有大的意见。于是在他们的帮助下，放大着色，成为展览会的一件展品。

展览会上，同学们分头向参观者介绍学生作品的构思。我曾经接待一位外籍人员，他在听了对食堂的介绍后说："He must be a genius."这说明设计涵括了黄先生建筑思想的精髓。

我在建筑系中参加了多种社会实践，列举如下：

● 到上海市都市计划委员会做某一个规划中住宅小区的总体模型，按计划安排的步骤如期完成；

● 参加筹备"新建筑展览会"创作序言绘画；

● 参加校园内建立旗杆的设计；

● 为学校运动会（1951年）绘制纪念章图案；

● 参加1951届毕业班的年刊的美术编辑，并绘制2幅篇前插图；

● 参加学校的抗美援朝大游行；

● 参加校园内的造桥劳动；

● 参加在杭州演出的京剧《纸公鸡》中龙套角色。

看到展览、旗杆、纪念章、年刊等工作均一一实现，增加了我对学习的兴趣及信心。实践的过程就是不断地学习。建筑系的师生真是爱系如家，不论学习还是社会实践，总是不断得到支持与鼓励。正是：

164

"Where seldom is heard a discouraging word. And the skies are not cloudy all day."[19]（那里总有让人温暖的话语，天空总是晴朗无云。）

黄作燊先生也热爱中国京剧，在毕业前我选了"京剧院"作为论文课题。虽然指导教师是王雪勤先生，然而黄先生以及其他先生都竭力支持这一选题。黄先生还与我一同去看京剧。在黄先生的文化感染下，我逐渐尝试了我国的其他多个剧种。

我毕业分配到北京工作以后，辗转外地二十多年，没有再顾及对"京剧院"论文的研究，也未能去看望黄先生，为此深感遗憾。

（李定毅：1952 届圣约翰大学建筑系毕业生，加拿大 B+H 建筑师事务所高级顾问，高级建筑师）

图2　李定毅在"新建筑展览会"创作序言前
（序言内容：新建筑是永远进步的建筑，它跟着客观条件而改变，表现着历史的进展，是不容许停留在历史阶段中的建筑。）

怀念黄作燊老师
——中国现代建筑教育的开拓者

刘佐鸿　陈光贤

黄作燊先生是我们非常敬仰的老师，我们都亲切地称呼他黄先生。他是圣约翰大学建筑系的创始人，也是中国现代建筑教育的开拓者。

20 世纪三四十年代，他先后在英、美学习建筑，师从现代建筑大师格罗皮乌斯，学成后，心系祖国的他于 1941 年回到中华大地，并于次年受邀创建圣约翰大学建筑系。为了改变当时处于落后状态的建筑学教育，他开始用包豪斯的教学方法进行教学的尝试。在教学的实践中结合中国的实际及发展，不断完善，约大建筑系的招生人数也从创办时的 5 名发展到 1951 年的 32 人。在这十年的耕耘中，黄先生已为国家培养了不少建设和建筑教育的栋梁之才，对中国的高等建筑学教育有着深远的影响。

记得 1951 年进约大建筑系时，面试是黄作燊老师和李德华老师主持的。黄先生提

19　这是美国歌曲"Home On The Range"（高山上的家）的两句歌词。

了两个问题：什么是建筑？你为什么要选建筑？简单而深邃，引发人们更深层次的思考是黄先生一贯的教育方式。

建筑系一年级的课程有：政治讲座、社会发展史、建筑理论、建筑设计、微积分、工程画（春季是素描）、体育。

建筑理论和建筑设计课由黄先生的学生罗小未老师和李滢老师任教。黄先生主持下的作业和活动，一切从实际感受和动手操作开始，培养设想基于实现二者合一的设计思想，例如：

- 绘图桌测绘：同时了解功能、材料、构造和形式的关系。
- 砖墙砌筑：学生每人带几块标准砖，师生共同合力砌筑一段有转折开口的墙身，以此引出材料与建造的关系及制约。
- 渲染基本功训练：在图纸上画出二十个长方格，绘出黑白相间的等差的渐变色调。
- 标本的选择与构图：到校园采集一些花草枝叶，在图纸上按个人的设想摆出构图，理解材质、形体、色彩等的种种可变关系。
- 彩色、平面几何体形构图：用大中小色彩不同的纸质方块各四片，在图纸上完成四份构图，理解色彩、体量、位置等关系。
- 花布设计：通过参观染织厂的工艺，设计一块花布。
- 蔽护处设计，用模型完成：假设流落荒岛，必须解决自身的蔽护问题。学生们各显神通，不少人做的是简屋，也有分隔成几个空间的。老师最后肯定的是一个极简单的棚架，仅由几根竹木支架和树叶杂草类拼凑成覆盖物的临时蔽护处，指出因地制宜，就地取材是设计者需时刻牢记心头的要点。
- 长宁电影院工地参观：设计课除参观已建成的设计和装修美好的建筑物外，还去工地现场，从中理解设计与建造的关系，并观察到图纸上不妥当的一条线会给施工带来多少麻烦。
- 建筑理论课讲的一个比喻"建筑师像一棵树，扎根于土壤，吸收养料，伸展其枝叶，沐浴于阳光雨露，才能茁壮成长"其含义给同学们留下深刻印象。

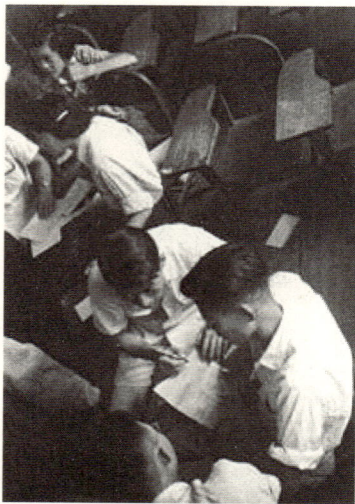

在黄先生主持下的约大建筑系教学在传授知识的同时，着意提高学生的观察力，培养基本功，促使独立思考和进行创造。教育学生明了建筑设计首先要满足功能需要，以适宜可行的材料，合理的结构来进行创造。要求学生有充沛的科学知识，良好的美学修养，并理解特定的人文脉络的因袭。

黄先生知识广博，待人谦和、亲切，在他带领下的约大建筑系师生关系非常融洽。有一次我们全系师生围坐在一个大教室里，讨论拟制作一件像工作服一样的衣服。师生们你一言我一语的非常活跃。最后决定用毛蓝布作衣料，因为它是中国的土布，而且是上海当地乡下的特产，不仅

建筑系教师与学生共同策划与磋商

价格便宜，而且颜色和质感都好。衣领则参照中式服装的立领，考虑到画图时身体和图板关系，前身外面不要钮扣，采用暗钮暗门襟，以方便画图，但在领口处留一粒明钮，以便日后设计一粒徽章式钮扣，关于口袋也仅在前胸处做一个暗袋，以便放铅笔和扁且短的比例尺。会后由黄先生和几位教师、学生根据大家意见画出图样进行制作。衣服做出来后感觉非常好，人穿上去很精神，大家都非常喜欢，也成为当时建筑系师生的一个标志，被视为建筑系系服。这次的讨论就像一堂设计课，功能、形式、材料、色彩、质感、地域、细部都谈到。

黄作燊先生热爱祖国，热爱新中国。1949年新中国成立后的多次爱国大游行中，都能看到他的身影。那时候的圣约翰大学因为原来是外国教会学校，参加游行的人不多，而且要再三动员后才参加，但建筑系的学生在黄先生的影响和其他老师的带领下，几乎很少有不参加的。尤其是后来穿着毛蓝布的那件上装，建筑系的队伍显得整齐、醒目，特别有精神。

黄先生的爱国敬业精神是一贯的。在1952年院系调整后，由于一面倒全盘学习苏联，黄先生的建筑观和教学方法受到了冲击和贬斥，但他还是不顾挫折，本着建筑师的责任，坚持正确的观点，参加联名上书周总理反映教学中心大楼的事件。以后还一次又一次参加波兰华沙纪念碑、古巴吉隆滩胜利纪念碑和三千人歌剧院的竞赛。由李德华、王吉螽二位老师设计和建成的同济工会俱乐部受到欢迎的事实，反映了黄先生的建筑观得到发扬。从同济建筑教育发展的历程也可看到黄先生现代建筑教育思想的影响。

当我们回忆黄先生时，六十年前他提着装满参考书的藤包走进教室时的身影仿佛仍在眼前，他指导设计时启发式的提问犹在耳边，1969年下工厂战高温时面色通红，满头白发，汗水湿透了衣衫，仍然潇洒微笑的形象在我们的脑海中浮现。

黄先生未满六十岁就去世了，实在是太早太早，在那特定的历史条件下，他的杰出才华未能充分发挥，但他对发展现代建筑的执著探求令人敬佩，对中国现代建筑教育的实践，启发式的培养创新人才，影响深远。他知识渊博，为人坦诚、谦让，淡泊名利的品性值得后人学习。

黄作燊先生虽离开了我们，但他的精神永存，他的事业永存。

(陈光贤、刘佐鸿：1954届、1962届同济大学建筑系毕业生，后为同济大学建筑系教师)

有趣的建筑专业课

章明

1950年我考入圣约翰大学建筑系，最令我难忘的是李滢老师的建筑初步设计课。李老师从美国回母校执教。在上课时她讲的内容非常有趣，如蜜蜂窝、蚂蚁窝等有关大自然的生态特征。李老师出的设计课题给我的印象也很深，如"混乱"、"质感"、"空间"，要求同学各自发挥。记得我在做"混乱"方案时，用归纳和释放表达构思，即用点、线、粗、细、深淡、横、斜等八种笔法刻画一幅生动图案，近看什么都不是，远看是猛狮脸，表达混乱中的活力。"质感"方案班上女同学用布、毛、绒、线等不同材质通过体块、色彩表达不同图案美。男同学用金属、木板、玻璃、皮革等表达软硬材质对比特征。"空间"方案同学之间设计手法有很多变化。我用一根铅丝从不同方向、角度、旋转变化表达无限空间。李老师的启蒙教育在我以后的设计创作过程中一直起了深刻的影响。

圣约翰大学建筑系黄作燊主任很关心学生的学习和生活。我们班上有两位同学入学后因缺乏美术爱好要求转系。半年后，黄主任批准了一位同学转入外文系，一位同学转入土木系。同时还批准一位经济系同学转入建筑系，这种灵活的教育体制对培养人才发挥个性起到了积极作用。当时建筑系还有春、秋班级，也是适应社会需要，给学生提供方便。

回顾圣约翰大学的学习，虽然时间不长，一年后院系调整到同济大学，至今时隔已有60余年了，但是圣约翰大学建筑系的教育方法有许多地方值得我们借鉴和发扬。

（章明：1951级圣约翰大学建筑系学生。上海建筑设计研究院总建筑师、上海章明建筑设计事务所负责人）

与黄作燊先生的一次见面

梁友松

我和黄作燊先生接触并不多，事实上只有一次。转眼之间，时间已过去半个多世纪了。但这唯一的一次，却给我留下了深刻的印象。

记得我1956年从北京来上海，在校行政方面报到后，搬入新三楼教师宿舍，之后到建筑系报到，见过了建筑理论和历史教研组的罗小未先生和陈从周先生。他们热情地向我介绍了系里的情况，以及副系主任黄作燊先生和冯纪忠先生，并建议我有机会应都去拜访一下。我得知著名的电影导演是黄先生的哥哥，我立即想到黄先生的家庭应是书香世家，不禁心中油然而生敬慕的心情。

因为我的研究生论文题目是"现代西方建筑"，所以我想见到黄先生，这应是我学习和丰富这方面知识的好机会，但第一次的见面应是礼节性的，不便直接贸然地提这些话题。

记得是罗小未先生带我去他家引见黄先生，这时他正在听京剧唱片呢！一位留学西方的学者，竟然还欣赏传统的京剧艺术，是很少见的，但一想到他家学渊源，深厚的中国文化背景，也就理所当然的了。虽然我肚皮里也有点儿京戏，也绝不敢去卖弄，让他听完这张唱片，他才起身来打招呼。

罗先生介绍我说是新来的助教，是建筑历史和理论教研组的。黄先生热情地招呼我们坐下。

记得那次他谈话的内容，很少谈到西方建筑本身，而主要是谈建筑与其他艺术的关系，尤其是西方现代绘画，雕塑对现代建筑的影响，不论在造型和空间上，尤其是时空转换的概念上都侃侃而谈，有时还接触到建筑空间流动的音乐特征。这些概念，虽说我也曾在一些参考书上看过，也想过，但从来没有如此清澈地感受过。这些感觉后来我在课堂讲课时，也不自觉地引用和阐述过，至今我才体会到什么是熏陶和启发。

黄先生说话很轻，态度很安详而儒雅，我和他这次唯一的见面，他的谦和与博学使我终身难以忘怀。

（梁友松：1956 年清华大学建筑系硕士毕业生，1956 ~ 1958 年在同济大学建筑系任教，后为上海园林设计院总建筑师）

忆黄作燊先生

赵秀恒

1960 年 2 月初，我们班四年级的寒假刚过，开学第一天就进了设计院，开始了为期一年的设计实习。在全班大会上由设计院副主任马智香讲话，之后宣布分工名单，一共分 4 个室，一室工业，二、三室民用，四室室内设计，三、四室是新成立的，我在三室，我们的指导老师是：黄作燊、王吉螽、王宗瑗、朱伯龙、王季卿等老师。我们室的第一个任务是上海三千人歌剧院，这是一个实际工程，准备第二年第一季度施工，当时由上海文化局负责组织同济大学设计院和上海民用建筑设计院分别进行方案设计，然后经过专家评比后再确定实施方案。

黄先生对戏剧和剧场都很有研究，他是这个项目的总负责人，在设计过程中，他分给我的任务是专门进行观众厅的研究和设计。黄先生每次来上班，总是从系的资料室借几本最新的外文杂志（当时上海只有同济大学的图书馆、资料室有这些杂志，而且这些杂志也不对学生开放），我在黄先生的悉心指导下，仔细认真地翻阅了当时这些

图1 黄作燊先生指导学生进行三千 图2 歌剧院小组出席上海市群英会前
人歌剧院设计

最新的资料，将当时十几个国际上最新、最有名的剧院的观众厅的资料进行了整理、分析、比较，在观众容量和视觉质量的这一对矛盾中，寻求平衡。我们发现大容量的观众厅，采用两层挑台出挑差不大的剖面是解决这一矛盾比较理想的方案，经过几十次的反复计算，我们找到了比较理想的观众厅方案。

在方案汇报时，黄先生大胆地安排我汇报观众厅部分的设计内容，并总是让我坐在他身边，告诫我不要紧张，要沉着、冷静。由于同济大学设计院的设计方案，剧场的各项设计指标优越，结构先进，建筑造型新颖，最终我们的方案在评比中胜出，上海的建筑界元老：赵深、陈植、汪定增等都投了赞成票。在剧院设计过程中，黄先生还鼓励我要认真刻苦的工作，努力钻研，建议我将设计成果进一步的进行总结。在设计院实习的后期，我在设计成果总结的基础上发明了"视线计算简易公式"并发表在建工出版社的《建筑设计资料集》上。

我们在设计过程中，经常需要加班加点、开夜车赶图、赶模型，黄先生总是和我们一起挑灯夜战，记得有一次我连着干了两个夜晚，实在困了就坐在椅子上睡着了，当我醒来时发现黄先生把他的大衣盖在我身上，而他自己却在帮着别人做模型，我顿时感到一股暖流，鼻子酸酸的，眼泪都快流下来了。

图3 现代京剧《东游记》剧照

我们三千人歌剧院设计小组因此而被评为"先进集体"出席了上海市群英会，校刊也在4月30日在第一版，用整版特大号字标题"毛泽东思想的凯歌"刊载了上海歌剧院设计的前前后后，以及许许多多生动感人的事迹。我们班的同学，根据歌剧院小组的先进事迹，专门创作了现代京剧"东游记"参加学校的文艺汇演。由于我们在设计工作中经常拜访歌剧院、京剧团等单位，和他们交了朋友，所以这次演出，在他们的协助下，解决了作曲、服装、道具等困难，演出中使用了纱幕、追光灯等手段，前后上台的有 50 多人，场面壮观，轰动全校。我在其中饰演孙悟空一角色，记得有一段唱词是这样的："黄先生是老将，头上白发已苍苍，叫他休息他推让，我要为社会主义贡献力量。"

一年的设计院经历，给我们留下了终生难忘的印象，也许这一年的工作，让我有机会展露我的能力，1962 年毕业时我被留校当了助教。

我们上班的第一天，黄作燊老师作为当时的副系主任，给我们分配了工作，我和郑友扬在"建三教学小组"，刘佐鸿和吴建楣在"建二教学小组"。接受了教学任务后，赵汉光老师给我们介绍了教研室的教学情况，嘱咐我们一定要学好外文，之后赵先生又带着我们 4 个人拜访了其他各个教研室、系办公室、系资料室的各位先生。

第一学期我担任建筑设计课和建筑构造课的辅导任务，完成了课程教学任务、评图、上报成绩后，我认为一学期的教学任务就完成了，再加上接下来是我工作后的第一个寒假，回家心切，就买了火车票回济南了。等我寒假结束回校后，才得知教学小组的任务虽然完成，但教研室并没有宣布放假，我自说自话回家，实则是犯了无组织无纪律的错。后来黄先生找我谈话，我紧张得不得了，可是黄先生面带微笑地对我说："秀恒，你不要紧张，这不是什么大不了的错，要说错，那也是我们有错在先，你们留校当老师后，许多规矩，系里也没能向你们仔细地交待清楚，所以今后只要我们大家共同注意就行了"。

黄先生的一席话温暖了我的心，使我深深地领会到老先生"责己严，待人宽"高尚品质，从那以后我再也没有犯过类似的错误。

(赵秀恒：1962 届同济大学建筑系毕业生，现为同济大学教授)

黄作燊先生最后的日子

张为诚

在文革前多位建筑系领导人当中，黄作燊先生可能是最低调的，他身为副系主任，我能记得起他的报告讲话非常少。这是我的感受，也是众多与我同龄老师一致的印象。但我听一些年长老师说起的他，似乎原来并非如此，在圣约翰主持建筑系时期他是很锐于创造和进取的，意气风发，开朗乐观，与同仁无论年龄大小都能亲切交往。

我 1956 年进入建筑系城规专业就读，1961 年毕业时城规专业已调入城建系，我却幸运地分回到了建筑系任教，然而直到文革黄先生被隔离，虽然他被大字报封为建筑系资产阶级教学思想（其实恰恰是以包豪斯为代表的当时最先进的现代建筑教育理念）的"祖师爷"，却始终没有近距离求教的机会。他即便在教学中也很少发号施令，更无权谋争利之举，在系里总是静悄悄的，让我想起"温良恭俭让"这个形容词，他是绝对当之无愧的。

最直接一次面对，也不是个人的晤面，而是 1957 年底或 1958 年初，建筑系试行"导师制"，当时城规专业还在建筑系，听说要学英国大学的做法推行"导师制"，给每一个班级配一位知名教授做"导师"，让学生思想学习各方面，可得到更多日常的直接指导。我们班很幸运，正是分配到黄先生——作为低年级学生闻之特别欢欣雀跃：一方面他是系主任，另一方面他可是正宗英国留学生，这导师一定特别有魅力。可是，不知是谁的不合时宜的灵机一动，导师制转眼竟成昙花一现。黄先生到班上和大家见过一次面，做了一次亲切讲话，勉慰多于说教，散会后，大家围着先生问这问那……可是我们才刚开始兴奋，"大跃进"便来了，连平日正常教学秩序都被冲得无影无踪，导师之制自然无疾而终，就此无缘聆听黄先生的教诲。

巧的是，毕业第二年任教的班级，有一位学生竟是黄先生的大儿子黄太平（他后来成为黄家骅教授的研究生，最后去了美国），在建筑初步一对一手把手的教学过程中，我们很容易地建立起了亲密的师生情谊，而这份情谊更因文革后的因缘际会，我们在上海铁道大学又一度成为同事。正是从他那儿，我得知了不少他父亲的故事，尤其填补了先生从文革后在我们视野中消失直到去世的这段空白。这使我对黄先生从一般的仰慕变得加倍的敬佩起来。

1966 年文革爆发不久，先生也不可避免地进了"牛棚"，天天不是写交代、听训话，就是做些打扫厕所之类的"惩罚性"劳动。"祖师爷"的罪名罗织之下，事实上殃及了一大批当时的中青年骨干教师，他们大多是随黄先生一起从圣约翰过来的。过去，年轻人有时会相约去他家探讨专业学术问题、欣赏音乐戏曲，有时还打打网球，先生都备茶点热情招待，而这却成了"祖师爷"的"反革命裴多菲俱乐部"。赵汉光老师 2008 年给我的来信曾说过，"由于我和 Henry（黄先生英文名）共同醉心于古典音乐，交流与日俱增"，而打网球者主要是比他年长的庄秉权、同龄人的黄家骅，偶尔学生辈的王季卿等也会加入，都只是与政治完全无涉的体育休闲而已，真是欲加之罪何患无辞。

更大的灾祸在 1967 年以后，黄先生的夫人，上海第一医学院的外语教研室主任程玖女士，也被隔离，两个单位的某些造反派和红卫兵，断续抄了他们 26 天家，其罪名是"国际间谍"。事实上，"隔离"起来后"怀疑"即变成"断定"，除了皮肉之苦，程玖在受审查之初，甚至被关在存放解剖用尸体的地下室里，晚上就睡在散发着浓浓福尔马林味的存尸池木板盖上。而在此时，她已开始身患一种从皮肤、肌肉到内脏器官都逐渐硬化的不治之症。当时他们三个儿子，除黄太平读大学外，都还在中学阶段，这个家一时只能过起没有家长照顾的清锅冷灶日子。直到1969年，逼供不出任何"国际间谍"的问题，夫妇俩才被先后释放回家。

那时黄太平早已分配去四川"三线"，是邻居朋友见他母亲病情异常严重，通知他无论如何请假回来一次，否则可能见不到母亲了。他回来见到父母形容枯槁，不由要问些情况，可是二老矢口否认受过皮肉之苦；直到黄先生去世，程玖才告知儿子，他们是相约决不把隔离中的情况告诉孩子的。在那种蒙受不白之冤并受尽折磨的情况下，他们只认为那是一小撮品质恶劣的人的作为，说出来会给党抹黑，怕孩子会因此对党和国家产生不满情绪。而程玖对一位在她受难时曾悄悄给予她关心的工宣队师傅，至死都还念念不忘，多么善良的人啊！

回家后的黄先生，原有的高血压病更严重了，但他并没有太在意。当时校方组织"战高温"，他被分配到泰山耐火材料厂劳动，干的是拉板车的活，天天全身被汗水湿透，工人招呼他休息，他说没关系，只是埋头苦干。天长日久，工人们被感动，要推举他为模范人物——他们并不知道此人不久前还是"反革命"的牛鬼蛇神。但校方阻止了工人们的推荐。

"战高温"回来，学校里给了他一项翻译任务，翻译英文版李约翰的科技史著作中土木建筑部分。因为那时他需要照顾重病的妻子，为此经常开夜车，每天紧张工作达十多个小时，似乎想要把损失的时光尽可能补回来。直到严重头晕就医，医生警告他，"你这血压等于是坐在一个炸药桶上"，他仍不以为意，只是为重新赢得做些有意义工作的机会而兴奋不已、劳作不休。就这样，虽然仅几星期就把翻译任务完成了，可生命的透支也达到了极限。

1975年6月的一个晚上，他的学生，系里历史教研室的王秉铨老师来看望他，他们谈论起学校教改的事，谈得兴致很浓，直到天色很晚了，王不想先生太劳累，便起身告辞。他送客出了门。回去后，不久他突然头痛，当即摔倒在地。之后他被二儿子和小儿子急送医院，但医生却宣布已脑溢血死亡，回天无力了。

黄作燊先生那年还未到60足岁。而他的夫人，程玖的病正越来越沉重，熬到1978年终于也撒手人寰。

黄先生本来是应该也可以大有作为的，他不仅直接是格罗皮乌斯的门生，早年还从英国去巴黎拜见求教柯布西耶，当时柯布还远未像后来那么成名。可以说对现代建筑的真谛，先生早就有极其深刻的认识。他创办圣约翰建筑系正是沿着最先进的理念去做的，而他栽培的桃李们，一个个后来都取得了骄人的成绩和相当高的学术地位，可惜的是，在他自己年富力强的盛年，遭遇到历史性的不幸，无法发挥出最大的能量。尽管他曾经身体强健，每年都拿教工百米赛跑冠军，又才华横溢，融会贯通多门艺术，但与机遇失之交臂，这已是无法弥补的遗憾了。但他作为一位中国现代建筑奠基者的业绩，已经载入史册，必将为我们以及更多的后来者所永远铭记。

（张为诚：1961届同济大学建筑系毕业生，现为同济大学教授）

缅怀父亲黄作燊

黄太平

图1　黄太平与父亲黄作燊在家中窗前

前年正值上海世博会期间，我们几个大学同学见面，其中我的大学时代室友黄镇梁教授（广州建筑大学）对我说："有不少人认为中国建筑学专业是由梁思成先生在东北大学首创的，但事实上你父亲当年在上海圣约翰大学创建的建筑系也是很早的。"他鼓励我写一些回忆文章，以供有关方面研究。当时我想时间并不重要，重要的是他们确实对中国建筑设计事业产生过影响。父亲和他的同仁们从圣约翰大学到同济大学经过几代人的艰苦努力奋斗，培养了不少建筑师。而且他们在当年的政治经济历史条件下，有时是做着像堂吉柯德一般的英雄式的奋斗。

如今同济建筑学院要出版发行纪念他的纪念册，约我写出文稿。我的确很幸运，享受过这人世间最温馨的父爱。他远离我们已经有三十多年了，我本人已比他在世上多活了近十年，再不写出缅怀他的文章怕来不及有机会了。我虽然感到有点力不从心，但是恭敬不如从命，我尽力而为吧。

其实我与父亲在一起生活的日子并不长（我大学五年后毕业分配到四川工作了近八年）。他平常话不多，一般来说比较寡言，尤其是没有碰到合适谈话者的时候。虽说如此，他对我们的言传身教以及母亲的回忆，仍使我记忆犹新。

要了解他，我先简单叙述一些我们家族的历史。我们祖籍广东番禺，祖上是渔民，曾祖父是当地一个小有名气的文人，著有一本诗集。他开馆授童，屡试乡举不中。可后来当地富人请他代考，竟然高中了。他一怒之下，再也不应试这种荒唐的科举。当时清廷开始了"洋务运动"，在广州开办南洋水师学堂，于是祖父瞒着家人去报考了这所学校，学了一些现代科学知识如天文、地理、算术、外文等。后来他进入青岛一家德国洋行工作，不久又被介绍到天津的英国石油公司，在天津逐渐升为英商亚细亚石油公司中方总经理。祖父是个思想开明、性格豁达的人，在天津交际很广，家中经常有很多客人，都是些当地的文人和商人，也包括一些戏曲艺术家。他们常聚在一起闲谈，谈论各种见闻和艺术古玩等。祖父常把父亲带在身边，父亲也很喜欢听他们谈话，从中了解了很多国外的情况以及中国的艺术文化。此时祖父家道颇为丰厚，父亲被送到天津的外商子弟学校学习。那所学校被英国伦敦大学承认学历，于是他在十七岁时被送到了伦敦大学就读预备班。在教育方面，他基本上一直是按外国人的程式来培养的，

174

严格地说近乎一个华籍西人，而如今他的三个儿子却都成了美籍华人，这件事似乎是历史开了个玩笑。虽然如此，我们都强烈地热爱这片我们生于斯长于斯的土地和祖国。大约在1965年的一天，伯父来家告诉父亲说：天津的亲戚来信说经过"四清"运动查证，他们的父亲被定为"高级职员"，成分不是"买办"了。其实他们兄弟俩以前以自己家的生活状况比一般劳动人民高很多才自定为"买办"的。我现在才知道西方国家是不会让非他们本国人来当他们买办的，肥水不流外人田吧。

在伦敦父亲与他大哥黄佐临寄居于一个公务员的家中。一年的伦敦大学预备班结束后，他就进入了A.A.建筑学院。那是一所由一些具有创新和开拓思想的青年建筑师们试图摆脱传统学院派建筑教育体系，弘扬现代建筑思想所开办的一所新学校。在那里他浸润于自由与创新的现代建筑思潮中。那里的教学法（自由开放与创新，当然后来的哈佛研究院也是同样）对他日后的教学法具有深刻的影响。我曾问过父亲是什么促使他学建筑的？他回答说祖父给他们一条"祖训"，那就是子女们今后一定要以力谋生，不要以钱谋生。即自己要有一技之长，凭自己的本事谋生。而那时候他家里正在造房子（由天津的意大利人设计），他看着房子建造起来，对此也很有兴趣，于是就选择了建筑这门专业。

父亲曾回忆在英国时，他们老师和学生的关系很接近，结构课经常是到老师家喝下午茶时进行的。我不解那么些公式和计算演算科学性强的课程怎么不在教室里上呢？他说他们那时大多是在老师指导下大家讨论读书心得，因此学得更多更深更扎实。因此后来他也经常把学生请到家里来，用讨论的形式授课。他觉得这种上课形式更灵活机动，并可增加师生之间的私人感情。而这点也是学习过程中至关重要的。后来他在哈佛时代在建筑大师格罗皮乌斯门下更是如此，跟随Marcel Breuer也一样。这是他一贯注重的教学理念。但是在文革和"设计革命化"运动中他被人污蔑成用资产阶级生活方式腐蚀青年。如今，我很高兴地看到这种教学理念在同济建筑学院也在形成和被采用，我相信这种学风会代代相传的。罗先生至今仍颇有深情地回忆她当年做学生时的学习情况。她记得黄先生有时候给他们布置"回家作业"，说你们可以到我家来看书架上的书，我如果不在或还未回家，你们也可以看。如果天晚了肚子饿了，可以留下吃饭，我家人会招待你们的。吃饭后再看，实在读不完可以带回家。你们离开时只要记住这本书的原来位置，把门带上。以后我再和你们讨论你们的读后感和读书笔记。他就是这样教学的。

另外值得一提的是他的性格特点，那就是他非常"爱人"。他所爱的并不仅限于他的家人（我母亲和我们兄弟三人），他爱着他的学生们，以及学生的学生们。不论他们职位高低，只要与他有关或与他共事的人，他都一视同仁的爱。那绝不是一般的客套与礼节，有时甚至可以说是犹如"耶稣基督式的大爱"。他和我的母亲被隔离释放后，曾与母亲约法三章说："对待过去所受到的冲击和被挨打的事情绝不再提起，尤其是不对儿子们提起，以免他们对现实、对党和政府或某人有仇恨。"

他对学生们十分爱护，态度很随和，不少学生有问题时都会找他诉说。他会耐心

175

倾听学生的话，处理问题时也尽量争取帮助学生，不过在此基础上仍然坚持秉公原则。我记得小学时有一次他带我来同济上班，有一个青年学生因为考试不及格和旷课太多而要被退学，来找我父亲求情，希望能给他一次改过的机会，并且不想让他严厉的父亲知道。父亲向学生的班主任了解情况后，让这位学生回去认真写两份检讨和保证书，一份由班主任保存，另外一份拿到系里开会讨论决定。虽然这样有些违反校方规定，但是父亲还是给了学生改过的机会，并且警告他若是再犯错误，就会把他的检查和校方开除通知一起交给他的父亲。回家后，父亲正色对我说记住刚才的事情，我感到了他对青年的真心爱护。父亲对学生既严格，也很关心，但是由于这些学生有不少出生于资产阶级家庭，后来在文革运动中，便有了建筑系专门包庇资产阶级子弟的说法，可能这件事也成了他的罪过之一。

父亲对现代建筑的发展方向有着敏锐的看法与判断能力。他还是学生时，有一次他假期到法国巴黎游历，前去勒·柯布西耶巴黎的事务所拜访了他。柯布西耶后来被看作现代建筑运动的创始人，但他在当时是个颇有争议的建筑师。他批判古典学院派言辞极其尖锐。当年他正把设在瑞士日内瓦联合国总部设计方案竞选的评审委员会告上国际法庭，状告他们"渎职罪"，因为他们选中了一个具有学院派风格的方案。这件事在当年建筑界掀起了轩然大波，而父亲恰好在那个时候拜访了他。柯氏热忱地接待了他，他们谈得很投机，柯氏还问他是否愿意在他那里实习。

还有一件事也可以看出他对建筑发展方向的判断力。他结束了在英国的学业后，选择了去美国哈佛继续进行他的研究生学业。当时哈佛由被德国纳粹党赶到美国的包豪斯学派创办人格罗皮乌斯主持。父亲那时候就意识到包豪斯学派在将来会引导现代建筑潮流，他后来创办圣约翰建筑系时，也参考了包豪斯学派的办学思想。

另有一件事是在上世纪七十年代初期，那时候一般人对电子计算机还不了解，他却认定了电子计算机作为工具将对现代建筑业有着不可估量的影响力。以上这些事情说明了他对现代建筑潮流有着敏锐的判断能力。

父亲还很善于发现他人的潜力，一个典型事例便是陈从周先生。当年陈先生是圣约翰中学部的中文老师。一个偶然的机会他们见面了。在交谈中父亲说："陈先生，你的国学好，功底厚，而且在苏州地方有人脉关系，是不是愿意从事中国古建筑方面的研究工作？"陈先生听后很欣喜地说："当然愿意。"第二天，父亲就写了一封介绍信给在北京的梁思成先生和朱启钤先生。他们在北方创办了一个旨在研究中国古代建筑的"中国营造学社"。陈先生大喜过望，经过一段短期的观摩学习后，陈先生一头扎进了中国古建筑的研究。不久，他就开始了中国古代建

图2　黄太平与父亲黄作燊在家中

筑史课的教学。又经过一段时期的教学和钻研，陈先生成为了中国古建筑研究方面的权威。陈先生多次写作中提到：他之所以能有今天的成就，是黄先生的"栽培"。其实不然，父亲仅帮助他轻轻地推开了中国古建筑这一宝库的大门。陈先生对此一直非常感恩。

1974年秋冬我探亲回家，这时父亲因高血压而长病假不上班很久了。有一次他对我说："其实我只要能正常工作，能打网球，能听京戏，血压就不会高。"我当时听到后想，这几件事根本是不可能的。现在想起来，这些其实都是他心中的郁闷。

我到时候该回去了，走的那天我下楼回头一看，他还在窗口深情地目送着我。我没什么不祥之兆，只见他的白发在秋日晚霞的照耀下随风飘起。没想到这是我看他最后一眼。我一扭头咬牙转身就走了。这最后的回眸一瞥给了我永恒的印象。从此以后我们就是天人两隔了。

回去后不久就传来噩耗，我急忙回家奔丧。来到家里听母亲说，那天晚间他还和单位里一青年教师有说有笑，兴高采烈地谈论着学校的事。送别客人后他说头疼，弟弟们急忙将他送去医院抢救，但无济于事，至凌晨时他便去世了。我到家后的几天，一直有单位同事们和亲朋好友络绎不绝地来吊唁。最令我们感动的是，德高望重的陈植老先生沉痛地说："作燊是我所熟悉的同仁中最坦荡、最淡泊名利的一位。"他说我很难过，我们失去了一位好同伴啊。这是对我们父亲最后的、也是最高的评价。如今父亲离开我们已经三十多年了。这世上还有这么多人（包括见过他和从来没有见过他的人）纪念和怀念着他，我想他应该会感到欣慰的。

（黄太平：黄作燊长子，1966届同济大学建筑系毕业生）

回忆与父亲共同度过的二十三年

黄渤济

父亲离开我们三十七年了，与他一起生活的许多情景仍旧像电影一样在我记忆中荡漾，仿佛一切就发生在不久以前。我与父亲共同生活了二十三年，大约可以分成三个阶段，第一阶段是从我出世到我去上海师院附中读高中前的十六年；第二阶段是我住校读高中的五年，在这个阶段我们不是每天见面，可我还能经常看见他，我看见了他发生的变化。第三阶段是我高中毕业分配在上海徐汇区建筑材料商店当运输工后，直到他过世。

再不到半年就是父亲诞辰97年了。他出生在天津一个很富有的家庭，不幸祖母患

图1 黄作燊与次子黄渤济（1958年）

图2 黄作燊（右一）与黄佐临（左一）、金丹尼在伦敦（1937年）

病过早离世，因为父亲是最小的孩子，为了补偿了他失去母亲的创伤，祖父十分疼爱父亲。可能受此影响吧，后来父亲也很疼爱比我小八岁的弟弟黄植，特别是晚年他们是形影不离的父子加朋友的关系。

从小我视父亲为楷模，梦想长大后，除了要比父亲长得高以外，我样样都要像他一样。如今我已经六十五岁了，除了身高比他多十多公分以外，其他方面从来没有达到他的水平。父亲学识渊博，热爱工作，讲一口道地的普通话，英文更是十分流利。记得五十年代后期，父亲在同济大学接待过一批英国建筑师，当时翻译水平跟不上专业交流谈话，允许他们直接对话，来访的英国建筑师马上意识到父亲在英国受过很好的教育。从此以后，其中一位英国建筑师每年寄圣诞卡给父亲，直到1966年，父亲把最后一张圣诞卡上交给组织。父亲精通东西方文化，打得一手好网球，擅长冬季运动，热爱古典音乐，为人谦虚谨慎，平易近人。我回忆一些父亲给我个人留下的深刻印象。

第一阶段是我童年的印象，充满美好的记忆。父亲早年丧母，与祖父和伯父很亲近。父亲回国以前，祖父就不幸早逝，所以父亲一直与伯父黄佐临，中国戏剧大师关系密切。小时候父母经常带我去伯父家。伯父伯母当年在上海豪华区里拥有一幢花园洋房，每次去总看见一位驼背的老园丁在整理花园。伯父家的客厅十分宽敞，备有成套的沙发，还有钢琴；汽车间放着一辆积满灰尘的意大利菲亚特牌的小汽车和五辆从不同国家进口的自行车，天井里有乒乓桌和康乐球盘。父亲有深厚的网球基础，所以乒乓也打得好，有时会在伯父家里发挥一下。

伯父家如此优越的生活条件并没有给我太深刻的印象，倒是与父母共同生活的家庭气氛至今记忆犹新。我童年时全家住在泰安路上的一座小公寓里，位置离伯父家不远。公寓一室一厅，面积不大，但父母总是尽量想办法把简陋公寓里的平凡生活搞得很丰富。父亲设计了十分简洁现代的室内，充分利用面积。与伯父家的成套沙发完全

178

不同，我们家的沙发是父亲用三夹板自己制作的，可容纳三个人，靠墙角放置，相当于有靠背的长凳，放了垫子就成了沙发。沙发靠背的上面是两层开放的书架，放满了各色各样的建筑学书籍。罗小未教授曾回忆过父亲总是很慷慨地把自己收集的书籍借给学生。我不太了解建筑学，当时也不懂英文，我猜想父亲把他所有珍爱的建筑书籍都放在那两层书架上，便于与学生分享。沙发的右面连着个书桌，这样的布置，可以同时容纳两个人面对面地使用书桌。在开放的书架上面还有一层配有三夹板拉门的柜子，共有四扇门，形成两个柜子。柜子的顶上是开放的，可以放些装饰品。我不记得父亲放了任何装饰品，只记得上面通常放着好几卷图纸。沙发左面的墙壁全用三夹板封住，离沙发最近的那块三夹板上，打着五行整齐的圆洞。在那全用三夹板封住的左面墙壁上，挂着一张抽象画。记得有一天家里来了许多客人，多数是外国人，他们对那张画十分有兴趣，站在画前全神贯注地听父亲介绍。父亲讲的是英文，长达五分钟的介绍，我一个字也不懂。来美国参观了华盛顿国家艺术博物馆后，我才明白，那幅画是毕加索画作的复制品。在绘画下面的三夹板上架着一块长不到一米，宽不到三十公分，厚不到十公分的白色搁板，与咖啡色的三夹板墙面构成鲜明的对比。搁板上放着一个锡制的酒壶和两个锡制的酒盅，是父亲从无锡买来的，用来做装饰，因为他从来不喝酒。沙发的对面是张不到两米长的饭桌，一面靠墙。有意思的是在那墙上挂着一面镜子，当然不是为了吃饭时照镜子，而是使房间看上去宽敞许多。镜子上面又有个两扇门的柜子，与沙发上的柜子对称。父亲设计的室内充分利用了空间。小时候父母带我去过不少考究的客厅，可是给我留下印象最深的还是父亲自己设计的简朴而实用的小客厅。

父母从来不娇纵子女，我四岁时父母就叫我陪保姆上街采购，回家的路上我要帮忙拿酱油瓶，拎菜篮。父母教育我要尊重保姆，帮保姆做家务，饭后我要帮助收拾碗筷，经常帮保姆扫地，擦灰，从小培养劳动习惯。父亲教育子女很严格，在家里享有绝对的威信，可是他很少采取训斥、责骂的办法，我都是从父母以身作则地为人榜样，潜移默化地学到他们的正直为人。有一次父亲带我去同济大学参加招待苏联专家的联欢会，我最喜欢打枪，赢得的奖品是糖，我一直玩到联欢会结束，还排队等待下一次赢奖的机会。眼看又要排到打枪的机会，父亲来了，要我离开，我哪里肯放弃赢糖的机会。父亲很温和地说，工作人员也要休息的，他与那位工作人员握手，就带我离开了。满载而归的我在回家的路上没有享受赢来的奖品，一粒糖也没吃，内心感到惭愧，以后我就学会了要考虑别人。有一次父母带我乘船从外滩到高桥，住惯城市的我一路上迎着扑面的春风，看着黄浦江水的翻腾好兴奋，母亲也在一个大包里带了不少零食增加余兴。我去包里拿零食，不小心把父亲的帽子一起拉了出来。因为风很大，帽子被吹到水里了。当时买一顶帽子很贵，相当于一家四口在锦江饭店的一顿晚饭。我吓得哭了，可是父亲安详地坐在对面，一言未发，只是用责备的眼光看了我一眼，使我更加感到内疚，责备自己怎么那么粗心大意。没有多久，父母又带我们去西郊公园。那天是首次对外开放，西郊公园原来是供外国人玩乐的高尔夫球场，上海人民政府把它

179

图3　1964年黄作燊与家人在一起（从左至右分别为黄太平、程玖、黄渤济、黄作燊、黄植）

改成公园，供上海市民游乐。那天天气很好，母亲带来许多丰富的食物，我们全家在离一条小溪不远的草地坐下，铺上桌布，拿出各种各样的香肠、面包、水果、汽水、果子露，完全是西式的野餐，气氛很浓郁。我们边吃边谈，又说又笑，十分开心。我总是坐不住，随手拿了个纸袋，自己走到小溪旁看流水去了。我吹鼓了纸袋，用力拍打，纸袋破裂发出响声，我好快乐，然后随手把打破的纸袋扔进水里。正当我自得其乐时，忽然听见父亲在背后大声斥责，他气愤地走到我面前，叫我把纸捡回来。小溪流水很快，那个破纸袋早就被冲走了。父亲这次真的打开了话匣子，训了我半天，教育我要爱护公物，遵守公共道德，保持公共场所的环境卫生，在集体场合必须要想到别人。我们边说边走，不知不觉走到小溪的尽头，看见那破纸袋还在岸边。父亲叫我脱下鞋袜，他拉着我的手，好不容易地把纸袋捡了回来，找到个废物箱把它扔了，父亲总算变温和些了。这是我记忆中父亲对我训斥最长的一次。父亲总是把大众集体的利益放在前面。后来弟弟黄植出生了，同济大学分配给父亲一套较宽敞的法式公寓，从那时开始家庭境况好转许多。父亲从北京出差回来时，买来一架捷克制造的电唱机，他经常请学生们来我们家一起欣赏古典音乐。记得每次父亲有设计任务时，总是带学生到家里，大家先一起吃晚饭，经常在饭桌旁十分热烈地交谈，讨论建筑设计方面的事，饭后听一会儿古典音乐，然后才在乐声的伴随下开始工作。

　　父亲人缘很好，交际也广。我们60年代在文化俱乐部就餐时，看见过许多文艺界名流，包括著名电影演员赵丹和韩非、上海电影译制厂厂长陈叙一、著名话剧演员乔奇、上海交响乐团指挥黄贻钧、著名京剧演员言慧珠等，他们看见父亲就像老朋友一样，都亲热地称呼父亲"二爷"。弟弟黄植和我在他们的谈笑风生中也一起享受到文化的熏陶。我们的童年生活充满了美好的回忆。

　　父亲给我留下的第二阶段印象是在我青少年到成年的时期。当时我考进了上海师院附中。这是个住宿学校，我每周六回家一次，周日晚上七点半以前必须赶回学校，上一节自修课。当时学校实行军事化作息制度，晚上九点半必须熄灯，早晨六点钟必须起床。每个星期六我在家里可以舒舒服服地洗个热水澡，星期日上午可以睡得晚些。家里的伙食也比学校丰富许多。我每到星期五就盼望着回家，父母也总是尽量让我在家里的周末过得愉快。但一到星期日的下午，父亲就提醒我做好回校的准备。每次他总是温和地说，希望我多在家待一会儿，可是我必须要遵守学校的制度。学校放假期间，父亲经常带我去网球场，在那里我还常看见同济大学的另外两位老教授，庄秉权和黄家骅，他们也是网球爱好者。父亲的网球技术是很出色的，在我们常去的网球场，有一次看见一位当年的网球名将，他很喜欢与父亲打对抗赛。记得父亲几次开球，那位网球名将都没有接住，周围观战的网球爱好者一起为父亲喝彩，高喊全国冠军都没有接住你的球。父亲喜欢古典音乐，也喜欢京剧，他有不少京剧唱片。那时候收音机里经常可以听到精彩的京剧片段，他几乎对每出戏都很熟悉，不仅知道详细的故事情节，而且知道下一段唱词、锣鼓和胡琴。

我在住宿学校读高中的前两年，每次回家都能看见父亲精力充沛地谈笑风生。我有时翻阅他从学校带回来的杂志和参考书，当时我不懂英文，不过看看彩色图片和照片也感觉很开眼界。父亲偶尔简单地做点解释，但大多让我自己琢磨。我们曾一直计划一次全家外出旅游，父亲对苏州，无锡和杭州很熟悉，讨论旅游计划总是很具体，很详细。虽然我们的旅游计划从来没有实现，但纸上谈兵的讨论也乐趣无穷。到了第三年，我发现父亲忽然苍老许多，原来银色的头发变得更加苍白，话说得少了，玩笑也很少开了。从学校带回来的外文杂志和参考书被"红旗"杂志和宣传小册子代替，例如"列宁主义万岁"、"论陶里亚蒂和我们的分歧"、"六评'苏共'中央公开信"、"九评'苏共'中央公开信"等等。古典音乐和京剧也不听了，倒是时常播放"沙家浜"、"红灯记"，记得有一次父亲拿着一期印有"红灯记"全部剧本的"红旗"杂志专辑，认真地和弟弟一起从头到尾听了遍"红灯记"。我忽然感觉我不了解自己的父亲了，我不知他为什么改变了这么多。

父亲始终真心拥护共产党，热爱新中国，并希望自己能为祖国服务。我从来没有听见父亲对党和国家有任何抱怨，即使在"文革"中隔离审查的十个月后，他还是满腔热情地在上海泰山耐火砖厂参加劳动，虽然他不能理解当时国家的政策。父亲之前曾亲眼看见许多同事和朋友在不同的政治运动中受到批判和惩罚，他大多幸运而平安地度过了，可是这次"文革"他却没有办法幸免。但是当我口口声声抱怨文革的时候，他却生气了，说国民党是很腐败的，每星期一规定要读"总理遗嘱"，其实大家都有口无心。他还说国民党也弄得老百姓民不聊生，三年内战后通货膨胀、物价飞涨，买点小东西都要带成叠的法币，学校屡次发不出工资，就给一袋米、几块肥皂或洗衣粉之类的日用品以代替工资。

到了我成年时，看见父亲变得苍老了、沉默了，可是他那一颗火热的中国心从来没改变，他立志真正扎根于祖国这片土地的热情也从未减弱。父亲有几次机会离开中国，可是他没有动摇过献身祖国建筑教育的信念。1949年上海即将解放时，他放弃了我二姨为我们全家提供的一起去香港的机会。之后1950年，香港的建筑市场空前繁荣，父亲的一位老朋友、广东老同乡、英国留学的建筑师、父亲"五联"建筑事务所时的合伙人陆谦受冒着"二·六"轰炸的生命危险，到上海想拉父亲去香港开设建筑公司，可是父亲已经将理想和希望注入了新中国，在圣约翰大学进行积极的尝试，于是婉言谢绝了陆谦受的邀请。

图4 1975年黄作燊在家中（黄植摄）

在父亲生命最后七年里，我们始终生活在一起，这第三段记忆是父亲不再像我童年见到的那样，似乎以前的幽默感和批评性的机智全消失了。可是直到生命最后一息，父亲始终保持乐观，从无怨言，而且还能自得其乐。

父亲没有等到"文革"结束，也没看见粉碎"四人帮"，可是他始终相信今后的大学是以择优录取的方式招收学生。父亲一直鼓励我们好好学习，等待恢复高考的时机。我当时始终看不见一点光明。母亲也在一旁附和说，有一天她如果能看见自己三个儿子全在美国读完大学，她即使后半生为人家做保姆也心甘情愿。我当时听见好心酸，他们看见自己的儿子丧失读书的机会，不是责怪"文革"，而是责怪自己没有尽到父母的责任。可惜父母再没有看见弟弟和我后来都在美国受完高等教育。虽然我在美国读书和工作的时间比他们长许多，至今我仍旧没有达到他们的知识文化水平，也没有做出他们那样的重大贡献，我只能继续努力工作，才不辜负他们的期望。

父亲的最后几年，欣赏古典音乐和京剧全部转为地下工作，即使有挚友来访，也只能偷偷地听。家里也看不见从学校带回的外文杂志和参考书了。可是父亲仍旧没有改变喜欢朋友的习惯，家里经常是宾朋满座，只是娱乐方式完全改变了。当时家里有一群热衷聆听父亲描述自己生活经验的听众，父亲的学生郑肖成先生是最热忱的一个。父亲晚年因为没有具体工作可做，经常感到寂寞，所以喜欢找郑肖成聊天，郑先生总是每请必到的。记得有一天晚上，快九点钟了，父亲要我去请郑肖成来聊天。我骑车到他家，郑先生正在洗澡，当时洗澡是件大事，一般上海有卫生设备的居民，冬天也仅是一到两个星期才洗次澡，洗完澡就准备睡觉了。可是那天晚上，郑先生从浴室出来，穿上衣服就来看父亲，父亲好兴奋，两人聊天一直到半夜。父亲不仅知识渊博，见识广泛，而且十分善于讲故事。在"文革"禁止一切娱乐的年代，父亲的故事给我们增添了许多乐趣。

尽管父亲在"文革"的几年中，遭受过批斗，被剥夺了合法的工作权利，没有用武之地，但他还能保持比较乐观的态度，只要有工作，他总能保持热情，积极投入。1974年学校让他翻译英国人李约瑟编写的《中国科学技术史》，他从早到晚地忙于工作，将此看作是可以效劳国家与社会的机会。我清楚地记得，当时他的工作热情就像铁树开花，忽然精神非常振奋。翻译任务原来是分配给三位老教授的，考虑到自己比黄家骅和庄秉权两位教授年轻，父亲自告奋勇地接下了一半工作，留给黄家骅和庄秉权两位教授每人四分之一。父亲一开始工作，原来宽敞的公寓就显得小了，每间房间都有他整齐堆放的稿纸、文件和参考书。即使父亲每天上午不到七点钟就开始工作，一直忙到半夜，他还嫌进度太慢，另请了三位年轻朋友，每天早、中、晚三班帮助抄写。大约两周以后，他们三位老教授碰面，父亲担心黄老教授可能年事太高，赶不上他要求的进度，便又主动接下黄老教授手里剩余工作的一半，就这样翻译工作提前完成了。父亲火一般的工作热情和敬业态度始终激励着我，我没有辜负父母的期望，三十二岁回到学校，完成了长达十五年的漫长的第二次学生生涯。虽然我永远达不到父母的造诣，但我立志以父母为榜样，继续努力工作，为社会做些渺小的贡献。

1975年6月14日，那是一个令我永远无法忘记的日子，父亲晚间还兴致勃勃地和他的一位来访的挚友和学生聊了一阵子，送走他后不久，就出现了中风的症状。我和弟弟黄植急忙将他送去医院。在焦虑、恐惧和不安中，我们伴随着父亲走完了他人生的最后一段路，详细情况黄植的文章中有生动的描写，我接着他的故事回忆下去：

当父亲的呼吸逐渐停止，护士慢条斯理地摘除掉父亲的氧气管和输液针头，弟弟紧抱了一下父亲，情不自禁地开始哭泣，连声说着没想到，没想到……这是我一生最难过的时刻。至今回忆起来，仍旧令我热泪盈眶。我们给父亲换上干净的衣服后，依依不舍地与医务人员把父亲送进太平间。回家的路上，弟弟怕我太累，要我一人骑送父亲到急诊间的黄鱼车回家，我坚持要弟弟坐在车上，与我一起回家。路上弟弟黄植很冷静，问我今后我们家庭生活怎么办，其实我根本不知道该怎么办，可是还想办法安慰他。父亲去世的时候，离他60岁生日还差两个月。他怀着一颗立志报效祖国的火热的心，他有热忱的心愿尚未实现，他还担心着重病卧床的母亲和在家待业的弟弟，这样就离开我们，让我们怎么能舍得，怎么会不痛心。我和弟弟商量好，利用我工作方面的协作关系，请上海大理石厂替父亲定做一个骨灰盒，由父亲的学生负责设计。

回到家里弟弟和我尽量控制自己的感情，母亲也不忍让我们过分难过，比我们更费力地控制她的感情，表现得十分冷静，她再三嘱咐我要注意方法，适当地通知当时还没有"解放"的伯父，父亲的胞兄，黄佐临。母亲在上海第一医学院也是位与父亲一样的卓越的老师，我们始终感激她坚强地与病魔斗争，与我们一同在失去父亲后再生活了三年。当时在上海很少人家有电话，我让弟弟在家陪伴母亲，我去一家家地报丧。我首先找到大姐夫，黄佐临的大女婿，陪我去找郑肖成。郑先生听见父亲的噩耗犹如晴天霹雳，马上答应为父亲设计骨灰盒，并承担向同济大学有关人士通知父亲去世的消息。郑先生首先去通知赵汉光，不巧赵教授不在家，郑肖成就留下张纸条，"赵汉光：告诉你一个非常不幸的消息，我们敬爱的黄老师今天上午突然去世。黄先生未能完成的遗志，要由我们来完成。郑肖成"。郑先生不但是位崇拜和敬佩父亲的学生，而且还是父亲忠实的朋友。母亲有一次无意提起，父亲牺牲了多次机会留在国外，郑肖成告诉母亲，父亲没有白白牺牲，因为他所有在祖国的学生全受益了。郑肖成有位哥哥在美国，定期给家里寄《国家地理杂志》，郑先生总是与父亲分享，给父亲带来不少乐趣，我和弟弟也受到了"资本主义"的熏陶。2001年，我离开故乡十七年后，首次回国，因为是因公出差，在上海时间十分短暂，去养老院看望郑肖成是首要日程，那时候他已经完全丧失了到我们家里来时的风采，可是他马上认出我，兴奋地告诉同房间的病员，上次来的是老三，今天来的是老二。我有多年的愿望要与郑先生一起回忆，父亲阅读他的《国家地理杂志》时的乐趣，更想告诉他，我们在美国看见许多他借给我们的杂志里看见过的东西。郑先生已经对他借给我们的"国家地理杂志"没有兴趣了，可总是滔滔不绝地回忆他学生时代看见我们父母的情况，那是我最后一次看见他。回到美国后，我与弟弟黄植在电话上回忆起王吉螽、郑肖成、赵汉光教授多次到我们家，讨论为父亲设计骨灰盒的方案，最后决定设计个正方形的骨灰盒，以便让父母安葬在一起，郑先生多次与我们去上海大理石厂，选择材料，与工人老师傅谈话，保证骨灰盒的质量。郑先生在画骨灰盒草图时，不停地感慨，父亲在世，都没有为他做什么事情，这是最后一次报答父亲的教诲之恩。

　　父亲不幸早逝，许多同事、朋友十分痛心，怀念父亲，他去世的当天晚上，冯纪忠教授闻讯与冯伯母来到我家慰问母亲，当时已近黄昏，房间里较黑暗，冯纪忠教授没有说许多话，只是静静地拭泪。"文革"期间，上海火葬场的殡仪服务很差，一切准备工作全要家属自己料理，陈从周教授连续几天从同济新村到我们家帮忙写挽联。追悼会几天后，陈植也来慰问我们的母亲，他告诉母亲，父亲是他毕生看见的最不计较名利的建筑师。不久后，年近八旬的庄秉权和庄夫人也来慰问母亲。父亲去世后的第一个春节，我家里在初二，初三两天接待了十四场客人，他们都非常怀念父亲。

　　父亲去世后，弟弟黄植和我始终与父亲的生前友好保持联系。在父亲去世三年后，母亲也去世了。李德华教授专程来我们家慰问，他说我们的感情不是一般的，要我们把他看作大哥哥，有任何困难都要让他知道。李德华和罗小未先生多次请我们到他们家吃饭。弟弟黄植每次回上海，必定去拜访李先生和罗先生。我每逢节日，也总打电话给罗先生。如今年逾八十的罗先生说话的声音，还像我童年在圣约翰大学看见她时一样的洪亮。罗先生有着与父亲一样的火一般的中国热情，至今孜孜不倦地研究西方建筑史。我女儿移民到美国八年后，回上海探亲，李德华和罗小未先生热情地接待了她，向她介绍了从未见过的祖父、祖母，女儿还制作了访问李先生和罗先生的视频，贴在互联网上。

　　父亲离开我们已经很久了。在这段时间里，我们欣喜地看见上海建筑的蓬勃发展。当年他在圣约翰和同济建筑系开创的教育事业，经过他的学生和同事们的长期努力，如今也已取得了丰硕的成果。今天的同济建筑与城市规划学院十分欣欣向荣，这无疑是对父亲最大的安慰。

184　　（黄渤济：黄作燊次子）

父母杂忆

黄植

一

1975年6月14日一个闷热的下午，那是典型上海初夏的黄梅天，一位灰白头发的人在安亭路上骑着一辆破旧的自行车，进了一条狭窄的弄堂。弄堂里面的建筑几乎全是建于上世纪30年代的法国式的小洋房和公寓。他戴着秀郎架眼镜，看上去像个读书人，他那还并不太苍老的脸上隐约地显露出心事重重、受压抑的样子，他和蔼地跟坐在弄堂里乘凉的退休老人们打了招呼，快捷地推着自行车进了81弄1号。这是我父亲黄作燊最后一次走进自己的家。

父亲母亲，二哥黄渤济和我一起吃过晚饭后，一位父亲心爱的学生也是忠实的朋友来了，大家都为此非常高兴。他即将启程去安徽的同济大学五七干校，是来向父亲告辞的。他们俩有说有笑地谈了一个多小时的话，送走了客人后，到了晚上10点左右，父亲打开唱机，放了一张捷克制造的黑胶唱片，是勃朗姆斯第三交响乐。那个时代，这种音乐属于"封资修"，是政

图1　黄植和父亲黄作燊（1971年）

府禁止的。我们照例地关上窗，音乐小声地放着，准备休息。父亲躺在床上，等听到第三乐章有些秋天凄凉感的旋律的时候，突然听见父亲说了两个字："头疼！"我即刻答话时，他的口齿已经不清楚了，中风的其他症状接踵而至。我意识到事情严重，马上跟二哥说要送医院，那年头普通老百姓家里是没有电话的，打电话叫救护车需要跑到远处的一家有公共电话的小烟纸店，就算能打电话，救护车什么时候会来也不知道。看父亲这样子，很清楚是来不及了。我们决定去不远的一家街道工厂借辆黄鱼车，送父亲去医院。

我二哥把父亲从三楼背到了楼下，放进了黄鱼车，父亲躺在车上，二哥使出最大的力气蹬车，我扶着父亲的身体，黄鱼车疾速驶向徐汇区中心医院。一路上，看着躺

185

在我怀里昏迷不醒的父亲，预感到大难临头了。同时我又焦虑着当时已经患重病多年，生活不能自理的母亲，她一人在家会怎样？想着父母的状况，当时19岁的我，心中的痛苦和恐惧是难以形容的。到了医院，护士给了他输液和氧气，医生检查过他后，面带同情地说："瞳孔已经放大了，来势汹汹的脑溢血……不太有可能救活了！"听过医生的宣判后，我的双腿就软了，站立困难，跟父亲形影不离地在一起十多年，建立了极深的父子感情。我怎么能没有他？

天开始蒙蒙亮了，他的呼吸开始缓慢下来，不久就完全停止了。

父亲去世的时候，离他60岁生日还差两个月。

二

父亲1915年8月20日生于天津。祖父从广东番禺来到天津谋生，他自学了一些英文，在英国人开的亚细亚石油公司得到一份推销汽油工作，逐渐积累了一些财富。父亲的童年并非都是充满快乐的。他十岁的时候，祖母得了霍乱去世，成了没有母亲的孩子。据父亲的回忆，祖母出殡时，来了一群群披麻戴孝的亲戚朋友，多数是来"蹭饭"的，再加上请来不少敲锣念经的和尚，乌烟瘴气的场面使他害怕。看过如"菊豆"的电影，可以想象中国老式的葬礼确实有点瘆人。幸好祖父、父亲的哥哥、三个姐姐和后来的继母都很疼爱他，补偿了他早年失去母亲的创伤。父亲十岁开始去天津的法国人办的学校读书，因此父亲的英语、法语都很流利。洋人还给父亲取了个英文名"亨利"。祖父先把比父亲大九岁的大哥黄作霖送英国留学，后来"佐临"在中国成了相当知名的导演。父亲17岁的时候，一位留过洋的广东人陆谦受建议父亲去伦敦的A.A."建筑协会学校"学建筑。祖父带了我父亲和三个姐姐，乘船到了旧金山，乘火车去纽约，然后我父亲一人再乘船从纽约到伦敦。17岁的他开始了长达九年的海外生活。

在英国住了七年。据伯父回忆，父亲在学校很努力，跟他的老师同学也相处得很好。父亲提起他在英国留学时，他的一些教授们是不用学校教室的，他们把学生带到自己家里，在烧着壁炉的客厅里，一面喝午茶，吃甜点心，一面讲课，学生和教授像朋友似的相处。伦敦的气候多以又湿又冷而著称，所以生着火的客厅很受欢迎。父亲擅长体育运动，精通网球、板球、滑雪和溜冰。他在伦敦是学校板球队的队员，瑞士和奥地利的阿尔卑斯山区里，多处有他滑雪的踪迹。每年暑假，他都跟几个朋友一起开车去欧洲大陆四处

图2　黄作燊在伦敦（1938年）

186

旅游。父亲晚年经常留恋法国南部的美丽："公路的一边是碧蓝的地中海，另一边是鲜花盛开的普罗旺斯，空气里充满不同的花香，让人陶醉。"父亲还去过德国，曾以学生优惠买了一个莱卡3A型相机，后来成了他用了一辈子的宝贝。

不到20岁的父亲就开始在欧洲见了不少世面，如在巴黎拜访了勒·柯布西耶，看了众多意大利、法国和德国等地的古建筑和城市规划，以及文艺复兴时代至现代派的绘画和雕刻，他从中得到很多启发，使他在建筑学上的眼光变得更高、更宽广。记得父亲有一次从被红卫兵贴上封条的一堆"四旧"书里抽出

图3 黄作燊在伦敦（1937年）

了一本叫《艺术大师杰作的宝库》[20]的画册，第一张画是意大利中世纪大师乔托（Giotto）1305年画的"逃亡埃及"。厚厚一本画册从中世纪欧洲绘画一直讲到法国印象派以及抽象派毕加索，野兽派马蒂斯等人的作品。父亲翻着画册向我介绍一些名作，他对西方艺术史的理解和知识令我惊讶。往后有一段时间，父亲用这本画册给我讲解西方绘画史，每次讲一、两幅画，给了我对西方绘画艺术的启蒙教育。比如，讲到乔托的逃亡埃及这幅画，他解释了其他中世纪画家画过同样的主题，但背景往往是没有内容或只用黑色，乔托的宗教绘画在背景上增添了风景，这是他的创新，对未来的文艺复兴有很大的贡献。遗憾的是这本画册还没讲到一半，记得是张委拉斯凯兹（Velázquez）的画，没讲完就因为他去世而永远中断了。父亲自己在年轻时画过几张抽象派的油画，我后来看到勒·柯布西耶的抽象画，觉得印象中父亲的油画像柯布的作品。可惜他的画全丢失了。

父亲在英国时就向往现代建筑先驱格罗皮乌斯，他很想成为他的学生。在德国的包豪斯学校被纳粹关闭后，格氏先至英国，后到美国，在哈佛大学设计研究院[21]任教，父亲在英国毕业前申请了哈佛并被录取。1938年时年23岁的他登上了去美国的邮船，来到波士顿，开始了他研究生的生涯。据父亲的回忆，格罗皮乌斯是一位一丝不苟的、典型的德国老头，不久他们就成了好朋友。父亲归国后的学生之一李滢，是父亲把她介绍给格罗皮乌斯的。包豪斯的另一位重要人物，匈牙利建筑师和家具设计师马索·布劳耶，也是父亲在哈佛的导师。我曾问过李滢先生，后来您在哈佛师从格氏时，老先生是否记得我父亲？李滢说："当然记得的，格罗皮乌斯记得他每一个学生，我在他家还住过一阵子。"父亲自己对格罗皮乌斯的回忆有这么一说："他常请我去他家，用德国式的香肠和啤酒招待我……他对我说，亨利，你今后回到中国，不要把你在西方学

20 A Treasury of Art Masterpieces，1939 1st edition by Thomas Craven.
21 Harvard Graduate School of Design.

图4 黄作燊和程玖在哈佛大学校园（1941 年）

的东西生硬地搬到中国，要珍视中国的文化，你设计的建筑应该发扬中国文化的特色，你要找出你自己的路子。"很遗憾，因为中国的国情，父亲和李滢先生没有机会在建筑设计上达到他们导师的期望。

三

哈佛求学时代的父亲不但在学业上有了一个飞跃，同时也开始了有生以来第一次也是唯一的一次恋爱。在波士顿中国留学生的圈子里，他结识了我母亲程玖。母亲的英文名 Winifred，也来自天津。外祖夫、外祖母双双都是中国早期留日学生。外祖父程克曾是天津市长，还担任过中国内政部长。如果用当今的语言，我父母可以算是富二代和官二代，不过据我所知，我祖父辈没有靠灰色收入或贪污致富。更重要的是，我父母没有今日中国的官、富二代的不良习惯，他们不奢侈。尤其是母亲。因为当时中国战乱，母亲没有稳定的经济来源，她的寄宿家庭是一对善良的爱尔兰裔夫妇，美国妈妈 Agnes Shute 待她像自己的亲生女儿一样，收不到中国来的汇款，他们也不计较。1929 年开始的全世界经济大萧条还没有结束，母亲和她的住宿家庭的生活是极为简朴的，中饭是美国妈妈给她准备的两片面包夹花生酱和一个苹果，晚饭则是一点蔬菜

图5 黄作燊和程玖（左一）及程梦（左二）在哈佛大学校园（1941 年）

汤和面包，她在美国六年，一年 365 天，几乎天天如此，难得在周末有一点荤菜吃。母亲上学，无论刮风下雨总是步行，她连乘公共汽车的钱都舍不得花，她每年还在夏令营里打工。这样的生活习惯不但使她成为了一个能吃苦的人，也给了她非常健美的身材。

　　"嗯，我记得你妈妈，Winifred，她 very pretty，啊？哈哈！唉，你爸妈都已经不在了，真是想不到啊，唉，可惜，

图 6　程及夫妇和黄植夫妇合影（1983 年）

I am very sorry！我跟 Helen，Arthur[22] 一直有联系的……"这是贝聿铭先生见到我时，用带苏州口音夹着英文的国语，回忆起他三十多年前的老相识。贝先生的细细的、炯炯有神的眼睛，隔着一副黑边圆眼镜的镜片注视着我，我本来根本没有想去高攀贝先生这样的名人的，那是 1979 年 12 月，父母的好友，水彩画家程及先生邀请我去纽约小住时，顺路去拜访贝先生的。程及早年由父亲聘请，曾担任了约大建筑系的图画美术教师。后来他去美国发展，母亲帮他准备出国文件，帮他介绍熟人等等。程及是个知恩图报的好人，自从母亲于 1978 年 11 月去世后，他对父母双亡的我有恻隐之心，多次写信给我，鼓励我去美国留学。我到了纽约后，他带我去了很多地方，让我开了眼界。程及认识贝聿铭，也知道父亲跟贝先生在学生时代就认识，他跟贝先生通电话时，告诉了他亨利的儿子在纽约，日理万机的贝先生，仍在百忙中约了我到麦迪孙大街 600 号贝事务所见面。走进他的办公室，我惊讶的注意到贝先生的书桌竟然跟父亲自己设计的书桌很相似：长方形桌面，上面粗，下面细的四条圆腿。贝先生很客气的跟我寒暄了几句后，向他的几位下属介绍我，说是老朋友的儿子。他问了我父母回国后直到去世生活和工作的情况，以及我在美国准备学什么等等。贝先生感慨地说，他比我父亲晚两年完成学业。如果没有珍珠港事件，他当时也准备回国的。"如果我回去的话，很可能会跟你爸爸一样被批判……"告辞前嘱咐他儿子贝建中（Didi Pei）带我参观了贝事务所。

　　母亲的美貌在波士顿的中国同学之间颇有名气，父亲来到在波士顿之前，MIT 的李耀滋先生（1914 ~ 2011）追求我母亲数年。李先生当时就很成功，在 MIT 得了博士学位后，拿过不少专利权，开了好几家公司，还拥有私人飞机。有一次母亲生日，李先生驾驶了他的飞机飞到母亲在波士顿郊外的住处盘旋，空投了一盒巧克力和鲜花给母亲，当时这在中国学生之间引起轰动。后来李还成了 MIT 的著名的流体力学教授。但母亲向来只把李先生作为一般朋友，这很伤李先生的心。但母亲遇到父亲则一见钟情。我问过母亲为什么看上了父亲，她说她觉得父亲有才气，有文化修养，人品也好，只

22　我二姨程梦和姨夫郑观宣。

是他说一口纯正的英国口音的英文，像个英国小老头儿，有时会让美国人笑话。他们的几次约会是父亲带她去看沙翁或易卜生的话剧。母亲觉得跟父亲在一起长了不少见识，很快就接受了父亲的求婚。

1941年6月7日在波士顿近郊Auburndale小镇，一对年轻的中国伉俪，"亨利·黄"和"威妮·程"举行了一个极为简单的婚礼，只有母亲的二姐和姐夫作为证婚人和母亲寄宿家庭的美国夫妇参加，小镇的镇长给了他们结婚证书，证书上只有他们的英文名，婚礼没有宴席，没有结婚蛋糕，没有结婚照。父亲在哈佛的学业是在同时期完成的。他在哈佛做毕业论文和设计时是非常努力的，据母亲回忆，好几个月，他经常昼夜不眠的工作，他的设计好像是一个有中国风格的建筑，可惜他的毕业设计已经找不到了。毕业设计和论文得到了好评，但父亲没有参加哈佛大学的毕业典礼，连毕业证书都不去领。他认为，如果你有真本事，做出点事情来才算数，头衔是草包们才会去用的。父亲与众不同的性格使很多人困惑不解。

父亲偏爱欧洲，对美国反感，小时候当我问他美国是什么样子的，他说："美国？没有什么文化，到哪里都一个样子的，几栋大楼，街上到处是广告牌子和自动卖可乐的冰柜，几个加油站，几个车行。"幸好那时还没有麦当劳和肯德基，不然父亲肯定会更反感。他对留在美国没有兴趣，哈佛一毕业，他就急着要回国报效祖国。这样的心态，当时在出国留学的人里属于多数，他的哥哥也催他回去。新婚的母亲在波士顿博物馆艺术学校就读还没有毕业，她放弃了她的学业，跟父亲一起回国。他们的蜜月是驾驶了父亲的福特跑车横跨美国，到过美国很多地方，父亲对美国的自然风景是念念不忘的，尤其是西部的大峡谷和洛矶山脉。每当父亲听德沃夏克的第九交响乐"来自新大陆"时，他总是说这作品使他想起美国的西部壮丽的景色。他走到生命尽头那天的早上，还听了两遍"来自新大陆"交响乐的第二乐章，这乐章的别名是"回家"。

年轻的新婚夫妇从波士顿启程，在路上驾车走了一个多月才到达旧金山，因为当时美国还没有发展高速公路，所以速度比较慢。在准备登船回国之前，父亲要把他的车卖掉。他一早就开始在旧金山城里奔波卖车的事，折腾了一整天，跑了好几家二手车行，但他太老实，结果汽车几乎等于白白送给了车行的商人。我想这件事使父亲对美国的厌恶有增无减。他们回到上海后，一位朋友听说了父亲的遭遇后，说这辆车子如果同船带回上海，在上海卖掉，价钱可以翻五倍。

邮船驶到夏威夷后停了几天，他们在船上结识了几位美国空军。船到夏威夷，美国大兵把他们带上军用飞机，在檀香山的上空飞翔，他们开心极了。据说有几位大兵后来去中国参加了抗日战争，是飞虎将军之类。父母乘的是头等舱，船上来去的服务员是收小费的，人家都是做完了事后再给钱，但父亲太忠厚了，总是在服务员还没做任何事前就先给小费，而且给的很多，结果人家拿到了钱，人就不见了。

母亲在病中回忆，她一生看到世界上最美丽的景色是归国的路上，船经过澳大利亚的珊瑚海，海面下的珊瑚在月光下发出闪闪的五颜六色的光芒。船到了菲律

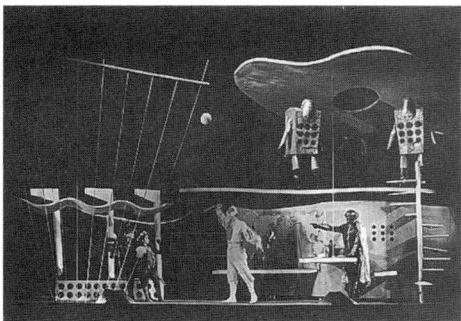

图 7　黄作燊设计话剧《机器人》的舞台（1945 年）

宾，看到一堆堆衣衫褴褛的亚洲人，她感到很难过，到底在美国住了六年了，不太习惯，跟美国的环境天差地别。船驶进了黄浦江，苏州河臭烘烘的，看到破旧的舢板和穷苦的同胞们，她感到很压抑，觉得是到了另一个世界。但这一切都是为了父亲，她从来没有抱怨过。父亲回到上海后不久就带母亲去戏院看京戏，因为祖父在父亲小时候经常带他去看京戏，父亲是个京戏迷，听到震耳欲聋锣鼓声，他兴奋极了。母亲看他高兴也就满意了，不过她个人认为京戏的锣鼓跟铜匠店里敲打的噪音没什么区别。

一对受过良好教育的年轻夫妇，回国后的亨利和威妮再也没有迈出过国门。父母是诚心诚意的要为祖国服务的，但他们的梦想却一直难以实现。

四

上海 20 世纪 40 年代初，以伯父黄佐临为首并任导演的苦干话剧团正在筹备成立，主要成员石挥，黄宗江，丹尼（我的伯母），姚克，柯灵，孙浩然，李德伦等人后来都成了中国文艺界的精英。苦干的成员有好几位都是住在伯父拥有的泰安路 120 弄 1 号，一栋精致的西班牙式花园洋房里。1941 年 9 月，这栋已经相当拥挤的

图 8　1948 年的黄作燊夫妇

图9 回国后的程玖

洋楼里又多了两个客人：刚从美国回来的我父母。我祖父1939年逝世，长子代父，家里的事情主要由伯父管理。父亲一直跟他哥哥的感情很好。父亲在上海住下后，开始时在苦干剧团帮忙。苦干的成员们称父亲为"二爷"，因为他是佐临的二弟。父亲为黄导的话剧《机器人》而设计的抽象派舞台设计的照片幸存下来了，舞台设计可见包豪斯的影响。记得小时候如果跟父母一起在上海的街上行走，经常会听见有人喊一声"二爷！"，一看，都是我在电影里看到过的非常熟悉的脸，如赵丹，韩非，程之等演员。父亲在这段时期的生活并不稳定，但他和文艺界的朋友们相处得很愉快，有空也常去看京戏，通过父亲的朋友，中国老一代建筑师陆谦受介绍，圣约翰大学的杨宽麟院长邀请我父亲去他所在的土木工程系教建筑，父亲从此开始了他在中国的教育事业。他非常敬业，把他的知识传授给了他一批又一批的学生。他在约大最早期的学生李德华、罗小未、李滢、王吉螽、张肇康等人以及后来的王秉铨、王宗瑗、郑肖成等都很欣赏他。不少父亲的学生回忆起他，说他话不多，但很会启发人，他早年在约大教书的时候，经常带着学生骑着自行车去看建筑，调查情况，还带学生去看戏。父亲从来没有架子，但给学生改建筑设计图的时候，他的修改恰到好处，给了学生深刻的印象。

约大给父亲的薪水是很微薄的，在伯父家住了一年多后，母亲开始在约大教英文，这样他们才有经济能力，租下了泰安路上的一室一厅的小公寓，离伯父家步行不到五分钟。公寓的条件并不好，楼下是个菜市，每天天亮前，他们就被楼下小贩的吆喝声、活鸡鸭和买菜人的嘈杂声唤醒。当时的政局很混乱，生活艰难。父母在泰安路的小公寓里经历了抗战、内战、战后的通货膨胀种种困难。有时约大发不出工资，就给他们一袋米，几块肥皂或洗衣粉之类的其他日用品。记得我小时候，家里有个洗衣服用的搓板，是一次工资发不出时，约大给母亲的报酬。

回国不久，亨利夫妇的名声逐渐在约大的学生中传开了，他们身着国外带回的衣服，当时看来非常新奇。据说母亲教授的英文班，不少男生戴着墨镜来上课，为的是能瞟一眼黄太太而不被察觉。但事实上，他们的生活十分拮据，特别是40年代后期，买一点米都要打破头似的排队，用比米袋还要大许多的一口袋法币在粮店里挣扎。对此母亲时常感到无奈。母亲的美国妈妈Agnes一直和母亲通信，她一向认为母亲弃学回国是非常错误的，曾多次写长信劝她回到她身边完成学业，并愿意提供资助，虽然她本人也并不宽裕。但是为了父亲，母亲没有回美国。

192

五

1949 年上海即将解放，很多跟父母情况相似的人都去了台湾或香港，二姨包了一架飞机，即将带她全家飞往香港，她通知母亲，飞机上还有四个座位，给你们留着的，快带着孩子跟我们一起走吧！但父亲与伯父一样，都对共产党充满了希望，觉得前途非常光辉灿烂，因此父亲坚决不去香港。

中华人民共和国成立后，过去的法币、金圆券、娼妓、地痞流氓等很多旧社会的残渣余孽奇迹般地消失了，我们家境也开始好转，工作单位再也不用一袋米或肥皂粉来代替工资。跟很多中国老百姓一样，父母对新社会寄予了无限希望。1952 年院系调整后，父亲去了同济大学，母亲去了上海第一医学院教英文，成为了外语教研组主任。我生于 1955 年，出生一年后，全家终于从住了 13 年的菜市楼上的简陋公寓里搬了出来，搬进安亭路 81 弄 1 号 4 室，一个相当宽敞、舒适的法式公寓。双职工的父母，家境算比较宽裕的了。那年代好日子总是十分短暂的，灾难性的大炼钢铁，三面红旗和频繁的政治运动陆续降临，中国知识分子的处境越来越艰难。

父亲在反右运动前的历届运动中没有受到直接的冲击，但他目睹了不少他的朋友被整肃。有一位跟父母经常来往密切的朋友，曾是美国 MIT 的高才生，跟父母一样，学成回国。1957 年他突然以泄露了国家机密的罪名被抓进监狱，不久被送到了青海劳改。这给父母的精神上带来了很大的创伤，他们理解这位朋友是满怀着热情回到中国，想为建设新中国做出贡献的。他被押送到青海后就杳无音信，不到十年，他的家人忽然收到一个邮局的包裹，是他的骨灰，附一纸条说是因肾病去世。这位朋友终于在"拨乱反正"后得到平反。可惜，父母没有能活着看到他的平反。反右运动时我才两岁，不知道父亲当时的心境究竟如何，听母亲后来告诉我，他当时非常紧张，不知哪一天会被打成右派，有时他的处境很难，郁闷的写自我批评。还好父亲的人际关系还不错，他逃过了这次运动，没有被打成右派。

反右结束不久，是所谓"三年自然灾害"的大饥荒的到来。事实上，那是中国风调雨顺的三年，气候很好，没有天灾，近年不少中外专家对大饥荒做了调查研究，证明是政策的失误造成了饥荒。我们全家都得了营养不良症，因为父亲是同济的教授，政府给予了他那样的人一些有限的优待，他能偶尔去政府为高级知识分子和民主人士设立的文化俱乐部就餐，能吃到一些含有营养的食物。不少俱乐部的成员只是单独去就餐，但父亲总是带我们全家去分享 。尽管如此，我们全家没有逃脱饥饿和营养不良症的折磨。

南京路上东海饭店的西餐是我们在上海打牙祭的最爱之一，"自然灾害"过去后，父亲经常带全家在周日去东海就餐。有一次，冯纪忠先生也带了他一家在东海吃饭，他们先吃完，他付了账，跟父亲挥了挥手，没说一句话就离开了。等我们吃完了饭，父亲准备付账单，服务员说，刚才跟你打招呼的那位先生，把你家的账单也付掉了。冯先生话不多，但对朋友很周到，父亲跟冯先生以及其他同事相处得很和睦。

经过刘邓的整顿，大饥荒总算过去，中国的市场上开始能买到食物，崩溃的国民经济重新走上正轨。中国人民从 1962 至 1965 年，总算松了口气，享受了三年的正常生活后，接着就是"十年动乱"的到来。

1965 年夏，我放暑假时每周两到三次中午跟父亲在外滩碰头，一起去南京路东海饭店吃午餐，吃的很简单，一盘罗宋汤，一块炸猪排和面包。然后他回同济接着上班，我自己乘车回家。如果他有空，午饭后，我们经常一起步行到位于西藏路，靠近南京路的上海音乐书店，父亲最大的享受是收集古典音乐唱片，当时能买到的，只有东欧和苏联制造的，价格不菲，每张九元，当时全家五口一天的菜金也不过二元，父亲舍不得多买，但数年里，他累积了不少，他有贝多芬全部的交响乐，很多巴赫、肖邦和俄罗斯作曲家的唱片。父亲很喜欢芬兰作曲家西贝柳斯，据母亲回忆，父亲年轻时初次听了"芬兰颂"后感动得流下眼泪。他认为芬兰建筑师阿尔托的作品跟西贝柳斯的音乐有共同点，两者都体现了芬兰人的民族气质。

在跟父亲聊音乐时，印象很深的是他的看法：音乐在不同的文化之间能找到共同语言。比如说，德彪西的钢琴曲《月落古刹》[23]，也许一个中国人听了后，会想起"夜半钟声到客船"那样的诗句。德彪西《大海》的灵感，有些是来自日本的葛饰北斋画的《神奈川海边的大浪》。

每当他的学生们来我家，他总是先跟他们一起欣赏古典音乐，家里的文化气氛是非常浓厚的。听完几张唱片后，他们才会开始讨论建筑设计方面的事，父亲跟他学生一起做的几项设计工程，如古巴的吉隆滩纪念碑、上海三千人歌剧院等，都是在这样的气氛中进行的。父亲认为，音乐、绘画和建筑都是有联系的。后来这成了文革时父亲的一大罪状，说父亲是在搞裴多菲俱乐部，拉青年教师"下水"。

一年后的暑假，我们照例在外滩碰头，去东海饭店吃午饭。没过多久，一天父亲从 55 路下车，看样子很郁闷，"这可能是我们最后一次了，工资被扣了 50%。往后吃不起了。"

文化大革命闪电般的到来，跟很多中国的知识分子一样，我们家从此开始迅速衰败。

六

写到这一节，本来的意愿是详细的叙述父母在 1966 至 1969 这三年文革最黑暗的日子里的遭遇，我废寝忘食地写了整整六页，把几乎每一个我所知道的父母痛苦经历的细节，从记忆转换成文字。这六页是描述从 1966 年我家第一次被抄开始，一直写到父母在 1969 年在"清理阶级队伍"运动期间，以"国际间谍"的罪名，被隔离审查了十个月，这场浩劫使他们俩都患上重病而早逝。这些文字里有很多痛苦的回忆，我的一位朋友阅

　　23　Claude Debussy, Images II: Et la lune descend sur le temple qui fut.

图 10　黄作燊在家中（1972 年）

读这一段后，她的评论是"读它的人都非常难过，别说写它的人了……"有些朋友认为在这篇文章里包括那些痛苦的回忆是不合适的。其一，这仅仅只是十年浩劫大海中的一滴，我父母的遭遇没有必要再提了；其二，这不是纪念集所需要的。我最终还是决定把这一部分删掉。我希望今后会有人把文革浩劫有系统地、真实地记录下来。

隔离审查后被释放的父亲过了六年就去世了，在他最后的一年，同济让父亲在家里做一点工作，翻译英国人李约瑟（Josef Needham）编写的《中国科学技术史》一书中的土木建筑史，他极端振奋，经常是清早就开始工作，到凌晨仍不休息。他对工作的热情始终没有减弱过。他为没有机会干他的本行而感到遗憾。

七

父亲去世后，通过与他的朋友、学生和同事的接触，我更进一步地了解了父亲的一生和他的为人。记得父亲去世的那天，李德华、罗小未、王吉螽、郑肖成、赵汉光、王宗瑗、陈从周、谭垣、冯纪忠等先生闻讯后，纷纷来到我家，向我们慰问。年近八旬的庄老（秉权）和庄夫人也来了，还给我们带来了珍贵的奶油蛋糕。冯纪忠先生流着泪连连叹气："哎！他走得太早了。"陈从周先生嘱我拿纸笔来，写下了一行字："青衫不浸寻常泪，只叹生前未报恩"。

半年多后的春节，没了父亲的家里仍然来了很多客人看望我们，他们都非常怀念父亲。李德华先生从安徽干校回来，马上同罗先生一起来看望我们，他们从同济新村到我们家要在 55 路和 42 路上颠簸两个多小时才能到的，还给病重的母亲带来了当时极为难得的一大篮鸡蛋。父亲走后多年，我不断感受到了父亲众多的朋友和学生对他的真挚感情，我想这都是父亲兢兢业业耕耘的结果。

自从一九八三年陈从周先生写了那篇满怀深情的纪念文后，有关父亲生平的文章

195

陆续在同济或有关建筑的刊物上出现。二零零二年我回上海那次，有幸在朋友家找到了父亲三十岁左右时写的两篇有关建筑学的英文讲稿，这次也在这本纪念文集里跟大家见面了。父亲的学生、挚友王秉铨先生写了《追忆黄作燊先生》，我读过秉铨先生的文章后，对父亲又有了进一步的了解。这都是父亲生前万万预料不到的。

多年来，我跟同济的缘分一直未衰。正因为父亲的一生是献给了同济的，从情感上来说，同济一直也是我生活中的一部分。过去十多年里，我经常跟钱锋老师合作。这次同济建筑与城市规划学院准备编纂父亲的纪念文集，对此我非常感谢。我为能在有关父亲的纪念文集里做一点小小的贡献而欣喜。

父亲曾用过一本名叫《THE ARTS》[24] 的书，给我讲解欧洲艺术和音乐史，记得书里有一张作者自己画的素描，象征性地描绘莫扎特的墓，那是非常简单的，没有墓碑，只有几朵鲜花。父亲说，如果一个人生前做过点好事的话，隆重的纪念并没有什么意思，能有过路人留下这么一点花就很丰富了。当我走近维也纳的莫扎特铜像，看到来访者献的零零碎碎的花，我立刻联想到了父亲，他那瘦小的身影，善良、平易近人、谦虚而有尊严的形象从来也没有离开过我。

2012 年 3 月

（黄梄：黄作燊三子）

---

24 作者 HENDRIK WILLEM VAN LOON。

● 访谈 ●

樊书培、华亦增先生访谈录

(2003 年 11 月 8 日访樊书培、华亦增先生于北京家中，钱锋整理)

圣约翰学生在郊游路上（右起：樊书培、华亦增、沈祖海、李德华）

樊书培（以下简称樊）：我进圣约翰时考的是土木系（Civil Engineering[1]），看见建筑系的作业后感觉很有趣，因为我父亲是个画家，我比较喜欢绘画，后来就转入建筑系了。所以我晚了半年进去。

华亦增（以下简称华）：我进去也晚半年，因为我有一年在家里停学。我直接进 Architecture Engineering[2]（建筑工程系），连 Summer School（暑期班）也没上。

樊：我在学校一共念了四年半。那时李德华他们是三年级。我看到他们的课程作业还有夹着画夹到中山公园去写生，感觉都很喜欢。

华：我进建筑系纯属偶然。我上高中时，根本不知道建筑专业是怎么回事。我姐姐读圣约翰大学医学院，医学院在楼上，工学院在楼下，建筑系的学生作业（包括李德华的）都贴在走廊上，有墨线、透视等等。我小时候喜欢画画，本来高中毕业以后，家里不想让我上大学，一方面我身体不太好，另一方面也有经济问题。我们姊妹三个，三个都要上大学的话我父亲负担不起。我在家里停学一年。后来我姐姐觉得，"妹妹挺喜欢画画的，为什么不让她去学建筑呢？"于是我就进建筑系了。进来以后我才知道

---

1 后文简称 C.E.。
2 后文简称 A.E.。

建筑系是怎么样的。

樊：我们一年级（freshman）的时候帮毕业班的五六个同学画图、做模型，高兴极了。

华：当时毕业班的有李滢、白德懋、李德华、虞颂华，好像还有张肇康。

钱锋（以下简称钱）：张肇康比他们稍微晚一些毕业，但和他们是同一班的。

华：有可能，张肇康画图方面很有才气的。

樊：我们那时的建筑初步课和中央大学的不一样。中大的初步课主要画渲染图，我们主要是黄先生讲现代建筑的理论。他把哈佛和包豪斯的一些建筑理论和观点讲给我们听，一个星期讲一次课。那时他是用英文讲的，讲"function"等现代建筑的一些理论。

那时候是抗战的时候，我们接触的书很少，常在黄先生家里看 Forum 一类的建筑杂志。学校图书馆也没什么建筑方面的书。我们没有接触过"Academic"（学院派）的建筑，黄先生讲课时常批判"Academic"，从这里我们知道了一些。

钱：建筑初步课除了黄先生讲理论之外，还有一些练习吗？

樊：练习是有一些，写字，画色彩渐变的色块图等等。我写的一篇字后来还带来了北京。

华：黄先生布置的第一个作业是画好多块儿，"Pattern & Texture"，随便你怎么表现。我们那时不知道什么是"Pattern"，什么是"Texture"。罗（小未）先生在这个作业里用了各种布料绕在一起。

樊：黄先生的初步课没有"Academic"那样的严格基本训练，主要是从理论上来认识现代建筑。他主要是一个题目、一个题目地讲，讲"Function"，"Texture"，"Simplicity"，实际上他是系统地讲述从包豪斯到哈佛的这个现代建筑体系。他所教授的主要是一种指导思想，而不是训练。以后的建筑设计里，贯穿他介绍的这套理论。

华：他一直讲："A house is a machine for living in"。

樊：当时的设计老师主要是他和 Paulick 两个。Paulick 改图很认真。我们做过一个疗养院，是他改的。

华：Paulick 主要教室内设计（interior），指导过我们做一列火车的软席包厢设计，还做过一个 City Planning，邻里单位的设计。我们的建筑设计主要是黄先生指导的。他们两个人各有各的特点。

樊：Paulick 是包豪斯出身的，他从小到室内家具、日用品的设计，大到城市（现在叫城市规划，我们那时候叫城市计划）都很关注，是非常全面的。他上课很认真，反复地讲，黑板上写得满满的。黄作燊主要是看，提问题，让学生回答，然后让他们自己改。

华：Brandt 那时候教构造，会教一些节点的做法。建筑史是 Hajek 教的，但讲得不是很多，讲过几个"orders"。

樊：那时候，他们都是犹太人，在上海避难。他的口音很重，从德国过来的。

华：我们的毕业设计是做一个邻里单位，基地是 Paulick 管的城市规划中的一个地块。黄作燊管里面的住宅，然后做成模型。每人做一块，做成大图。

樊：规划面积很大，一个邻里单位相当于现在一个小区，拼起来，这个小区大概有 500 米 ×500 米。我们这一班人最多，有 12 个，大家分工每人一块，然后每人再画一个建筑，有幼儿园、小学校、商店，也有住宅。最后开了一个展览会（exhibition）。每年毕业班都有一个展览会。白德懋他们也有，我们帮他们做过模型。

华：那时候我帮李滢，每天到她家去帮她做。我记得用小药片在房子上做些气窗之类的。

樊：现在我回想黄作燊先生讲的一些东西，他有他的特色，这和我们一般说的包豪斯，"Modern Architecture"还是有所区别的。黄先生也讲包豪斯，讲"Function"，他头一节课就是讲"A house is a machine for living in"，机械主义的，是包豪斯的。现在大家都提"以人为主"，实际上包豪斯最早就是以人为本。设计一个杯子，要让人手拿得舒服，要很安全，用的材料最省，这个也是以人为本。建筑也是为人民服务的。不过当时它是处在"Modern Architecture"的开创时期，否定"Form"，要"Follow Function"，没有"form"本身了，也不要传统，恨不得连建筑材料都抛弃以前的。不过黄作燊讲的东西与这并不完全一样，有一部分是讲到精神功能的，他本身对中国古代的文化很有感情，喜欢京戏、中国画，这些都不是包豪斯精神了。那时我们都不太懂，还是白纸一张，说反对"Academic"，但是"Academic"到底怎样并不太清楚。我们接受黄先生的一套说法，也接受了包豪斯否定一切的思想，但其实我们在日常生活中接触黄先生时，以及他讲课时有时提及历史传统，我觉得他对历史传统并非全盘否定。后来他的太太还拜我父亲为师学国画。我和我太太结婚时，证婚人是他。

他对传统的东西非常喜欢。有时候到我家来，会看我父亲手里头有的画，是古画，不是现代的画。有的是借来的，有的是我们自己的。他看得高兴极了。他喜欢京戏。他出生在北方（天津），对京戏很熟悉。日常接触里他常常讲建筑和京戏的关系，说得很多。但这些他在课堂上不大讲，偶尔讲一些也不会太多。

华：现代建筑比较强调从内到外，不是用一个形式去套用。那时他批判对称和形式主义，就是说先有一个立面，再去套功能。我们那时觉得他讲的挺有道理。

樊：他给我们的印象中，讲课讲包豪斯的一套思想是比较充分的，所以我们那时候以为他否定历史的一切，但实际上不是的。黄先生对传统很喜欢，但他不太敢往现代建筑里面套。他当时是两条线发展的，他对传统很喜欢，可是他还没有整理出来怎么样融合在现代建筑里头，还没有来得及总结出这些。当时偏重讲现代可以说是矫枉过正吧，怕影响学生搞复古主义，但其实他已经露出了一点对传统的喜欢。

梁思成也是这样的，他在国外参与讨论联合国大厦时，全部都是新建筑。可是他回来以后，在政治形式影响下，又全面搞复古主义了。

钱：那个时候复古主义厉害吗？

华：那时候不太厉害，1947、1948 年没有太多影响。他刚回国就创办了圣约翰建筑系。我们当时 C.E. 课挺多的，A.E. 的课程不是很多，主要是他讲设计原理和设计课。设计作业每个礼拜看一次图，我记得头一个学期是做一个 Weekend House，规模很小。后来做过电影院，还有一个商场（Department Store）。

樊：Paulick 曾经让我们做过一个疗养院，在太湖附近，他尽量避免"Academic"的教育方法，他也不考究最后的渲染。

华：我们当时怎么画都行的。我们没有很系统地学习过建筑史，老师讲得不多。后来罗小未先生在学校教建筑史，大多是她自己学的。

樊：那时比我们早几班的中央大学采用的是学院派教育，不过那时已经不是很纯粹的学院派了，这些老先生们的思想也在变化。我的姐夫是黄家骅，在中央大学教过，在重庆大学做过建筑系主任，在同济也教过，他是学院派方法训练出来的，可是他设计思想本身也受现代建筑的很大影响。不是完全恪守所谓"Form"、式样、传统柱式、对称等。他们只是在训练的方法上有些差异，更强调一些建筑的传统表现方法，比较少地讲功能。后来他们也在慢慢转变，接受了现代建筑的影响。这是时代的必然，新时期的大量建筑不允许你再去复古，抄古代的柱式，比例和材料都变了。所以这些老师们变化也很大。

钱：中央大学的变化是在哪一段时间？

樊：我们接触过比我们大几岁的中大毕业的学生，他们抗战时在重庆。我看他们也不完全是原来的一套，而且他们的表现能力比较强，很容易抓住领导和群众的心理，所以他们的作品更受欣赏一些。我们画得都不如他们。

华：美术课开始时教我们的是程及。程及教我们时间不长，教李滢他们那班时间长。1946 年后他去了美国。后来 Hajek 也教过美术课，带我们画石膏像。

樊：第一学期画石膏像，第二学期画水彩，我们抱着画夹到中山公园去写生。写生时，程及也跑到中山公园去，帮我们指点指点，告诉我们这个要加点什么，那个要减点什么。

钱：当初有没有模型课？

华：最后设计要做模型，用做飞机模型的木片来做，没有正式的课。我们曾经帮高班做过一些模型，后来自己在毕业班时也做过一些模型。

樊：我们毕业设计做模型做得挺起劲的，做小住宅一类建筑，每人要做一个单体模型。这是教学的一个环节，在包豪斯也是一个环节。

华：我们那时是做住宅。李德华他们原来做的是单体，我那时帮李滢，天天到她家去，用赛璐珞做窗户，觉得特别好玩，特别高兴。

樊：当时圣约翰很重视规划，那时叫都市计划。中央大学没有怎么重视。

华：Paulick 先教 interior，后教 City Planning，他那时很认真的，每天都整理好一叠讲稿。

樊：他板书也挺多，上课时抽着烟，一会儿拿烟，一会儿拿粉笔，有时候拿错了，把粉笔往嘴里放，挺可爱的。

钱：当时的职业实习是不是帮他们在都市计划委员会做些事情？

华：那也不是职业实习。当时上海市都市计划委员会聘请了一些专家，像黄作燊、Paulick、陆谦受、郑观宣等，让他们作顾问，做都市计划。原来工部局里没有这样的专门部门，后来它成立了一个室，叫"企划处"，我们相当于去半工半读，不是实习。

樊：主要是帮着画图。

华：那些委员大都晚上去，通常是一拨人一起去。我们去的学生有李德华、王吉螽、翁致祥、张庆云、李滢等，我是最后一年樊书培出来后顶替他进去的。

樊：我们一般下午四点钟左右去，连老师带学生一块儿有车拉过去，然后我们就画图。先画草图，然后画正图，编说明，算面积，还画些辅助的图。我画过一张上海的日照，太阳冬至怎么走，夏至怎么走，再根据阴影定间距，是一张图解。图是画在黑纸上的。这些都是规划文件里的一部分。

华：委员们都是晚上去，每周去几次。我们是每天都去的。他们晚上讨论，由钟耀华汇总，我们白天工作时，钟耀华告诉我们怎么画。钟耀华好像是工部局里的专职人员，组织这些顾问，管着后勤。

钱：在规划中起主要作用的是谁？

樊：不是非常清楚。甘洛（Eric Cumine）、Brandt 都在里头待过，可能陆谦受或Paulick 比较主要一些。

樊：现代建筑范围很广，小到一个杯子，大到城市，原理都是一样的，那就是以人为本，不是以构图为本，也不是以形式为本。所以我现在听到说"以人为本"就烦，你说一个设计，不是以人为本，是以什么为本？

华：黄作燊在圣约翰管教学，那 City Planning，Interior 的课程，一定是他排下来的，然后再去请老师，这个课程安排也能反映他的想法。

樊：当时系里 Paulick 的作用挺大的，他认认真真地教，认认真真来上班。那时抗战、沦陷，是很不正常的时候。

华：曾坚一直在 Modern Homes 事务所帮忙，中午我的车经过外滩，他上来，然后一块儿过去。

樊：Paulick 是很左倾的，后来他回到了民主德国，地位很高。那时在工务局，有一天下午学生游行，经过市府大楼的跟前，他很激动，跑到楼顶上去看。我当时不知道他为什么那么激动，不知他是因为高兴还是其他原因，现在看来他是很高兴、很兴奋。他是外国人，表达很直率的。

钱：他是何时进约大教书的？

华：不知道，我们进去的时候就有他了。

樊：有一个暑假我在 Paulick 事务所里帮他画过图，他给了我一百块钱，我买了一身西服。他这个人很好的。1947年左右曾坚毕业进去了，之前先进去的有程观尧、鲍哲恩。

那时上课很不正常，一会儿游行，一会儿罢课，公路戒严了，公共汽车没有了，我们怎么去上课呀，骑车的还可以，但有时候戒严了，也没法过去。

钱：那时因为什么原因游行？

华：反饥饿、反内战、地下党领导学生，还有闻一多被杀等等。圣约翰当时三青团和地下党的斗争挺厉害的，常会举行游行。

樊：我们在学校的四年，两年在沦陷期，两年在国民党统治的时期，是最动乱的时候。日本沦陷的两年里，到后来吃饭都有困难，粮食都买不着，所以生活很不正常的，上课更不正常。到后来胜利以后国民党的时候也是，通货膨胀，物价飞涨，社会也很不安定。再加上学生运动，教学活动很不正常。这些老师都是在勉强地教些课。开始沦陷时，还有些犹太人，黄先生请他们来讲课，有时也是为了让他们能有一份工作。不过黄先生讲的这一套理论是比较有生命力的，处于时代的前沿，因此学生容易接受。可作为教学来讲，那一段时期很不正常，讲得也不是很系统。我幸而毕业之后和他又接触了一段时间，能够比较了解他的思想。刚解放时，他把我带到了北京，有过一段时间的接触。

那时梁思成写信到上海给黄先生，他们大概在国外就认识了吧。梁思成说北京要成立都市计划委员会，想来找一些建筑系的学生过去做都市计划。我那时没其他事情，也希望到北京来，北京到底古建筑多呀，是好地方，所以我就跟黄先生一起来了。那大概是 1949 年。4 月上海解放，我 8 月份来的，正式成立共和国是 10 月，他那时已经在北京了。

黄先生带我和籍传实来，到北京参加了几个会。一个是都委会成立大会，参加人有北京市长，建设局也请了些专家来。他感觉还不到时候，领导对都市计划的认识还不是很深刻。梁思成虽然主持这件事，但真正有实权的人可能是老干部。所以黄先生觉得还不是干的时候。另外，他感觉建设还没有真正开始，感觉建设还很困难，于是把我留下交给梁思成，他就回去了。我那时候也没事，就待在北京了。

华：刚解放的时候，建筑行业完全停顿下来了。

樊：那时候无所谓建筑，房子都空得不得了。北京也很空，都市计划委员会买了一个大四合院成立了。当时感觉可能没有很多建设任务，但没想到后来建设得这么快。黄先生走了后不久，一年两年，华亦增来的时候建设已经开始了。后来梁思成又找来了中大的一些学生。

华：还有陈占祥，他是英国回来的，专门搞规划，在国外地位挺高。

樊：好像也是梁思成请他来的，他比黄先生来得晚。中大来了一批人，还有老北大的。我来的时候先落脚在建设局企划处，处长是陈占祥，我来之后才成立都委会。

那时都委会只有一个构架，办事机构都在建设局里。我们早来的都落在那里。圣约翰来了我和籍传实两个，籍传实晚我 20 天，我来了以后写信去把他叫来的。他也是破釜沉舟，把老婆、孩子一块儿带来了。白德懋他们来得更晚一些。

华：后来周文正、我来了，白德懋是那时北京都委会的人到圣约翰去借调来的，一年之后他也不回去了。

樊：李滢是后来来的，周文正是香港回来的。他那时没毕业，打算到北京来实习。

202

那时有建筑系的院校不多，几个学校基本上都有人来，北大的比较少。

华：开始主要是中大的，有一些重大的，那时候这些学校名声比圣约翰响。

钱：不同学校来的人，感觉有没有派别之间的争论？

樊：到了这个大熔炉之后，学术上的分歧是很少的，都要服从党的原则，服从于整个建设的现实，所以不大有学术方面的争论。有时意见不同，不一定是学术方面的。比如说天安门纪念碑征稿，你愿意画什么就画什么，都可以。最后选定了一个，就直接用它。比如选定的是梁思成的方案。这里头就没有什么中大、圣约翰、重大的分歧。已经在总的政治领导下了，没有什么争论。那时，彭真要看天安门改造的规划，我跟着陈占祥去，做了不少改造的方案，请了一个老模型工，用硬纸板做了个模型。到了晚上，我们抱着模型去给彭真汇报。这必须服从天安门的改造，没有什么学术思想问题，好像很淡漠了。

华：起先在各种不同的方案里，你（樊书培）是不是那时候做了个趴在地下的纪念碑？（笑）好像看上去很轻的。

樊：后来被否定了，就完了不是。（笑）

华：中大好像比较古的，不同的方案里都有体现。

钱：会不会对一些方案有一些看法？比如天安门广场尺度等？

华：广场是后来的，人民大会堂也是后来的。

樊：后来批判梁思成的复古主义，已经不再是学术上的争论，而是政治上的讨论了。大家基本是统一在一个思想下干活，没有太多区分你是中大的，我是 Modern 的，没有的。

钱：这好像和同济不太一样。

华：不过同济的方案，例如大会堂，在北京是不大能通过的，看上去都比较洋。通过的都是比较古典的方案。

樊：在北京，总的讲起来，中大的手法比较容易占上风。因为北京传统太多了，一不小心就通不过。所以像我们这种现代建筑就不太容易被接受。中大的学生会画柱头，画中国建筑，我们都没怎么画过渲染，有些吃亏。他们的学生画图快着呢，一会儿就一张。

华：我们没有系统训练过渲染和画图，大多参考杂志上的方法画图。我们自己没有什么书，黄先生每天抱着一些参考书来给我们上课。我们每个礼拜有一次活动，到他家里去看书。他家里书很多，有点小沙龙的意思。我们那时候接触了一些书，另外自己也订些杂志。我们的作业不需要像传统学校那样画渲染图，怎么画随便你。我们大都参考杂志来画。

樊：所以我们的画图基础比较差，后来去竞赛就赛不过人家，画不好表现图，表现手法比较弱，所以这方面吃亏很大。

钱：当时在圣约翰学过哪些课程？

樊：C.E. 的课我学得不多，因为我数学方面不太好。

华：那都是必修的，课不少，有力学、钢筋混凝土、木结构、材料、测量等等。

樊：我们公共课物理、化学什么的，也比较难。

华：当时除了 A.E. 之外，C.E. 要选多少是有规定的。英文、中文都是必修课，都是照着必修课去选的。Wellington Sun 教我们制图，刁国华教投影几何和轴测图，C.E.、A.E. 都要学，老师是 C.E. 的欧阳可庆。Wellington Sun 头一次上课，图板怎么钉、怎么用丁字尺、画粗细线条都是他教的，他教我们基本制图原理。投影几何是学画等轴测立体图，不是透视图。平面测量是刘振华教的。这些课我们学得挺多。好像我们儿子没上这些课，他是天津大学的。他那时带回来的画都是石膏像、渲染图、古建测绘。天大的教学比较传统。

樊：你上次讲的有些课程我们没有上过，电工、热工都没上过。

钱：是不是李德华先生上过？

华：他们是两个 Degree，C.E. 的课都上完的。翁致祥、王吉螽、张庆云是 C.E. 毕业了以后，重新再上 A.E.，所以他们的年份不大一样。张庆云现在在上海，他 A.E. 和我们一届，C.E. 和白德懋一届。

樊：电、暖通、机械设备、声学，我们都没有学过。李德华他们那班是不是学过不知道。建筑构造是有的，有的时候会在别的地方讲到电、暖通，但具体在哪里不太记得了。

总的来看，我们讲的主要是"Contemporary"的精神，和"Academic"对立。黄先生叫"Contemporary"，不叫"Modern"，它们是有差别的。"Modern"是一种固定的形式，"Contemporary"是不断向前的。他教学的缺点现在看来是缺乏一些基本训练。你别看"Academic"训练那些渲染，训练对古代柱头柱式的描绘，要花很大的工夫，有它一定的道理，关系到你最后的表现能力。

黄先生对传统的东西还是很喜欢的，但是他不大敢表达出来，怕影响学生对"Modern"和"Contemporary"的理解，他是有他的背景。这是现代建筑里比较关键的一个问题，要不要传统文化。现在看来，完全割断历史也不行，毕竟城市是慢慢生长的，不是建立在别的星球上。你说蓬皮杜中心吧，它和周围环境也是有一定关系的。黄先生本身也还没有说清这些东西，他那个时候很矛盾，才不到 40 岁，接受了哈佛一套思想回来了，但又是从中国的土地上成长起来的，对中国的文化很有兴趣，这个矛盾不知道他自己是否已经意识到。一方面是否定一切的包豪斯的思想，另一方面他有传统的东西。我想给他时间，他会慢慢地融合起来，但可惜他来不及。

梁思成又走了另外一个极端，把传统提到比现在更高的水平。其实他也是从"Modern Architecture"出来的。他早期的设计是很现代的，可回来以后他看到这些传统的东西，喜欢得不得了，又强调过头了。

钱：当时和之江大学有交流吗？

樊：我们当时和之江没有太多交流。我做过半年助教。1950 年我身体有病，其实是不适应北京气候，得了哮喘。我回上海休养，到了上海就好了，什么毛病也没有了。黄先生拉我去做助教。那时候学生多，新生招两班，老师不够，让我也去。我在学校教了半年书，讲建筑初步，也就是黄先生讲的那些思想。每次课讲一个专题，然后布置一些绘画作业，调颜色等等。最后出了一个怪题目，叫"恶梦"，要求用形象来表现。

我们把初步分成两个部分，一部分讲课，讲"Function"、"Material"等等，每次半个钟头。开始用英文讲，我讲不太好，学生也反对，说听不懂。新中国成立以后，英文底子都差了。新中国成立前圣约翰的英文底子好一些。

另一部分布置一些绘画作业。那时候课时还比较多，一周大概两个半天的时间，让学生们练线条，练颜色，最后加一些表现。出过的题目有"恶梦"和"春天"，要求用颜色来表现，不一定要有形象，有一点形象也可以。有人画一朵花，有人画水，各式各样的。一个学期结束之后，我身体也好了，北京催我回去，我结了婚就回去了。我在圣约翰教了半年，基本上是按照黄老师的方法来教的。

钱：您是否认识陈从周先生？

樊：陈从周教过我们国画。我父亲是画家，他是通过我认识我父亲的。

钱：您是否熟悉李滢？

华：李滢对北京特别喜欢，她好像是自己过来的，具体情况不太清楚，可能因为她是林徽因的表姨，她妈妈的表妹。那时我们都住在一个四合院里，梁思成和林徽因经常去看她。

樊：对于现代建筑，圣约翰当然是主力，但中大、之江等等也都受到了一定影响，在往这方面走。当然渲染、柱头还在做，但你不能说它完全是"Academic"了，它也有发展。另一方面，黄作燊带来现代建筑，他确实是创始人，可后来慢慢也不纯粹是Bauhaus，Harvard的东西了。他反映出来的主要还是"modern"、"contemporary"的思想。我觉得现代建筑教育应该是怎么样的，我们应该有自己的主张。

(樊书培、华亦增：1944 年秋进入圣约翰大学建筑工程系，1947 年毕业；现分别为北京建筑工程学院建筑系教授、北京市房屋管理局住宅设计室高级建筑师)

白德懋、陈永芝先生访谈录

(2003 年 10 月 25 日访白德懋、陈永芝先生于北京家中，钱锋整理)

白德懋（以下简称白）：我当时在圣约翰学习的时候，一年有三个学期，夏季有一个单独小学期，每个学期的时间就缩短了。我记得我夏季学期学的是英文和文学，一个学期后进了土木建筑系。

我们的建筑历史是黄先生教的。绘画由程及教，他主攻水彩画，现在在美国挺有名。

我听说他在上海有个人展览馆。

钱锋（以下简称钱）：当初建筑系有哪些老师？

白：老师很少，只有几个人。主要建筑课程由黄先生教，他大多讲建筑理论，把包豪斯一套思想系统地介绍过来，包括各个大师的作品。另外他还请了一些老师，我印象都是兼职的。当时有一个英国人叫 Brandt，可能是他的同学。

钱：Brandt 是 1945 年抗战结束以后过来的吗？是教结构方面？

白：他是建筑师，也教设计。还有姓沈的两兄弟，哥哥叫 Wellington Sun，弟弟叫 Nelson Sun，都教建筑设计。他们好像来得稍晚一些，但也在 1945 年前，因为我 1945 年毕业。Paulick 应该是在 1945 年前来的。我和他接触比较多，给我的印象比较深。他教我们 City Planning。1945 年后，他在上海成立了一个内部设计公司。

钱：有一些作品吗？

白：应该有的。因为他在上海开业时间很久了。后来李德华、曾坚都在他的事务所里工作过。那是在 1945 年以后。我毕业以后就跟他没有接触了，毕业后我去了福州，碰到了我的太太（陈永芝）。那时我在联合国善后救济总署（UN Rehabilitation Relief Administration），我是在中国的部门。二战后很多地方受损失，工程都毁了。我们帮助收集这方面的资料，然后由联合国拨款来救济。

陈永芝（以下简称陈）：福建有一个沿海灾区。

白：我们把当地的损失如公路破坏等，整理好材料告诉他们，然后协助一些紧急物资的分发，和建筑设计关系不大，和工程还有点关系。在那里待了一年半，回来后在上海德士古煤油公司工程部工作。这个公司是美国人办的。我开始时搞工程，后来他们成立了一个工程部，管理他们的房地产。我在那边待了几年。几年之后上海解放了，我就去了学校，做助教。当时是兼职，还没从德士古退出。

钱：在德士古房地产部门做些什么事？

白：这不像我们今天的房地产，主要是搞加油站等他们自己的建筑。另外还有一些他们在上海的房产、施工管理等工作。后来学校里需要老师，我就去了学校。

德士古大约在 1950 年下半年解散，解散后我在学校待了一个学期。当时罗小未先生也在德士古。她在工程部，没有到房地产部。她去学校要更晚一些。我去约大教过西洋建筑史，我走了以后她接下去教。

当时我们第一班的同学只有五个人，和黄先生关系非常密切。我们经常在一起，包括一起玩，有时到郊区去钓鱼。

白：虞颂华也是我们第一班的，他后来去了上海园林局。现在已经退休了。开始是五个人，后来只有一个，叫卓鼎立，现在已经去世了。然后下来可能是曾坚。这时人不是很多。几个同学之间都比较接近。

黄先生当时主要讲建筑方面的课，建筑设计。他讲的建筑历史都是在建筑学里面。比如他从包豪斯开始到 Corbusier、Wright、Mies 等，怎么发展过来的。他们总的倾向是一样的，但也有一些不同的地方。

钱：他的课主要是从现代建筑运动开始往后讲，在此以前的历史讲吗？

白：前面的历史他基本上没怎么讲，主要是通过批判的方法。这以前的后期是一种折衷主义，是从古典式发展过来的，再到折衷的古典，像芝加哥学派一类。上海当时流行的建筑中也反映了这样的倾向。当时离外滩不远有一座办公楼，盖完不久，还没有开始用，他带我们去参观。建筑表面看起来和过去不太一样，比较现代，但实际上还是传统的思想，注重立面形式而对功能考虑不够，比如有个房间，正好有一根横梁在人的视线高度上，使用很不方便。他那时强调"Form Follows Function"，设计应该从使用出发。

钱：黄先生对 Hudec 铜仁路的住宅有什么看法？

白：他带我们参观过铜仁路住宅，还是很赞成的。因为功能很好，从立面上来看，也比较简单。

当时我们设计课主要是做方案，从小的单栋开始。我最后的毕业设计是做一个电影院。在做的过程中，他帮大家分析，类似改图那样，但他是比较放手的，让大家自己去探索。当时没有什么教材。他从外面带回来很多书，给我们看。我记得他当时借给我一本《国际建筑》(International Architecture)[3]。这本书对我影响和帮助挺大的。那是我第一次看到这样的东西，第一次了解国外建筑情况。那是挺大一本书，好像是画册，里面文字比较详细，有图有文。他主要是让我们自己看。设计课程他请他的朋友或同学如 Nelson Sun 三兄弟讲设计。他的方法不是一般干巴巴的讲学，而是像聊天一样。到最后一年，我们快毕业那学期，他请来一位老师叫李锦沛，参与指导我们的毕业设计，他的设计思想是学院派的底子。

钱：为何黄先生要请他来呢？

白：我觉得这很有意思，他不反对我们也了解一下不同的建筑派别和思想。不过李锦沛在指导时也没有要我们一定要采用他的方法，因为当时已经有各种思路穿插进来了，不完全是学院派占领导地位。比如刚才讲的那座建筑也不完全是学院派的。还有中国银行，也不完全是学院派的。李锦沛是这样一个时期的人。

钱：当时还请过哪些建筑师呢？

白：我当时接触过的主要是这些。另外还有 Brandt 教设计。1945 年之前他就来了。

钱：当时不是英、美的建筑师都被关在集中营里吗？

白：他也给我们讲过集中营的事情，可能是我最后一学期时他来的。历史课方面，以前的古典的历史好像没怎么讲，我的印象不是很深。当时我教西洋建筑史的时候，主要是靠一本书，自己重新开始，把这本书念完之后再去教的。

钱：是不是 Fletcher 那本？

白：不太记得了。只记得是一本开本挺大的书。

钱：在您和黄先生之间，是否还有别人教过历史课？

3　这本书可能是《国际式》(International Style)。

白：不太有印象，黄先生好像没怎么讲这个。我当时教历史时，都是我自己看了自己教。中国建筑史的课一开始一直是没有的。

钱：中建史好像是后来陈从周先生教的。

白：陈从周教过我们中国画，应该在1945年前。

钱：城市设计、毕业设计和职业实习做过什么？

白：城市规划都是范围比较大的，由Paulick教。毕业设计是搞一个建筑工程，我做的是影剧院，论文好像就是设计说明。职业实习是1945年春天我到Brandt的事务所工作，做过一个派出所方案。Brandt后来很快就回去了，Paulick走得好像晚一些。他后来去德国，在东德当科学院院长。他讲课很有耐心。今年是他一百周年纪念。

钱：他在去东德后，又转向了学院派的一些手法，如斯大林大街。对于他的转变，您怎么看待？

白：这也很难说，也许我们去了，也会做出那样的东西。

钱：您对当时学院派和现代派的争论有什么看法。

白：我认为争论对建筑是有推动的，应该有不同的观点，尽量把它表达出来，并进行一些探讨，不要各搞各的，他们互相有推进发展的动力。现在我们的观点也有一些转变。到北京来以后，我觉得如果完全按Bauhaus这一套可能也不行。不能适应新的要求。比如它不强调地方性。哪个地方都一样。如萨伏伊别墅，好像大鸟在田野里停留下来，在哪里盖都是可以的。就算是现代建筑，地方不同，应该有不同的形状反映出来。它的功能可能是差不多，设计应考虑地方的人文、习惯、地方条件等等。但有一点是肯定的，虚假的东西（学院派的一些装饰性的不起作用的东西）逐渐被淘汰掉了，这一点是趋同的。

钱：您当初为何想到北京来？

白：这不是我决定的。我原来在学校教书，觉得挺好。后来北京方面需要人，到我们那里要人去，直接找到我们几个，大家都不大想来，我说就我去吧。我对上海印象不是太好，好像挺乱。我不太喜欢大城市的生活。最初我们来的时候，说好就来一年，是从学校借调过来，一年以后再回去，我想来试试看吧。可一到北京我就喜欢上它了。那时北京非常好，它的城市布局给我印象很深，环境特别好，非常安静。

陈：我们当时刚结婚，家里都装修好了，结果我们全扔了，就拿了两个箱子过来了。当时是1951年，一来就50多年。

白：我们来后住在前门外客店，一出来就是五牌楼，一边是城门楼，那种气氛完全不一样，印象特别深。我比较喜欢文学、艺术，北京的情调更适合我。我们一起住在一个四合院里。

陈：我们当时一个单位都在一个四进的四合院里，有传达室、食堂等。位置在西单，广场那边。

白：来了以后我们就不想回去了。当时在都市计划委员会，我们是在陈占祥和梁思成的下面，搞北京旧城的规划。之后我们对北京旧城越来越熟悉，也越来越喜欢这个城市了。

开始时我在北京做规划，过了两三年，去搞旧城建设管理。1957年成立规划局，我既做规划，又搞管理。1961年我到了设计院，开始做设计，后来做技术管理，一直做到1979年文革后。我这人不太适合做管理，喜欢做些设计，研究些东西。到北京后我对住宅比较感兴趣，所以开始研究居住的问题。1979年后，搞管理同时，院里成立了一些总工程室、总建筑室，于是我就当院里的副总工程师。这时就有条件能自己搞一些工程了。1986年我开始做小区设计。北京黄村大兴区要建富强西里，当时建委负责人找我来做。我联系了一个设计室，安排人帮我做施工图。在这个项目里，我把过去小区的设计方法推进了一步，将住宅按组团来布置，一个组团就是一个居委会，400人左右。

富强西里以后我们又做了恩济里。小区有公共的绿地，每个组团还有自己的绿地，给他们活动、休闲，底层每户前有个小院，是私有空间。从道路系统来讲，主路尽可能不要太通畅，但进组团后是尽端路。

钱：在都市计划委员会里，您对梁思成、陈占祥有何印象？

白：1951年我们休假时到梁思成家里去，那时林徽因的身体已经不大好了。

陈：我们刚来时，他们到都委会来，两个人挺好，挺随和的。

白：他们对我们年轻人都很随和。

陈：林徽因也很好，到她家时拿了很多照片给我们看。

白：梁思成工作很认真，当时搞旧城规划，他指点得很具体。后来胡同比较窄，要拓宽，他就把道路宽度定好，断面、位置都画出来。当时主要道路宽度40米。他的意见是保护旧城，另建新城，所以没有必要把道路做得很宽。我们也很同意他的意见。当时他到都委会来的次数不是很多，但大的问题还是很关心的。接触比较多的是陈占祥。这个人很有意思，爱说爱笑，老爱和我们聊。

陈：那时我们都住在一个院子里。

白：他好像和黄先生在英国时是同学。陈占祥也在约大讲过课，讲建筑设计，在1945年之前，大多是与规划有关的，他当初主攻的是城市规划。

钱：您在工作中有没有碰到过一些学术分歧，比如学院思想与现代思想？

白：我刚到都委会时也接过建筑设计任务，当时是做"新侨饭店"的设计，后来张镈接下去的。原来我做过方案，后来张镈把它推翻了。但当时窗户已经定做了，就没有改。我做的设计是陈占祥指导的，他很放手，只给我改了一个地方，一个入口，还不是主要入口。他在上面加了一点古典的东西。我做这个设计时，和我在一起的一些中大的同事就反对，他们觉得这是现代主义的。

钱：他们很明确地反对现代主义的设计？

白：是的，很明确。那是1951年。

钱：为什么要反对？

白：观点不一样。他们认为现代的东西都是光秃秃的。只讲功能，不讲形式，没有艺术性。

钱：不同的学术观点是否争论比较多？

白：开始时1951～1953年还比较活泼自由，两边都做，你说你的，我做我的，有点百花齐放的局面。后来运动一个接一个，1951肃反、三反，后来反右，出现的局面就是谁都不敢说了。如果我反对你的话，也不会提出来，所以我也没有听到两派有太多的争论。到文革后，两派基本上都慢慢融合起来了。

钱：当时在都委会还有哪些人？

陈：中大的和圣约翰来的人比较多。圣约翰的还有樊书培、周文正、华亦增、李滢。清华来的人比较少，也相对年轻一些。

白：圣约翰学生过来这么多可能和陈占祥有关系。

陈：后来都委会都要党员留下，非党员的大多给分散了。约大的有的调到了学校，有的调到房管局，可能留下的就是白德懋了。

白：樊书培和籍传实比我先来。可能陈占祥先找来他们，后来觉得人不够，又到圣约翰去找我们。清华来的可能是梁思成的关系，中大来的主要是吴华庆的关系。

陈：吴华庆和陈占祥差不多年龄，后来调到北工大当校长。

钱：做规划时，中大和圣约翰的思想有没有冲突？

白：规划好像不太看得出。

钱：中大也学规划吗？

白：好像规划不是必修课。

陈：后来请了苏联专家来指导规划。

白：苏联专家的影响挺大的，你看后来的放射路加环路就是他们提议的，马路那么宽也是他们建议的。另外建筑也受很大影响。

钱：苏联专家和你们是否有观念上的冲突？

陈：没有，我们就像学生似的，什么都听他的。那时我们都年轻，才二十几岁。李滢说，连看病都听他的。

白：李滢来得比我们晚半年。她好像舅舅或妈妈或外婆原来在北京住过，她和林徽因的妈妈是亲戚。她过来后也在都委会，她比我更喜欢中国传统的东西。她曾经做过陶然亭的规划，用水墨山水画的方法把它表现出来，但这个规划后来没有实现。其实黄先生也是这样，特别喜欢中国传统的东西。他到北京来过，特别喜欢北京的传统。

钱：李滢后来有没有做过什么设计？

白：她一直没怎么做过，很遗憾的。

陈：李滢后来病了，一直生病。苏联专家叫她开刀，她就把胆囊切除了，之后身体一直不好。

白：挺可惜的。

陈：她在美国的作业，还有人抄来给她看。她在美国的时候很活跃的。都委会解散后她也去了建筑设计院，五几年就病了，后来调到了研究所。

钱：她当时设计陶然亭的方案有没有档案留下来？

陈：没有，我管过档案。

白：樊书培后来去了北京建筑工程学院，华亦增到房管局，现在都已经退休了。

钱：约大的学生有哪些作品？

白：同济的教工俱乐部。另外曾坚一直搞室内装修，是室内学会会长，挺权威的，他是跟 Paulick 学的。华亦增 60 年代在东郊做过一个团结湖小区。樊书培做过小工厂。

钱：您有没有上过概论、初步一类课程，抽象构图什么的？

白：没有。可能这些课是后来才有的。

钱：您谈谈对黄先生的认识。

白：我们学生当时很崇拜他的，穿衣服也学他。一方面是新鲜，另一方面觉得挺有派的。他对学生不是高高在上，而是像朋友一样，所以我们很容易接受他的一些想法。他常和大家一块儿出去玩，和大家聊天，在这过程中，就把他的想法告诉我们了。他是通过各种活动影响我们。他讲课英语很流利，讲得也生动，不是干巴巴地讲道理，而是用很多例子来说明。这些方法都很好。另外他强调自己动手做模型、画方案。他给我们看过他设计的一个住宅，不过只是设计，并不是要造的。这是一个内向的建筑，外型很简单，里面的空间很丰富，和一般的住宅概念不一样。我感觉很有意思，很新鲜。他是通过这样的方法来告诉大家应该怎么做。不知哈佛的教学是不是这样，我们觉得这样做是很好的。

另外他也很会用人，请来不同类型的教师。圣约翰当时的教学有一套方法，和现在我们教学方法不一样，现在来看这套方法还是比较先进的。学某个学科，一定要钻进去，至于其他科目，可以自己选择，有兴趣都可以学。不仅建筑这样，其他系也是这样。特别是建筑，它不只是技术问题，也不只是艺术问题，涉及很多面，社会、生态、环境等等，是综合的一门学科。从艺术修养来讲，他也有一定水平，比如很喜欢京戏。他不光喜欢外国的东西，也喜欢中国的，这在建筑里也能体现出来。

钱：圣约翰的教育对您后来从业有什么影响？

白：最大的影响是思想很开阔，比较活络，不是很死板，很容易适应环境。我们在学校时间不长，就三四年，在三四年中真正能学到的东西肯定是不够的，但这三四年教会了自己如何能够吸收好的东西，这很重要。所以圣约翰教学的好处就在这里，可以让你自己选择。我先学医、学化学，不行就学文学，再不行就学别的。不学建筑我也可以学别的。不作为必修课也可以作为选修课，不像后来的教育，定了就不能动了，不合适也得学下去。

（白德懋：1941 年秋入圣约翰，1942 年转入建筑系，1945 年 6 月毕业；现为北京市建筑设计院总建筑师。
陈永芝：白德懋的夫人）

曾坚先生访谈录

(2003 年 11 月 2 日访曾坚于北京家中，钱锋整理)

曾坚（以下简称曾）：我进圣约翰建筑系比较早，当时的学生并不多，张肇康是第一届进去的，是白德懋的同学。这个人非常有才气，我跟他关系很好。他母亲在香港，所以他毕业以后就一直在香港，后来我曾经在香港工作过一段时间，他对我很好。他毕业后也在美国念过书，和李滢不是同班的。

钱锋（以下简称钱）：张肇康后来在台湾做过一些项目。另外，台湾的王大闳也比较有名。

曾：王大闳教过我们，作为客座教授来讲课，没有教设计。

钱：建筑绘画课程和铅笔画、水粉画有什么不一样？

曾：建筑绘画课主要是画建筑图，包括阴影、透视、平面立面等。平面立面图、阴影这类工程图土木系学生也会画，但透视图他们不会画，是建筑学生要学的。

钱：建筑历史课好像课表上挺多的，有什么区别？讲过哪些内容？

曾：我们请了 Hajek 教历史课，从希腊、罗马一直讲下来。他这个人并不是很现代的，但我们也请他来讲，因为历史的知识也应该有。他不是建筑师，所以历史课讲得并不深。现代部分主要由黄先生讲。

钱：黄先生是在哪门课里讲的？

曾：他有设计课，也有理论课，我们对勒·柯布西耶，Gropius 的了解都是从他那儿来的。那时建筑有两个系统，一个现代建筑系统，一个 Beaux-Arts。在国内Beaux-Arts 比较多，现代的很少。我知道的除了 Paulick 和黄先生之外就没有太多人了。黄先生第一个把这些思想介绍给我们。他在圣约翰想很好地搞现代建筑，当时工学院院长杨宽麟也相当欣赏他。他把建筑系变成了和土木工程系并行的系。当时系的规模很小，老师和学生都没几个人，知名度也不大，所以他一度曾经想将建筑系转到天津南开大学去，将系变成一个学院，和他们也曾有过联系。

钱：他是什么时候有到南开这个想法的？

曾：大概是在 1943，1944 年，他可能和南开有些关系。他自己的家在天津，他跟南开讲了，对方也有兴趣。当时他和我们商量过这事。那时我想我长那么大，还没去过长江以北，说要去天津，我们都很高兴。

钱：他是和杨宽麟说的？

曾：不是，他和我们说的，杨宽麟可能不会放他走。

钱：内部设计课做了一些什么设计？

曾：那些是 Paulick 教的，理论课很少，主要是设计，做了设计他给你改。我毕业以后去了他的事务所，我、王吉螽、李德华、鲍哲恩四个，另外还有程观尧也在这

212

个事务所里。室内设计更多一些。室内设计和家具设计不一样，他们都做。那时候的家具大多是路易十四式的，在全世界十分出名，我们把老的测绘下来，再制作。

钱：那是属于巴洛克或洛可可式的家具吗？

曾：不是，巴洛克是建筑的风格，路易十四是家具的一个时期，这在凡尔赛宫等地方有，都很出名的，很贵重。那个时候，我们的业主，我印象中最深的有荣毅仁，我们的家具有很多在他家里。荣毅仁也是圣约翰毕业的，但我和他前后差很多，没见过面。在北京校友会上我才和他认识。

钱：除家具设计外还做了哪些室内设计？有哪些作品？

曾：我们的室内设计作品都很短命，做完了以后，那时也不知道去拍照，结果三年、五年一看，都改了，全部都拆了，一点点留下来的也没有。所以别人问我有没有室内设计作品可以看看，我都拿不出来。

钱：Paulick 事务所有没有档案或图纸留下？

曾：1947 ～ 1949 年我在他事务所，1949 年快解放时，我是地下党，有很多工作，基本就不大去上班了。他的事务所其他几个人也没有正常上班，后来他收拾一下就自己走了。他回到了东德之后，成为了建筑学院的院长。我也是后来有一些德国的来信，才知道 Paulick 的情况。

钱：Paulick 是 1949 年走的？

曾：差不多，新中国成立前走的，因为他也不知道解放后到底会怎么样，他的儿子可能是德国共产党，那时我们这样在传。他的思想是比较进步的。

钱：当初你们做的室内设计还有印象吗？冯纪忠先生的回忆录中曾提到过一个照相馆。

曾：Art Scope，这件事李德华非常清楚，这不是 Paulick 事务所做的。有一个摄影家叫郎静山，非常有名，他现在要是健在的话，大概要一百二十几岁了。他的儿子，我们叫他小郎，和李德华非常要好。小郎的关系网很多，也在 Paulick 事务所。那时小郎和李德华为一个照相馆做了一个改造，做得相当好，在静安寺附近。冯纪忠讲的肯定是这个，因为我很注意哪儿有新的室内设计。我当时在上海没见过其他更好的。

钱：您还做过其他哪些室内设计？

曾：原来有一个英国俱乐部（Country Club），位置在南京西路，大华电影院东面对面，是一个大院子，里面有几个古典英国式的房子，英国俱乐部是其中一座，室内设计都是我们做的。但那时大多采用古典的做法。我看 Art Scope 是现代的，所以很突出，颜色等用得特别好。

钱：Paulick 思想是比较现代的，但当时做的不少室内设计都比较古典，是业主的原因吗？

曾：是的。

钱：他有没有做过比较现代的作品？

曾：做过一个，我现在印象也不太深了，张肇康也参加了，大新公司做了一个

213

Paulick 陈列室，是现代的，布置了一些他的家具。

钱：当初房屋构造是谁教的？

曾：好像是 Brandt。

钱：主要内容是什么？

曾：Building Construction，详图节点，但那时我们这些学生都不太重视这种课，觉得我们主要是设计，施工图可以让别人来做，所以并没有好好去研究它。

钱：城市设计做的是什么？

曾：都是规划，是 Paulick 教的，大到区域规划，小到城市设计都讲。抗战胜利以后 Paulick 在都委会（都市计划委员会），让我们到都委会来实习。

钱：都市设计、城市计划及论文，这两门课有什么区别？

曾：我不记得了。职业实习就是在都委会实习，帮忙画一些图，Paulick 因为在这里干，有一部分事是额外的，他叫我们帮他画点图，并不是有计划的，需要我们做什么，我们就去做，做的时候自己体会学到的东西。

钱：模型课主要做什么？

曾：做建筑模型，具体什么样没有印象了。

钱：内部设计和建筑是可选的么？

曾：建筑设计是必选的，内部设计是选修的，但大家一般都选。我比较有兴趣，所以选的特别多。

钱：您后来怎么到北京来的？

曾：学校毕业后，我在 Paulick 事务所做。快解放的时候离开了。新中国成立之后，我主要搞科技人员的团结工作。后来成立了上海科协，我在里面当秘书长。之后我在很多地方做过，共青团、工商局、华东设计院，后来调到北京工业设计院。在业务方面，我一直主要做室内设计，算来时间很长了（1947 年开始）。

钱：从建筑中分出来做室内，圣约翰是很早的。这些是不是也是现代主义思想的影响？

曾：我了解过一些室内设计的历史。室内设计单独分出来，从世界、从欧洲来看，大概是 1945 年。本来这些室内设计都是建筑师做的，建筑师做完建筑，也一起做好室内。做法也很简单，门、窗、墙都一起做好，定好颜色和材料，也不用很深入。1945 年之后，因为二战将很多建筑破坏了，整个欧洲百废待兴，于是建筑师主要都去搞建筑了。这样室内就难以完成，因为再完成室内要花费建筑师很多时间。因此这时分出一些专门搞室内的人。1945 年开始，室内设计开始成为了一个相对独立的行业，说它相对独立，因为它和建筑关系很紧密。Paulick 能够在 1947 年给我们做室内方面的报告，应该是相当先进的。

钱：我觉得这也是圣约翰的特点，面很广。

曾：而且接受新事物很快。当时 Paulick 在都委会，都委会也有很多搞规划的，但有些人是"老公事"，大多只知道过去 Beaux-Arts 的一套做法，照着上面传下来的做法在做。Paulick 去后，采用了新思想，所以后来很多规划都交给他做了，那时对上海的规划起了相当重要的作用。

钱：大上海计划起主要作用的是 Paulick 吗？另外还有谁？

曾：我印象中黄作燊也参加了，另外还有冯纪忠，他好像刚刚从德国回来。Paulick 走了以后，主要是金经昌、冯纪忠他们接下去做的。不过我可能也记得不是很清楚。

钱：您对黄先生的整体印象如何？

曾：我们一般对老师都敬而远之的，不太能和他们打成一片，但黄先生没有架子，非常随和，喜欢和我们打成一片。比如我们有一个同学（现在已经去世了）住在朱家角，他家里开了一个店，叫我们几个同学到一起到朱家角去度假。他一听，也要和我们一起去，所以和同学很接近的。

另外，我对他非常深刻的印象是他很爱国。他在国外留学，夫人也在，家境又很好，完全没有必要回到国内来，但他觉得一定要回来。回来的原因，是他不知怎么了解到共产党好像非常有前途。回来以后他创办了这样一个学校，推广新思想。他和他哥哥黄佐临的观点比较接近，都很相信共产党。黄佐临那时有一个"苦干"剧团，其中不少人，如演员、编剧等都是地下党员。他们组织起来，演出的剧目不止形式上新（舞台布置），另外题材也新。宣传进步思想，当然那时不敢直接讲共产党之类的话。他们兄弟俩都很爱国，所以黄作燊在文革中受冲击（当然我也受冲击，都是没有办法的）我想他心里一定非常难受。他一贯对党信任和拥护。新中国成立以后，原来有个跑狗场，位置在南京路西南面，陕西南路、淮海路一带，后来叫文化广场，里面有个几千人的讲台。刚解放时，那里有很多讲演，介绍新中国。我常去听，他也喜欢去听。听完后，我和他一路走回家，路上要走 7、8 公里。他非常愿意走，边走边和我讲他的感受。我感觉他非常爱国的。

钱：他和您一路回来，谈了些什么感受？

曾：具体我记不清了，都是一些他的感想，印象中他挺爱国、挺进步的。

钱：对于他后来受了这么多苦又没有怨言，总觉得很难理解。

曾：他这个人非常能够承受委屈，这个我看很不容易。根据他的出身、他的经历，他可能会成为一个很高傲的人，他有经济和学术的资本。但他并没有那样。我们对老师都不大能接近的，但他不一样，为人很谦虚，很平等，我们经常到他家里去。他家里的室内设计都很特别，家具都是他自己设计的。

钱：您对圣约翰的学习有什么体会？对您后来有什么影响？

曾：我学习实际技术的东西不是很多，比如房屋构造等，学到比较多的是提炼的精神方面的一些东西。为什么呢？因为我当时没有时间，很忙。

钱：主要在忙些什么？

曾：主要是些地下工作。我当时是共青团的成员，共青团和国民党的三青团是对立的。三青团想在学校里扩大他们的影响，但他们没有我们受欢迎，我们跟大家关系都很好。我们当然不是以共产党的名义出现的，但大家都倾向于我们，三青团一般不会得到大家的拥护。

钱：您是怎么加入共青团的？

曾：那时共产党上海市委布置了很多学生活动，包括我们圣约翰。当时上海市有两个学校是共产党的大本营，一个是交通大学，一个是圣约翰。交大这方面一直是传统，圣约翰是教会学校，可以保护我们。我做学生会会长，和杨宽麟关系很好，他保护我的。我们可以借助教会学校的自由。

钱：Paulick 当初的设计图纸是否都带回去了？

曾：我不太清楚。

钱：您做的室内设计有没有资料存档？

曾：那段时间还是七几年，文革刚刚结束，我们脑子里认为这些全是保密的。我做了不少毛主席住宅室内，杭州的、北京的、中南海的、怀仁堂的都是我做的，但那时觉得是绝对不能拍照的，资料一定要销毁。因为有这样一个思想，所以一点都没有留。毛主席纪念堂，做完后我去过一次，之后就再也没有去过。

钱：您认为中国室内设计发展状况如何？

曾：我写过一篇文章，讲中国室内设计从开始到现在，在《室内》杂志 100 期上，分了几个阶段，讲为什么会变成现在这个样子。我特别喜欢北欧的家具，很有特色。

钱：为什么北欧在家居方面很有特色呢？

曾：北欧四个国家，冬天的时间很长，有时候天一直是黑的，白天也是黑的，他们的活动和其他欧洲国家有些不一样。欧洲的其他一些国家，两个人碰到了，常常会上咖啡馆。北欧不是这样，他们所有的社交活动都在家里，所以必须把家里的东西搞得非常舒服，都很重视家具、灯具、五金等，全都是独树一帜的，非常实用和美观。有些人崇拜美国、日本的东西，但我认为都不如北欧的好。

(曾坚：1943 年夏入圣约翰大学建筑系，1947 年 6 月毕业；曾任中国建筑学会副秘书长、中国建筑学会室内设计分会会长)

赵汉光先生访谈录

(2001 年 2 月 19 日访赵汉光先生于同济大学建筑系，钱锋整理)

赵汉光（以下简称赵）：我是 1949 年进入圣约翰建筑系的，我们这一届十来个人。人少对于教育来说很重要，因为学建筑仅仅靠课堂的几个小时是不够的，特别是讲求悟性的东西，有时无法很快地理解，需要和老师长期的接触，共同看画、看戏、聊天，在这一过程中逐渐领悟。圣约翰时学生不多，可以有更多的机会和老师在一起，受到潜移默化的影响，所以能深入理解他的思想。

钱锋（以下简称钱）：您如何看待黄作燊先生实施的建筑教育？

赵：黄作燊先生是中国唯一的、第一个全面介绍格罗皮乌斯建筑思想的老师，当然也包括他的哲学、艺术思想。黄先生其实是边学边教，因为在美国也没有完整的教育体制。格罗皮乌斯在哈佛所宣扬的思想是一个火种，点亮学生的心智，但也无法像他在包豪斯那样进行实践尝试。他与学生共同组成了一个合作教学基地 TAC，但影响没有以前大。格罗皮乌斯在哈佛的教育体制并没有完全贯彻实施下去，因为他后来和院长的关系并不是很好。

格罗皮乌斯比较像个哲学家，很有思想。而布劳耶则更像个实践家，有一本书《布劳耶》专门介绍他。布劳耶基本上没有格罗皮乌斯的教学思想和教学体系，主要倾向于做实际设计工作，做项目。

真正将格罗皮乌斯的思想继承并很好发展的，是他的两个弟子：一个是贝聿铭，他在实践创作中很好地实现了格罗皮乌斯的思想，包括他认为的理想建筑是实用、美、意境的完美结合和体现。后来黄先生在 1970 年代看见贝聿铭作品时很感慨，就是因为贝聿铭将他同样的思想在建筑之中实现了；另一个弟子就是黄作燊先生，他是唯一将格罗皮乌斯的创作教学思想继承并进行实践的人。圣约翰建筑系是黄先生继承、发展这一教学思想的阵地。他第一个将格罗皮乌斯的建筑观、将他的理想在另一个国家发扬传播。这在格罗皮乌斯的其他弟子那里、在美国都没有，只有黄先生做了这方面的事情，所以他是非常重要的。只是这一教学实践在后来社会政治的压力下被压制和磨灭。

在中国新中国成立之后很长一段时间里，学术思想很难完全活跃，只有少数一些时间稍多一些，整体压制很厉害，教师们大多受到封、资、修的批判。中国的知识分子是可怜的，他们都很爱国，但整个体制对他们很压抑。

钱：黄作燊先生的建筑和艺术的基本观点是怎样的？

赵：他认为建筑既要考虑功能，也要考虑造型、形态的完善和完美。建筑不同于其他艺术，建筑是永恒的，建筑解决问题的办法也是永恒的。中国传统的家具有类似的特点：如用竹子做成椅子，是对当地材料的使用；用花藜木做成椅子，很简单地就解决问题，但形象是那么美观。这些家具都用了很少的元素，用当地的材料，简洁实用地解决了问题，美学价值却如此高。中国的传统之中，有这么多的学问，十分精炼，这才是真正的艺术。当然这也包括中国的戏剧。黄先生最欣赏京剧和昆剧，认为是中国戏剧的最高境界，因为道具很少，很精炼，但表达的意思却非常丰富，几个动作就能表现剧情和场景，如同明代简洁优雅的家具是家具的顶峰一样。黄先生不喜欢绍兴戏、越剧等，认为它们吵吵闹闹，舞台很花，有些"俗"。他很喜欢音乐和戏剧，包括戏剧的道具、布景、脸谱，他对中国的传统没有一样不精。

对于艺术，他很有眼光和鉴赏力，也很挑剔，目力尖锐。什么好，什么不好，他一眼就能看出。我们和他一起看，常常看不出什么好，什么不好，他能马上指出来，好的好在哪里，不好的又不好在何处，对我们有着潜移默化的影响。他常常让我们去思考，引导我们观察和思想。有一次我和哈雄文去杭州，正在上演一出昆曲，黄先生让我们去看，我觉得很有启蒙意义。

我们也常常跟他去博物馆。当时我们都在民用教研室，常在一道。看展品的时候，他会给我们指出好在哪里。有时他也问我，我会说这个好，那个不好，而他说，这些都好，好在……他的话促使我不断思考。

他在圣约翰基本贯彻了格罗皮乌斯的一套方法。事实上格罗皮乌斯在哈佛由于没有共同的研究发展基地，并没有办法完全实现他的思想。他的思想在中国上海的圣约翰倒是在某种程度上得到了继承和实现。由此看来，黄先生的教育实践在世界上都有着一定的地位。

从格罗皮乌斯到黄作燊先生都认为需要吸收传统文化，但这不是简单从形式上效仿中国，而要从根本上体现中国传统的独特和卓越之处，体现它的"根"。而这个"根"是什么？大家都不知道，也在探索。可能在工会俱乐部之中有部分反映。

钱：不少人认为文远楼很有包豪斯校舍的特点，您对这个作品有何看法？黄先生追求的是怎样的建筑？

赵：文远楼就我个人认为，并不怎么能体现黄先生的思想。虽然黄先生是格罗皮乌斯的学生，但他不是简单追求形态的相似。文远楼主要的特点还是传统构件的抽象化。黄先生所追求的是一种传统的意境。如贝聿铭有一个作品（美秀美术馆MIHO），是从《桃花源记》中找到灵感和意境。他的一些作品很好地体现了他们都正在寻找的根，这也是黄作燊后来感慨的原因之一。因为贝聿铭将他同样的思想实现了，而黄先生自己由于各种各样的原因无法进行。同样都在探索，都是格罗皮乌斯的学生，都是中国人，当初情况相似，只因环境不同，各自境遇和成就大相径庭，令人感到遗憾和感慨。

钱：您认为这些思想怎样才能结合在建筑教学中？

赵：建筑教学和悟有很多共同点，但是学生高低不齐，无法都能理解"根"，所以有能力的学生可以让他多领悟，但是必须都要教给学生们掌握基本设计方法，如平面、立面怎么设计等，得让他们知道社会、技术、质量等对实现理想是有约束的。贝聿铭能够实现他的理想是因为他有良好的条件和环境。

（赵汉光：1949年进入圣约翰大学建筑工程系，1952年院系调整转入同济建筑系，1953年毕业后留系任教；原同济大学教授，后赴美）

● 书信 ●

程玖女士书信[1]

黄植　译

　　我们是一九三九年在波士顿认识的，很快就成了好朋友，一九四一年六月七日结婚。我们的蜜月是驾驶一辆福特二座跑车横跨美国。我们去了很多很有意思的地方，覆盖了几乎四分之三的美国，度过了最幸福的时光。每一刻美好的记忆将永远像他们正在发生的时候那样美好。我们在旧金山登上了一艘荷兰邮船返回中国，在海洋上航行了五个多星期，曾两次跨越赤道，在澳大利亚的布里斯本停留了一天，然后到达马尼拉。从那里我们登上一艘法国邮船驶向上海，九月到达。我的婚后生活一直是幸福的。我们两人一直工作，一起养育了三个男孩。虽然亨利把他多数的时间奉献给了他的事业，他的工作只有限地许可他和他的家庭成员在一起，他深深地爱我们并关怀我们。三个孩子也爱他、崇拜他。对他们来说，爸爸意味着开心、欢乐、笑声以及生活中所有美好的事。我对亨利感激不尽，他给予了我多年的幸福时光和三个优秀的孩子。我现在靠着孩子度日了。他们对我忠心耿耿并且做出了很多努力。我久病多年，他们经过了无数次艰难的考验，遇到过很多困难，但他们从未抱怨或动摇过，他们尽了他们的力帮我度过多次难关。亨利虽然离开了我们，但他的精神永存于我们之间，使我们团结在一起。

　　想到亨利[2]度过了美好的、有价值的一生，我感到欣慰。他有过一个快乐的童年和家庭。他在国外曾是一个成功的学生，得到过最优秀的教育和训练，这使他后来能够在建筑领域做出有价值的贡献和服务。他的资历、能力和天赋使他成为了一个优秀的教育工作者，为中国培养了上千位建筑师。如果你们能看到人们是怎样悼念他，你们会非常感动的。他的学生们来自五湖四海，他们给予了他一个好老师的荣誉，并且把他当成父亲那样地敬爱。他的同事、上级、下属，几乎所有人都高度地赞扬他，他因他的工作和服务得到了很高的评价。你们会理解当我如是说：亨利不声不响地，谦虚但充满信心地，以他自己独到的办法来做他的工作。他从来不看重报酬或名气，他从来不要求认可或奖励。不少人无声息地欣赏他的美德。亨利不善于表达他自己，他一直非常怕羞，不能很好地说出他的观点或显示自己的才华，尽管如此，很多人还是能理解他的。他们支持他的理论和想法，并且愉快、默契地跟他一起工作。

1　程玖：黄作燊夫人。这是 1977 年 9 月 3 日她给黄作燊二姐、三姐的回信（英语），本文为节译。
2　黄作燊小时候在天津的教会学校念书，亨利是他的英文名。

图1　亨利和威妮在波士顿，1940年

你们也许以此感到安慰：亨利从来不知道他最后一天的到来。那天他忽然病倒，说头疼异常，在此之前，他感觉良好，（同济）大学的一位老师，他以前的学生（王秉铨）来看他，他们高高兴兴地讲了很多开心的事。作为高血压病患者，他没有任何症状给他自己或别人任何警告。当他发病时，我们的小儿子在他身旁，他很机警，先让他躺下，然后立即叫他二哥送父亲去医院急救，但他已经深度昏迷了。所有的措施都做了，他沉睡着，再也没有醒来。经过六小时的抢救，他的呼吸开始逐渐地消逝，最后在凌晨四点，他步入了永恒。那是一九七五年六月十五日。

Apt 4. House 1. Lane 81
Ah-ting Rd. Shanghai
Sept 3rd 1977

My dear Eugenie & Josephine,
        Both your letters brought me immense joy &
consolation. I was deeply touched by your loving kindness
& all your concern of me. I started writing to you in
July, shortly after I had received your letters. I was thrilled
& happy & felt I had lots of things to tell you, yet I failed
to get one written & mailed. Please forgive me for such a
long delay. The summer was unusually hot this year.
I had my limited strength & ability almost entirely thrown
into the efforts of keeping my family fed with freshly cooked
meals & keeping things from being spoilt by the heat as
we were without the convenience of a refrigirator. I was
intimate that the heat didn't bother me! I was as happily
occupied everyday as my strength & ability allowed. As
soon as the weather got a bit cooler & pleasanter to suit
everybody else's comfort. my disease started its ups & downs on
me. Everyday seemed to bring me just a little harder
test to temper my endurance but years of training &
discipline had taught me to accept & bear what couldn't
be avoided. Time passed when every struggle seemed to end
in reasonable comfort & peace. again and just as I was feeling
a bit proud of myself I tripped over something & fell on
the floor & fractured my left thigh bone. pain & agony
almost ravished me; luckily my three boys were all home.
so calling the ambulance. sending me to the hospital to be
X-rayed & bringing me home again etc. were all done
without any loss of time. The first few days were bitter

图2　程玖女士亲笔书信

李德华先生书信

渤叶[1]，Kris：

    收到来卡和照片，麻烦你将 Ta 寄给汉光[2]，这本有约大建筑系历史的 Ta，对北京的李滢、白德懋、曾坚等等老同志都给寄了，大家都很高兴。日前我在写关于当年演京戏活报剧——"投军别校"和"纸公鸡"的琐事，回想起来，还是很有回味的。这些事中的点子都是出于令尊。我是他的手和口，不过我能领会老师的意图和思想。

    自你们离开上海，天气一直晴朗暖和直到一周前才来寒流，甚至下起雪来，还积了起来，深处如松江有 20 厘米之深，这是多年未见的景象。人们常说瑞雪兆丰年，希望如此。

    你们回来后，一直思念着你们。今天收到照片，也是一种慰藉，也是一个纪念。我书桌前放的一帧是汉光画的令尊肖像，他打算正式画一帧 Portrait，这是铅笔的底稿。不过他一直未能完成，他没有一个 Studio，不是所有器具都在手头齐备着的，也不怪他。

Bill & Ben 好

德华
2005 年 1 月 6 日

图 1　李德华、罗小未先生和黄植一家

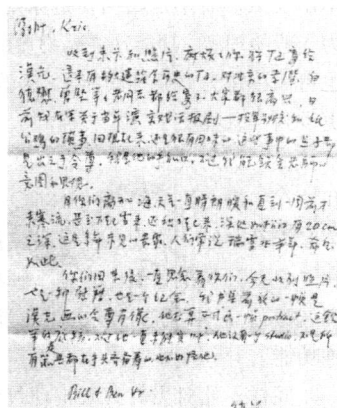

图 2　李德华亲笔书信

1　渤叶即黄作燊三子黄植。
2　赵汉光。

樊书培先生书信 [1]

我是 1948 年春和罗小未先生同一班毕业的。1949 年随黄先生到北京，1950 年因病回上海疗养，应黄先生之邀，曾在约大建筑系任教"建筑概论"和"建筑设计初步"一学期，后即返京。之后由于工作繁忙和"运动"频仍，没有再和黄先生以及同济建筑系有过什么联系。所以，我的一些看法和意见主要属于"约大"时期。

要论述黄先生的"现代建筑教育"思想，我想不能离开他对现代建筑理论的基本思想。

虽然毋庸置疑他是现代建筑运动的一员，传播着现代建筑的精神和思想，但他非常不愿意用"modern"这个词。这也许是给当时社会上的"摩登"一词用滥了；他尤其听不得 modernism 和 modern style 这些词加在真正现代建筑头上。所以他经常告诫我们宁可用"contemporary"而不用"modern"。他认为现代建筑是一种精神、一种追求的目标，而不是世俗的认为是一种"程式"，一种"流派"；而"contemporary"则代表一种随着时代不断前进的精神。应该说"modern"被理解成静止的，而"contemporary"则是动态的，辩证的。我们几个同学（其中有王吉螽先生），毕业后一度办了个设计公司就取名"Contemporary"（中文名"时新"，取不断创新之意）就是受黄先生的直接影响。

虽然他也讲"function"，记得在讲建筑概论第一课时，就首先在黑板上写下"House is a machine for living in！"那句名言，并大写了"FUNCTION"这个词。但他还是听不得有人称现代建筑是"functionalism"。他认为注重功能是建筑设计的一个根本出发点，而不是归结；是原则，不是手法。另外，他对功能的诠释有所深化。他认为一般的理解，功能往往是物质的，或人的具体行为，而从深层讲，功能应包括精神的，也可以称之为"精神功能"。这就使他在讲述建筑设计要领时，往往不仅讲到"实用"，更讲到"意境""气派""神韵"。1949 年黄先生应梁思成先生之邀来北京时，把我带来了。上午下的火车，下午稍事休息后，他便拉了我来到故宫（我是第一次来北京），要我站在午门上的中间，好好体验一下帝都气势磅礴的中轴线，和帝皇宫殿群体的"气派"。第二天晚上他又拉我去吉祥戏院看京戏《盗御马》，要我好好体味"拜山"里的"排阵"和"起霸"，他把它们比作是一种类似建筑群体中的"approach"的气势，并称之为"中国气派"。后来又曾带我去颐和园等处，都有类似的指点，并归结为建筑设计上的"精神功能"。

同样，他对当时有人把现代建筑称之为"international style"深痛疾恶。他认为现代建筑摒除的是无为的装饰，只要它真实地反映了它的使用功能（物质的和精神的），合理地使用了当时当地的材料，符合了当地的环境等等，那么它一定是"本地的"而

1　本文为 2001 年 6 月樊书培先生书信的节选，其中回忆了黄作燊先生的建筑思想。

不是"国际的"。

他也着意讲"simplicity"，介绍 Mies 的名言"Less is more"。他也认为这是现代建筑在形式上的核心所在，但他并非主张形式上的虚无主义。他在"概论"中讲"Elevation"时，用了许多实际上是手法上的词，如："material"、"texture"、"proportion"、"harmony"、"contrast"、"rhythm"……也就是在摒除了不必要的装饰之后，现代建筑并非不要形式上的美；而是提倡一种现代的美学观，是简洁，不是简单，更并非"贫乏"。

在 20 世纪 80 年代初，建筑设计界流行着一种说法：建筑设计是"空间"的艺术。这本来是西方若干年代前的说法，不过直到改革开放后传到我国来，才觉得新鲜。但是黄先生在四十年代的教学中早已提出了"spacious"这个概念。他在讲解 Mies 的德国馆时，着重讲的不是他的简洁，而是他的空间和"空间流动"。他非常欣赏"气韵生动"的中国画，认为它是和"spacious"相通的。因为我父亲和大哥是当时上海著名的国画家，以"气韵"空透见长。1950 年我在上海时，他一度常到我住处来，看他们的画和藏画，每看到气韵一路的，总会啧啧称赞说：这就是"spacious"！后来不久，索性让他学专业美术的夫人从我父亲为师，直到我父亲 1963 年去世。

以上不过是一些零星的例子，可以大概看出黄先生在建筑思想上的一些观点。他既不是"functionalism"的，也并非是"internationalism"的。

（樊书培：1944 年秋进入圣约翰大学建筑工程系，1947 年毕业；北京建筑工程学院建筑系教授）

刘仲先生书信

黄作燊先生在给我们上课的过程中，给我留下比较深刻印象的大概有下面一些方面：

一、在设计指导中对于建筑与自然的关系上，他反复讲的一句话就是"建筑设计要考虑结合自然，配合自然"，在建筑教育启蒙阶段，对我们如何去认识建筑与自然的关系是非常重要的。

二、在教学与我们交谈中，经常谈起我国传统的京剧艺术，特别是京剧表演中摹拟场景演员的活动，如"空城计"、"三岔口"，特别是盖叫天的表演。以这些来启迪我们如何去理解京剧艺术是怎样去诠释空间的，同时引导我们深刻地去认识一个建筑师怎样去借鉴、去体验……启发我们领会建筑空间的内涵和表达方面的意义。

三、在与我们交谈中，还常常提及京剧表演中的"起霸"、"亮相"，说明人物之间的主次关系、美学含义，引导我们在建筑外形设计表达方面进行借鉴。

黄先生没有太多的"系统的表述"，但深入浅出的表达建筑中一些本质含义是很深刻的，使我一直在记忆和体会中不断地深化理解。

刘仲

2001 年 10 月

（刘仲：1956 届同济大学建筑系毕业生，现为同济大学教授）

童勤华先生书信

黄作燊先生的学术思想鲜明，认为建筑有物质功能和精神功能，极力反对形式主义，甚至认为建筑范畴中任何种类的"主义"都是一种极端，都带有片面性。如形式主义、结构主义、功能主义、复古主义等等。

黄先生特别推崇我国传统建筑的布局和处理手法，如北京天坛、地坛等。记得在参加华沙人民英雄纪念坛国际设计竞赛中就建议采用北京天坛高架的通道（中建史称丹陛大道）和两侧大片参天松柏的布局和空间意境。

在具体工程设计中他反对奢侈、浪费、摆阔气的倾向，称之为"暴发户"建筑。而对精神功能较强的建筑设计特别注重意境、隐喻等。

黄先生的教学思想是在平时给学生改图中体现的。黄先生不赞成将学生当作绘图员、单纯按教师的意图完成作业，或是以教师的爱好送给学生一个具体方案。而是采取循循善诱的启发式，教会学生发掘问题、分析问题的方法，解决矛盾的思路、手法。有时还以其他艺术领域（如戏剧）中类似情况来比喻建筑中的规律和矛盾。这种诱发式（阐述分析多于动手）比较适合于高年级或研究生教学。

童勤华

2001 年 9 月

（童勤华：1955 届同济大学建筑系毕业生，现为同济大学教授）

生平年表

1915 年 8 月出生于天津

1925 年母亲去世

1925 年 9 月～ 1932 年 12 月天津圣路易中学学习

1932 年由父亲黄颂潘陪同和三个姐姐一起到美国，参观了当时正在纽约开办的世界博览会。之后独自乘船到英国伦敦，受到兄长黄佐临的接待

1933 年 5 月～ 1939 年 1 月在陆谦受推荐下，进入伦敦建筑专门学校 (A.A.) 学习。加入该校建筑协会，为会员，由学校介绍从事一些研究

1933 ～ 1938 年假期和朋友一起在欧洲大陆旅游，去过法国、意大利、德国、奥地利、瑞士等地

1936 年在伦敦参加国际学联，由学校介绍参加团体旅行一次（可能在这次旅行中于巴黎见到柯布西耶，也可能是在后来 1937 年暑假）

1936 年 6 月～ 1936 年 9 月伦敦 William and Souster 建筑师事务所绘图实习，汽车工厂设计

1925 年十岁时在天津

就读伦敦 A.A. 学校时的成绩单

在伦敦 A.A. 学校参加板球比赛

在巴黎与勒·柯布西耶合影

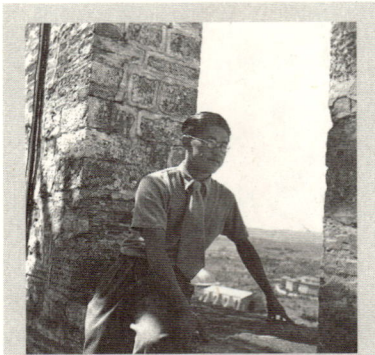
假期游历意大利

1938 年从伦敦启程去美国

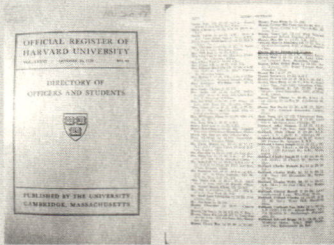
在哈佛大学的注册单（1938～1941）

1941 年与程玖在哈佛校园

1937 年 6 月～1937 年 9 月同上，办公大楼设计

1938～1941 年进入美国哈佛大学设计研究院，跟随格罗皮乌斯学习

1939 年父亲在天津去世

1939 年在美国参加曦社兄弟会（华人联谊组织）

1940 年 9 月～1941 年 3 月纽约 Pierce Foundation 研究委员会研究员，研究预构建筑

1940 年 12 月参加成志社兄弟会（华人联谊组织），外交部部长刘锴介绍，后圣约翰大学教务长赵修鸿也是其成员

1941 年 6 月 7 日与程玖在波士顿近郊 Auburndale 小镇结婚

1941 年 9 月从旧金山登船，途经夏威夷、澳大利亚、新加坡后回国

1942 年 2 月～1952 年 8 月由杨宽麟介绍，进入上海圣约翰大学建筑系任教，为系主任、副教授

1944 年聘请德国人鲍立克（Richard Paulick）、匈牙利籍建筑师海吉克（Hajek）、画家程及等在建筑系任教

1944 年长子黄太平出生

1945 年聘请英籍建筑师白兰特（A．J．Brandt）来教建筑构造

1945 年带领一些学生去其兄长黄佐临创办的"苦干"剧团进行舞台设计；设计话剧《机器人》的舞台，也为英国人业余戏剧社进行舞美设计

1945 年带领学生参加江南造船厂的修复规划、厂房扩建设计与施工

1946 年 2 月～1948 年 5 月加入上海陆谦受建筑师事务所，设计中国银行宿舍等建筑

1946 年 5 月由陆谦受介绍，加入中国建筑师学会，1949 年后由于在北京有了同样的学会组织，故上海方面组织停止

1946 年 9 月～1947 年 9 月上海市都市计划委员会计划委员，参与"大上海都市计划"

1947 年次子黄渤济出生

1940 年代任教圣约翰建筑系

圣约翰建筑系教师鲍立克和海吉克

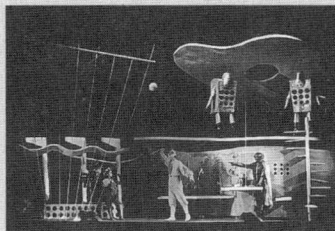

话剧《机器人》舞台设计

设计作品中国银行宿舍

大上海都市计划图纸

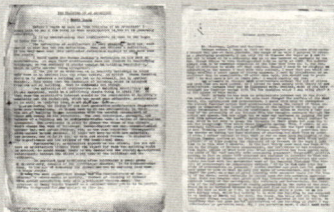

演讲稿《一个建筑师的培养》、《论中国建筑》

南市区改建规划成果汇报展

教师评图（左三郑观宣，右一王大闳）

建筑系教师参加圣约翰校教师球队（后排右一黄作燊、右三王吉螽、右四李德华）

1947年～1948年在英国文化委员会作系列演讲，题目有《一个建筑师的培养》、《论中国建筑》等

1948年在上海市都市计划委员会鼓励下做南市区改建规划作业，并举办成果汇报展

1949年夏，应台湾省主席魏道明邀请，和王大闳（王宠惠的儿子，留学英、美时的同学与朋友）一起去台湾考察当地建筑发展可能性，约三周时间

1948年5月～1949年7月与陆谦受、王大闳、陈占祥、郑观宣共同组成了"五联营建计划所"，完成了复兴岛渔管处的冰库工程、嘉兴民丰造纸厂锅炉房等

1949年7月应梁思成邀请参加北京都市计划委员会成立相关会议，带领圣约翰学生樊书培、籍传实一同前去

1949年外籍教师离开圣约翰建筑系回国，不少圣约翰毕业生加入教师队伍

1950年3月任中国市政工程学会上海分会建筑工程委员会副主任，后由于北京也在筹备同样学会组织，故上海方面暂停

1950年6月由圣约翰教师黄嘉德介绍，加入中国教育者工会圣约翰委员会，为委员。1951年5月～1952年被选为主席

1950 年抗美援朝运动，带领学生排演了活报京剧《投军别校》和《铁公鸡》

1950 年陆谦受从香港到上海，邀他到香港去发展，没有前去

1951 年在学校交谊厅举行建筑系教学成果展览会

建筑系教学成果展览会

1951 年与建筑系学生共同设计制作系服；参加抗美援朝游行；圣约翰与之江两个教会大学在杭州举行联欢会，代表圣约翰大学演出《纸公鸡》

与之江两个教会大学在杭州举行联欢会，代表圣约翰大学演出《纸公鸡》

1951 年与学生设计圣约翰大学校园旗杆

1951 年 4 月上海市工务局建筑技师考试委员会委员

1951 年 4 月～1951 年 6 月上海市土产展览交流大会场地建筑设计委员会委员

建筑系师生在自己设计的旗杆前

上海工建土木建筑事务所图章

山东济南中等技术学校食堂

山东济南中等技术学校宿舍

新成立的同济大学建筑系

1951 年 6 月与圣约翰部分教师合组"上海工建土木建筑事务所",为负责人,设计山东济南中等技术学校校园建筑等

1951 年 7 月上海市营建筑工程公司顾问工程师,作为顾问

1951 年 9 月上海圣约翰大学校务委员会、肃反委员会工作

1951 年 10 月上海市人民广场建设管理专门委员会计划小组委员,从事计划工作

1951 年北京都市计划委员会王东岑来圣约翰邀请一些人去工作,推荐了白德懋前去工作,后来李滢也前往

1952 年 4 月上海市圣约翰大学附属实验小学校董,协助解决校方经费等问题

1952 年 5 月上海圣约翰大学学习委员会委员;参加中苏友好协会,为会员,被选为副总干事

1952 年 8 月参加知识分子思想改造运动

1952 年 10 月与圣约翰大学建筑系一起并入同济大学建筑系,任副系主任、副教授

1954 年 8 月由王吉螽、李德华介绍加入民盟

1955 年参与"教学中心大楼"设计竞赛,提交的方案具有现代特点

1955 年在反浪费运动背景下，与系中十多位教师一起联名上书周总理，要求停止建造中心大楼的大屋顶和一些立面装饰。总理办公室派出专门工作组来做调查，认为教师们反映的情况属实，敦促教学中心楼的屋顶部分和立面雕花停止施工

1955 三子黄植（渤叶）出生

1956 年圣约翰早期毕业生、教师李德华和王吉螽等设计"工会俱乐部"，建筑采用了流动空间和现代美学手法

1956 年波兰举办华沙英雄纪念碑设计国际竞赛，李德华、王吉螽、童勤华、王宗瑗等合作方案获二等奖（一等奖空缺）

1958 年建筑系撤销，建筑学专业并入建筑工程系，与冯纪忠皆任副系主任

1958 年在北京国庆"十大工程"的影响下，上海拟建三千人歌剧院，和王宗瑗主持建筑系部分学生参加方案竞赛，参与讨论的老师还有郑肖成、赵汉光、王吉螽等人。设计的方案极好地解决了功能技术难题

1960 年被评为"上海市 1960 年文教方面先进工作者"

停建大屋顶的中心大楼

与黄植在网球场

同济工会俱乐部

指导学生设计三千人歌剧院

20 世纪 50 年代后期在北京参加代表会

1964 年校运动会后建筑系老师合影

1974 年的黄作燊

黄作燊在生命的最后一年中

1962 年重新恢复建筑系，继续任副系主任；和王吉螽合作参与了古巴吉隆滩纪念碑方案竞赛，方案通过空间手法营造纪念气氛。但文化局的审查者看不懂，不同意将之送去参赛

1964 年被评为"上海市 1964 年文教方面先进工作者"

1966 年文化革命运动中，被定为反动学术权威，多次受到批斗，被指责开办"裴多菲俱乐部"、"里通外国"

1968 年被工宣队在学校进行隔离审查，释放后得高血压

1969 年与其他同济教授们一起到上海泰山耐火材料厂劳动改造

1970 年局势稍微缓和，医生诊断其高血压症属于危险状态，病假在家，同时照顾重病的妻子

1974 年接受了学校的翻译工作，翻译英国人李约瑟（Josef Needham）编写的《中国科学技术史》一书中的土木建筑史，极端振奋，常常昼夜不眠，忙于写作

1975 年 6 月 15 日突然脑溢血发作，去世

1978 年妻子程玖去世

1981 年黄作燊夫妇骨灰盒葬于美国明尼苏
达州一个安静的小村庄墓地

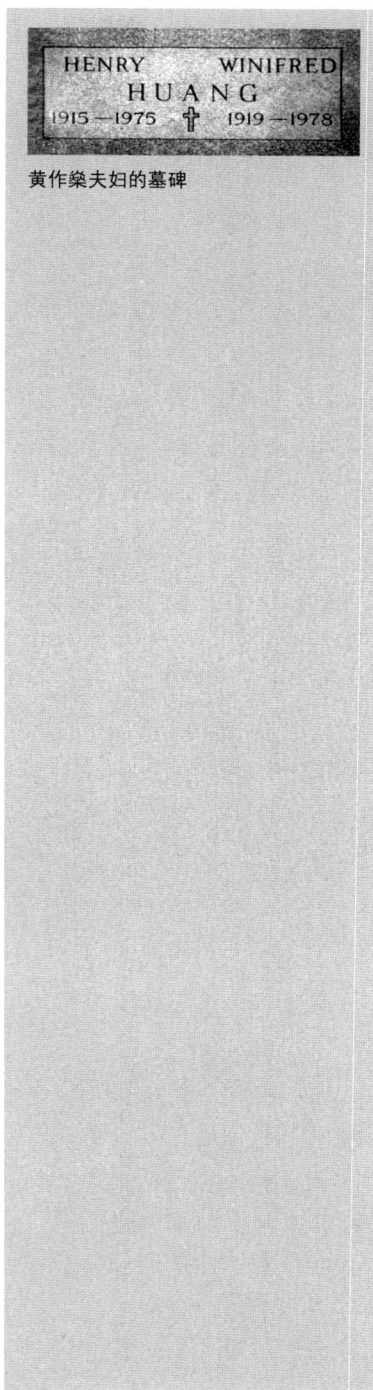

HENRY WINIFRED
HUANG
1915—1975 ✝ 1919—1978

黄作燊夫妇的墓碑

黄作燊夫妇的墓碑

鸣谢

　　编辑出版《黄作燊纪念文集》，是一件早已期盼也是酝酿已久的事情。早在十多年前，因圣约翰建筑系毕业生、我们的老师李德华、罗小未先生的各种回忆和启发，伍江教授开始引导当时攻读硕士研究生的钱锋，着手展开黄作燊现代建筑教育思想的基础研究。从此以后，围绕这位历史人物的研究逐渐丰富，各种关于其思想、事业与人生的回忆不断积累，对于他作为 20 世纪中国现代建筑教育史上杰出人物的认识也日益加深。

　　现在，《黄作燊纪念文集》在庆祝同济建筑与城市规划学院成立 60 周年之际得以面世，这对于许许多多曾经围绕着他的学生们，对于他的后代，对于我们这些从未与这位前辈谋面却受到许多感染的后辈们，以及对于我们这个已经获得如此发展和影响力的同济建筑与城市规划学院，都是欣喜无比的事。为此，我们要感谢所有曾经支持过这本文集编撰工作的人们。

　　首先要衷心感谢李德华、罗小未先生，因为我们一切与这位历史人物的"链接"，都是从他们开始的，几乎所有可能寻觅的回忆线索，也是自他们那里扩展出去的。因此也感谢所有曾经跟随黄先生学习和工作过的学生们或同事们，尤其是白德懋、王吉螽、王秉权、王宗瑗、赵汉光、沈志杰、吕承彦、盛养源、李定毅、刘佐鸿、陈光贤、章明、何启谦、梁友松、赵秀恒、张为诚等先生，为文集提供了生动的回忆文章及有关照片，也非常感谢樊书培、华亦增、白德懋、陈永芝、曾坚、唐云祥、翁延庆、赵汉光先生在多年前以及在这次接受采访，还要感谢刘仲、童勤华、樊书培先生多年前专程写信介绍黄作燊先生的教学思想。如果不是他们提供这些真切而丰富的回忆文字，文集编辑就无从谈起，黄作燊先生的立体形象也很难呈现。

　　感谢所有为编撰者的相关历史研究寻找和提供珍贵史料的人们。东南大学的李华老师提供了关于 A.A. 历史研究的难得文献，在她引介下，我们又从 A.A. 档案中心的档案员 Edward Bottoms 先生那里得到黄先生留学 A.A. 的一些珍贵历史记录。哈佛 GSD 博士研究生范凌和同济博士研究生赵冬梅帮助查阅了 GSD 建筑系的教学档案，以及关于当时哈佛建筑教育的历史研究文献，使我们获得了关于黄先生求学哈佛的部分关键信息，为此也要特别感谢哈佛 GSD 档案馆和图书馆的支持。

感谢沈立明先生抢救回黄作燊先生两篇险些被遗弃的英文文稿并收藏了十多年，后来交予黄植，使我们能有幸看到这两份十分珍贵而充满了真知灼见的历史文献。还要感谢同济大学的童明老师，他寻到的古文献，为我们解决了一个在翻译黄作燊演讲稿时纠结许久的难题。另外要感谢黄植先生的夫人 Kristin A．Bagne，她帮助我们对英文演讲稿进行了细致的校对工作。

感谢同济建筑系多位研究生的帮助。首先感谢博士研究生段建强和束林，他们认真完成了黄作燊先生演讲稿的初译，尤其是段建强，为还原讲稿中的古文献诗词颇费功夫。感谢束林带着硕士研究生何双虎、俞燕、游斯佳和王晴月同学完成了大量采访笔录和回忆文稿的数字化工作。

还要感谢上海市住房保障与房屋管理局的姜江处长，静安房管局档案室的汤小姐，同济建筑系博士研究生李燕宁和李玲，以及上海市城市建设档案馆，由于他们的支持，我们找到了黄先生在 20 世纪 40 年代一个住宅设计的珍贵历史图纸。继而还要感谢刚从意大利留学回来的姚栋同学，他将这个住宅设计的图纸重新绘制，使其平、立、剖面更加清晰可读。

感谢同济大学艺术与创意学院梁靖老师及其学生。他们为文集中不少老照片和图片作了修复和整理。

感谢中国建筑工业出版社的王莉慧女士，编辑徐纺女士、施佳明女士和排版、审校人员，因为他们专业和高效的工作，使文集在如此短的时间内得以顺利地与读者见面。

最后，还要特别感谢黄作燊先生的后代黄太平、黄渤济以及黄植三位先生，尤其是为我们提供诸多珍贵资料和具体指导的黄植先生，我们知道这样的历史回忆对他们有多么沉重，但正是这些深情而细腻的追忆，让我们得以对这位历史人物高贵而多彩的精神世界有所领略。

当然我们更希望文集中的这点历史追忆和思想沉淀，能给黄作燊先生，这位未过 60 寿辰也未能等到文革结束就匆匆离世的前辈的在天之灵，带去一丝宽慰。

编者
2012 年 5 月于同济园